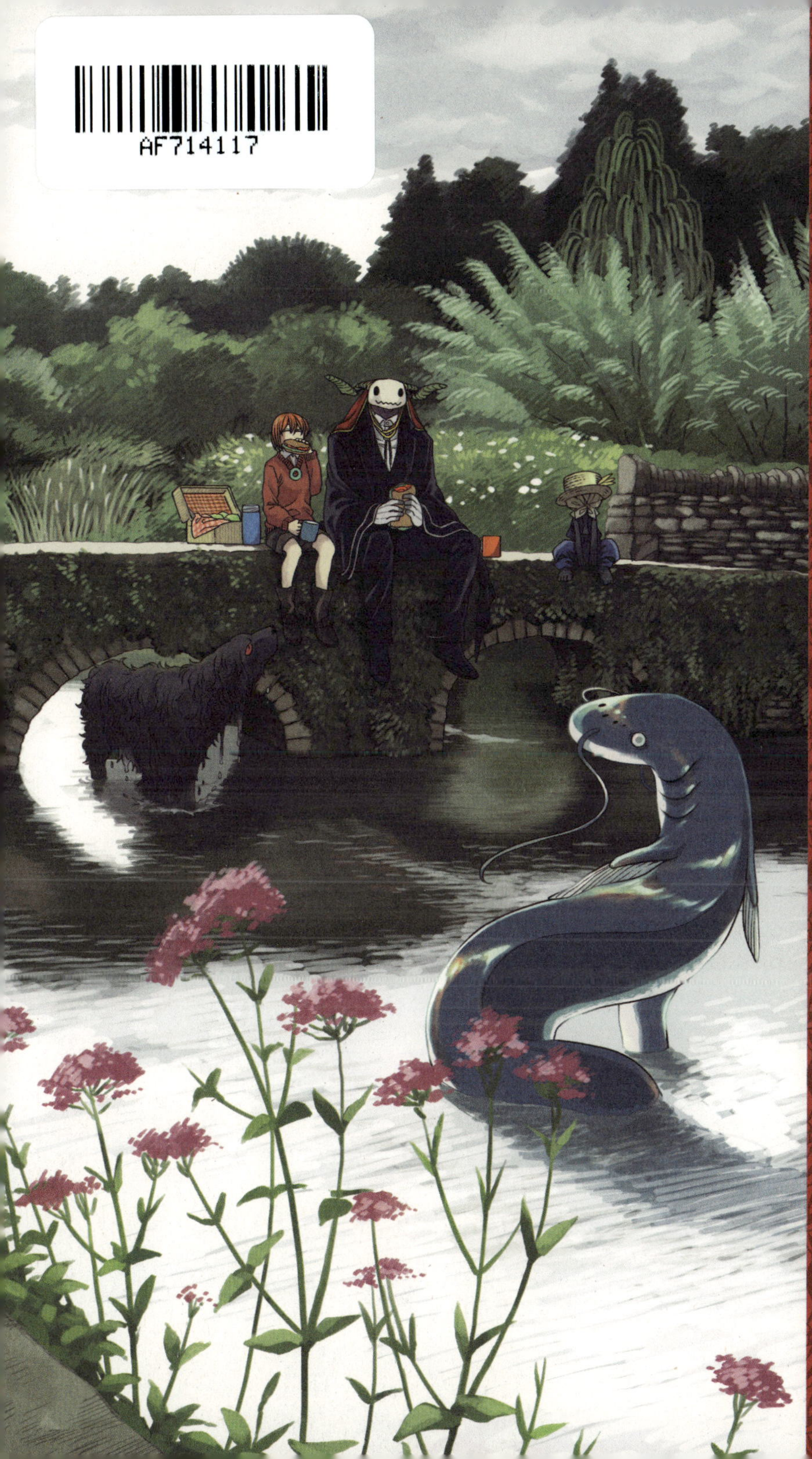

Die Braut des Magiers

7

# Die Braut des Magiers

# 7

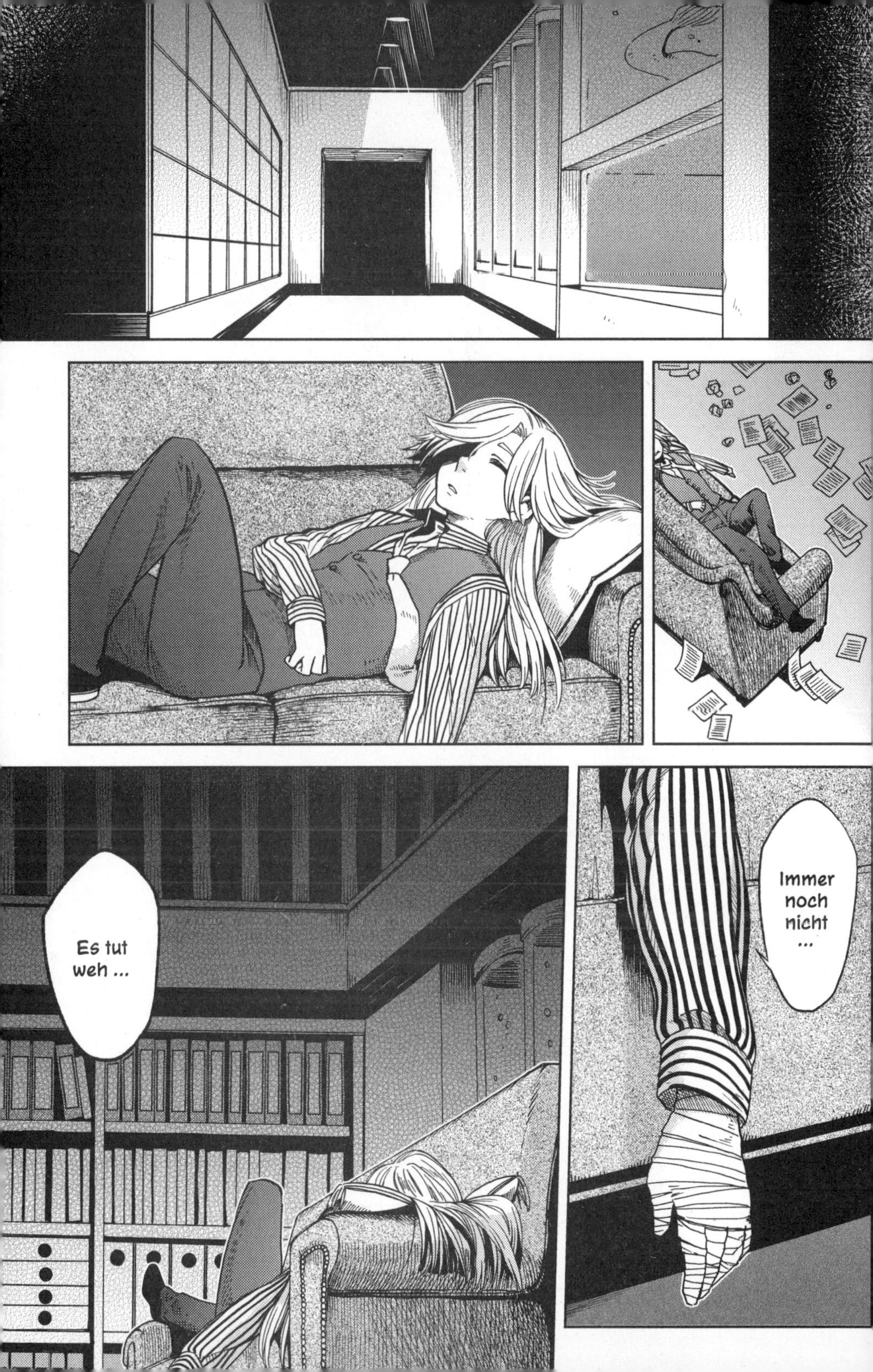
Immer noch nicht ...
Es tut weh ...

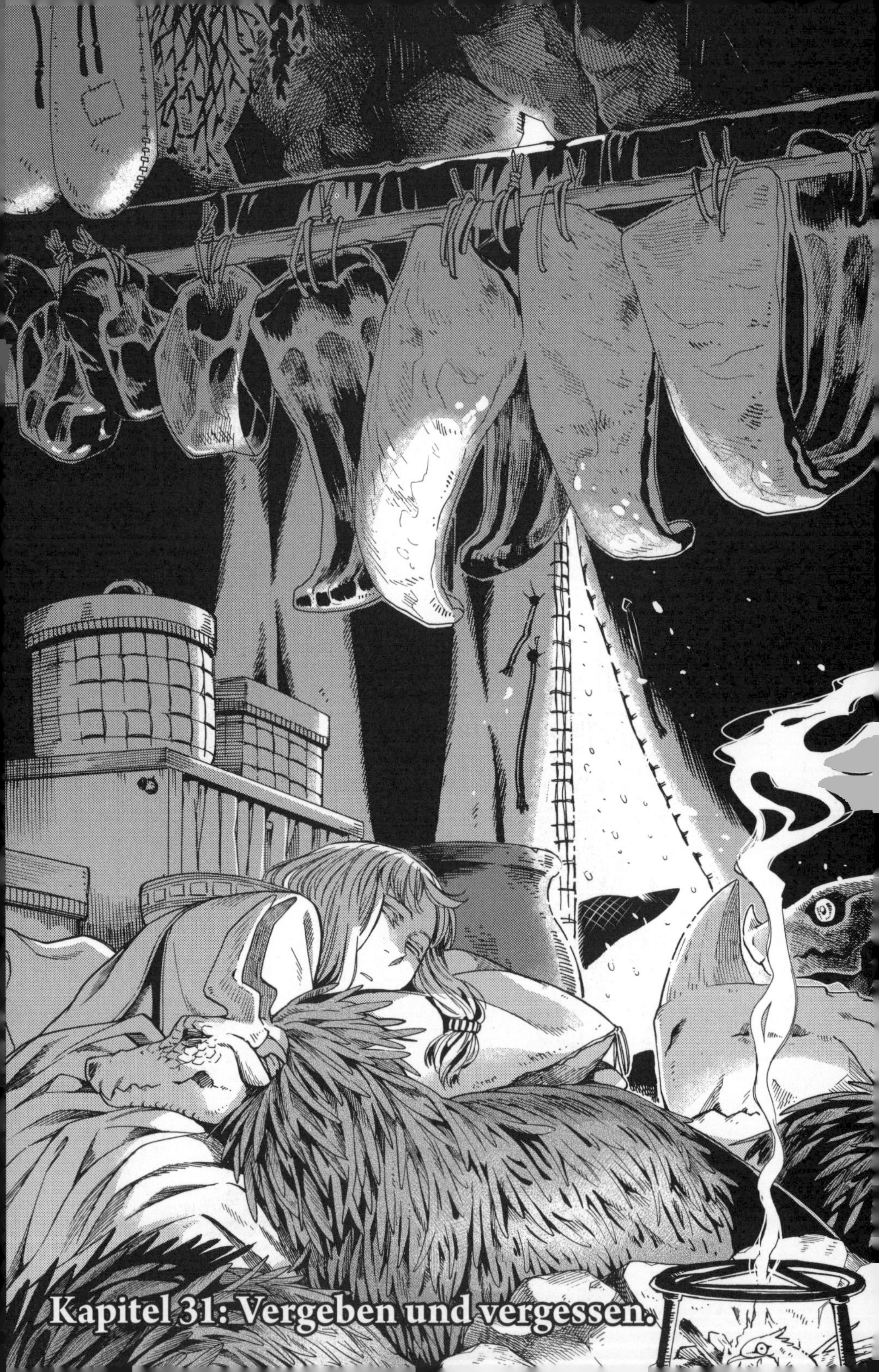
Kapitel 31: Vergeben und vergessen.

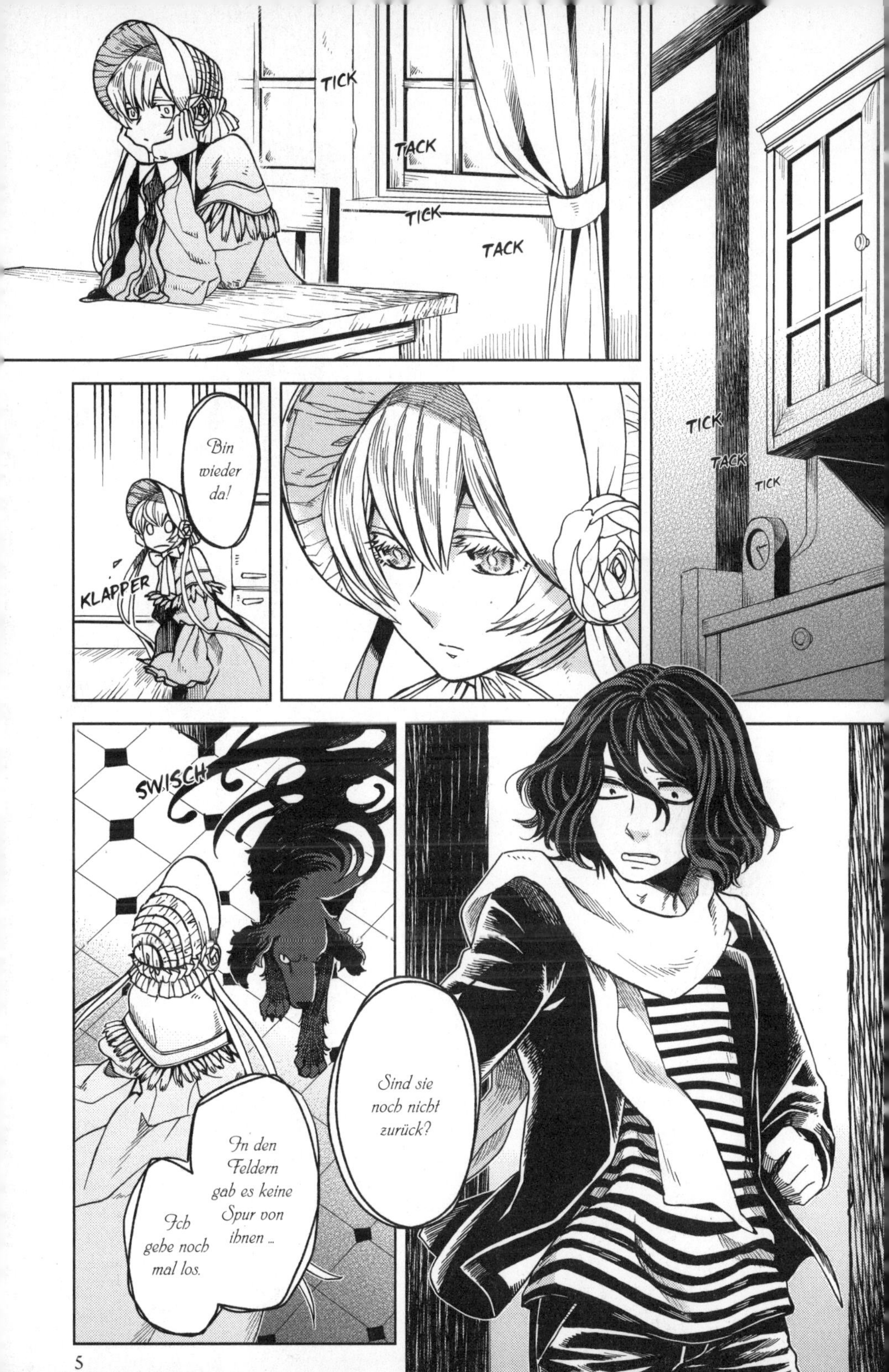
TICK
TACK
TICK
TACK
TICK
TACK
TICK
Bin wieder da!
KLAPPER
Sind sie noch nicht zurück?
SWISCH
In den Feldern gab es keine Spur von ihnen ...
Ich gehe noch mal los.

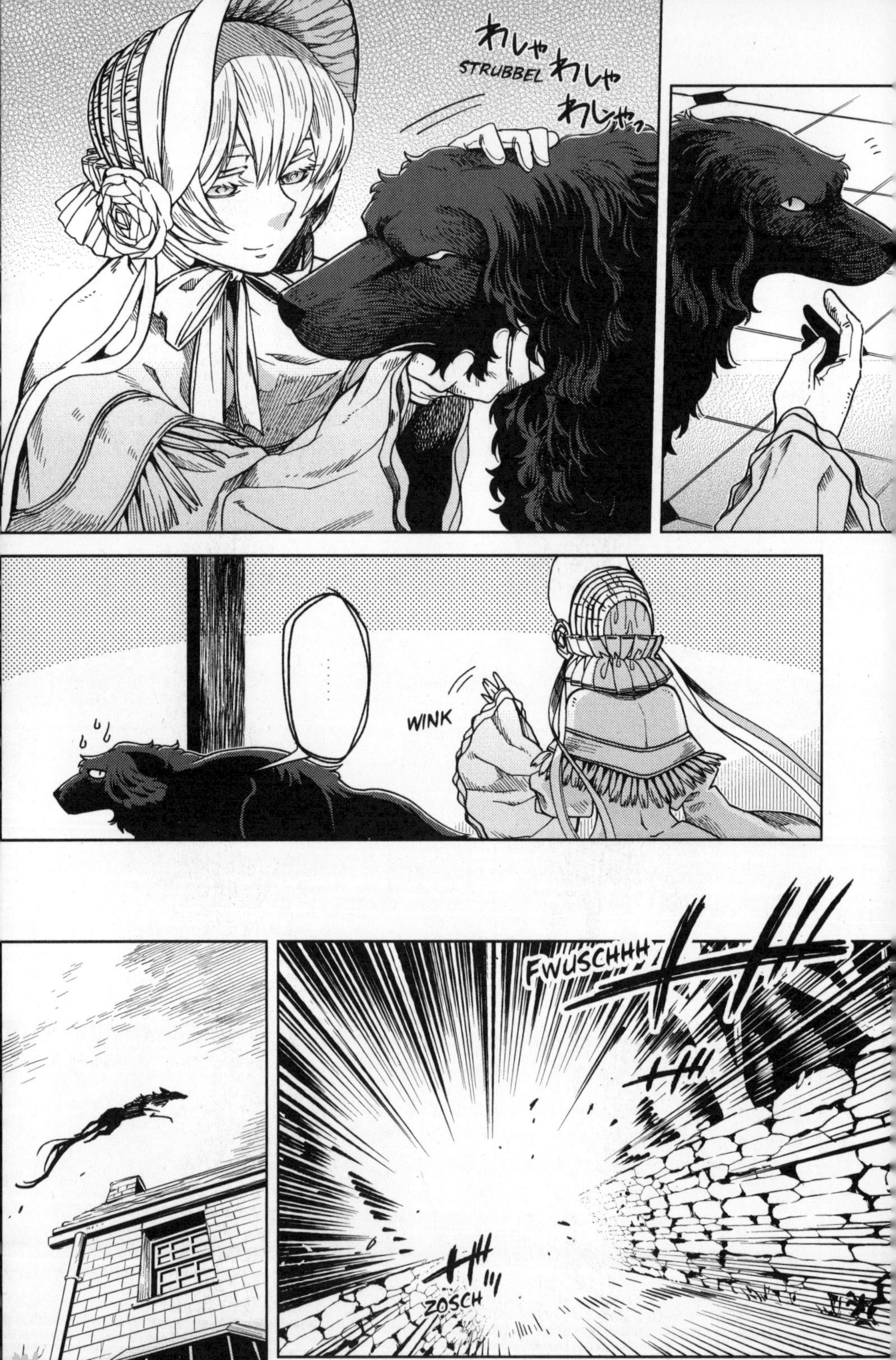

わしゃ わしゃ わしゃっ
STRUBBEL
……
WINK
FWUSCHHH
ZOSCH

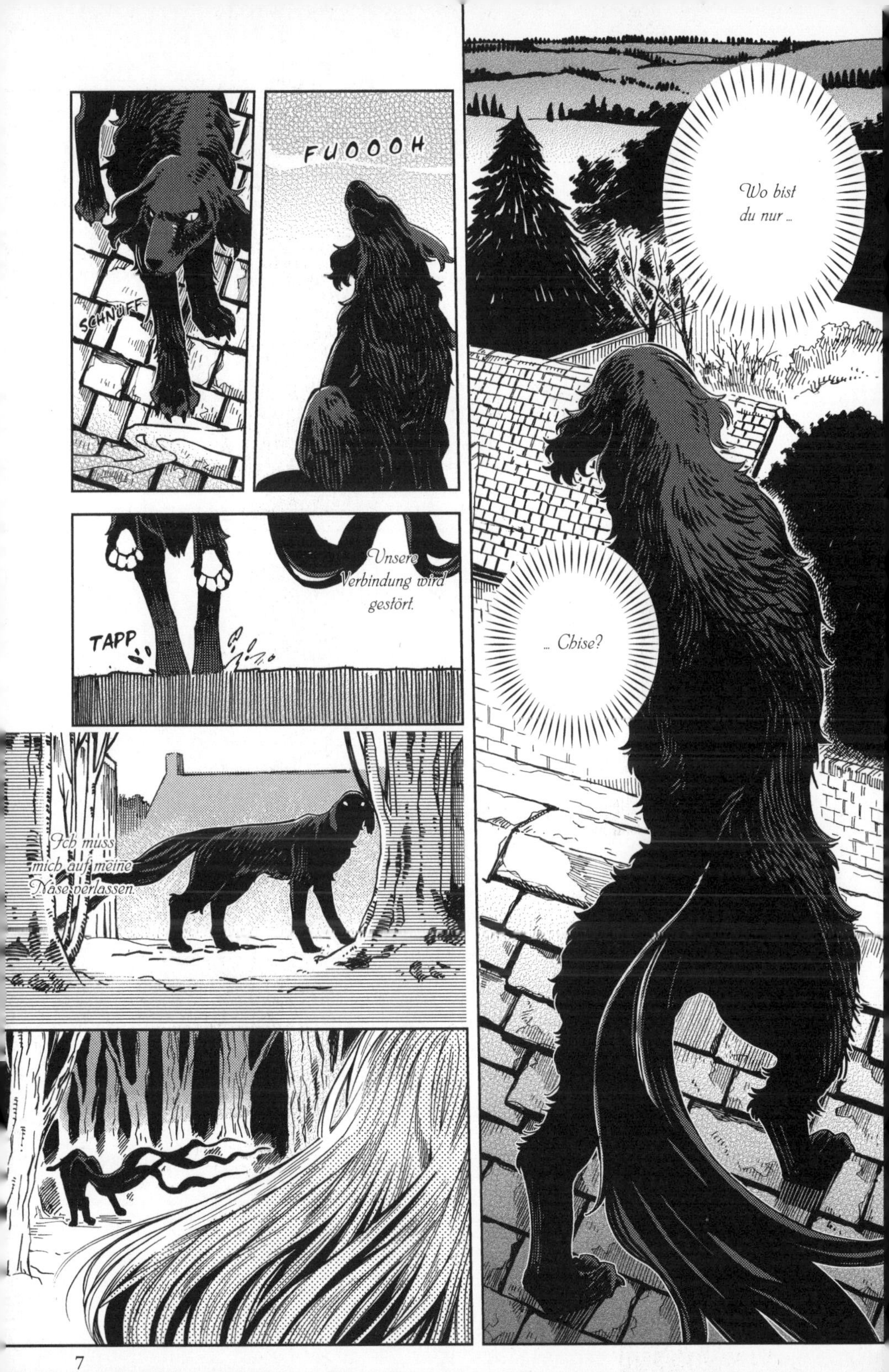
FUOOOH
SCHNÜFF
Unsere Verbindung wird gestört.
TAPP
Ich muss mich auf meine Nase verlassen.
Wo bist du nur ...
... Chise?

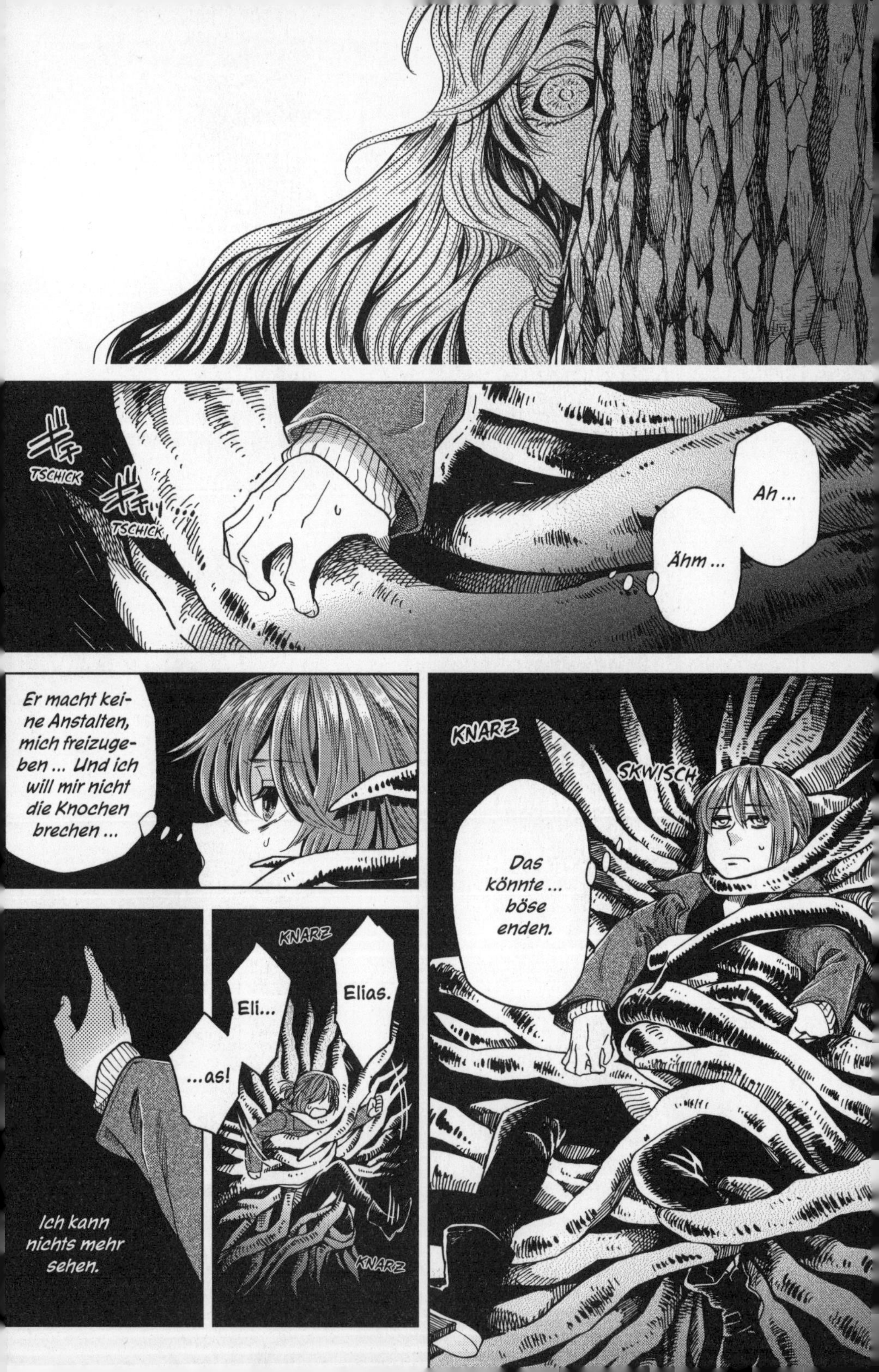

Ah ...
Ähm ...
TSCHICK
TSCHICK
KNARZ
SKWISCH
Das könnte ... böse enden.
Er macht keine Anstalten, mich freizugeben ... Und ich will mir nicht die Knochen brechen ...
KNARZ
Elias.
Eli...
...as!
KNARZ
Ich kann nichts mehr sehen.

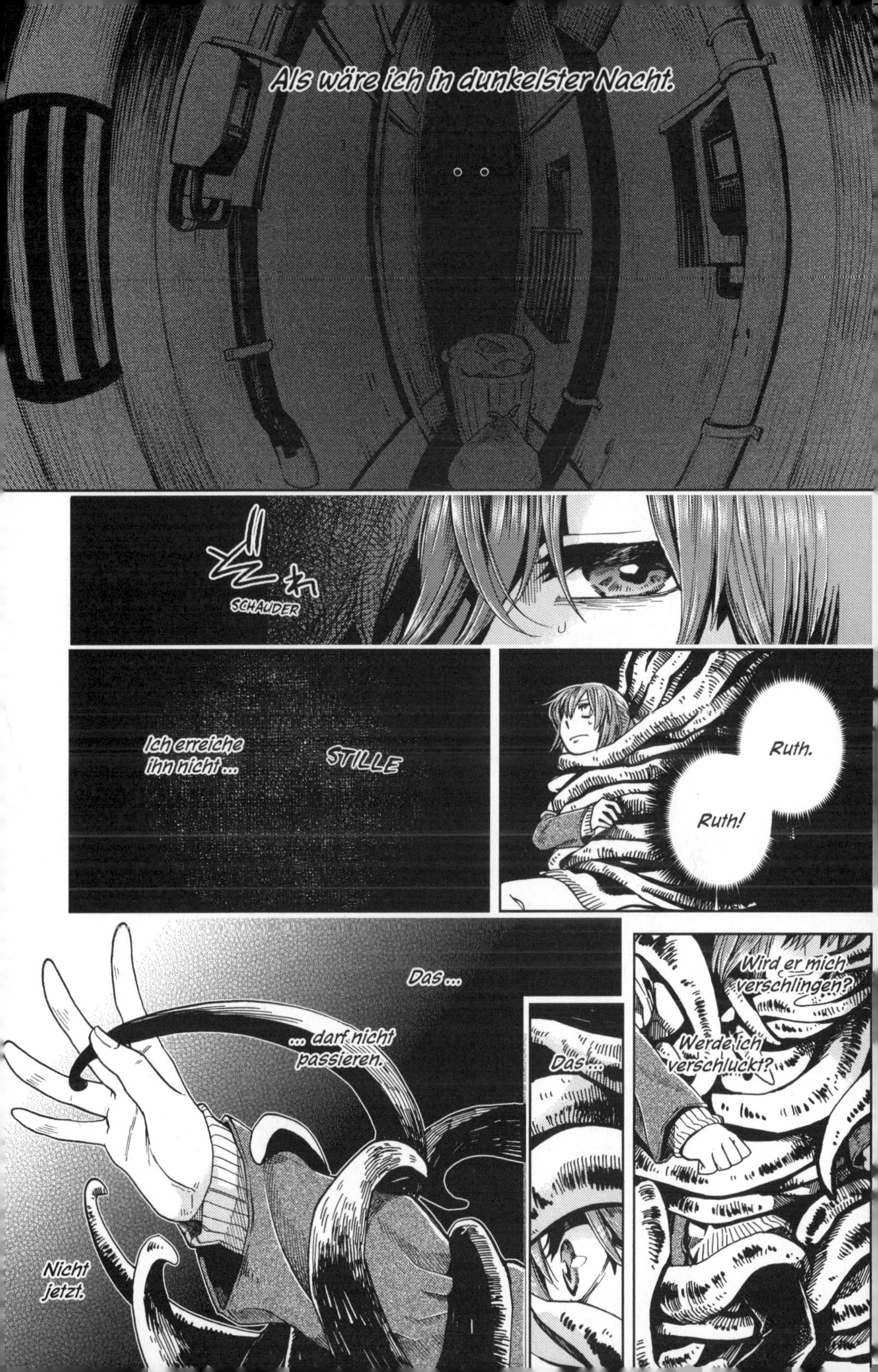
Als wäre ich in dunkelster Nacht.
SCHAUDER
Ruth.
Ruth!
STILLE
Ich erreiche ihn nicht ...
Wird er mich verschlingen?
Werde ich verschluckt?
Das ...
Das ...
... darf nicht passieren.
Nicht jetzt.

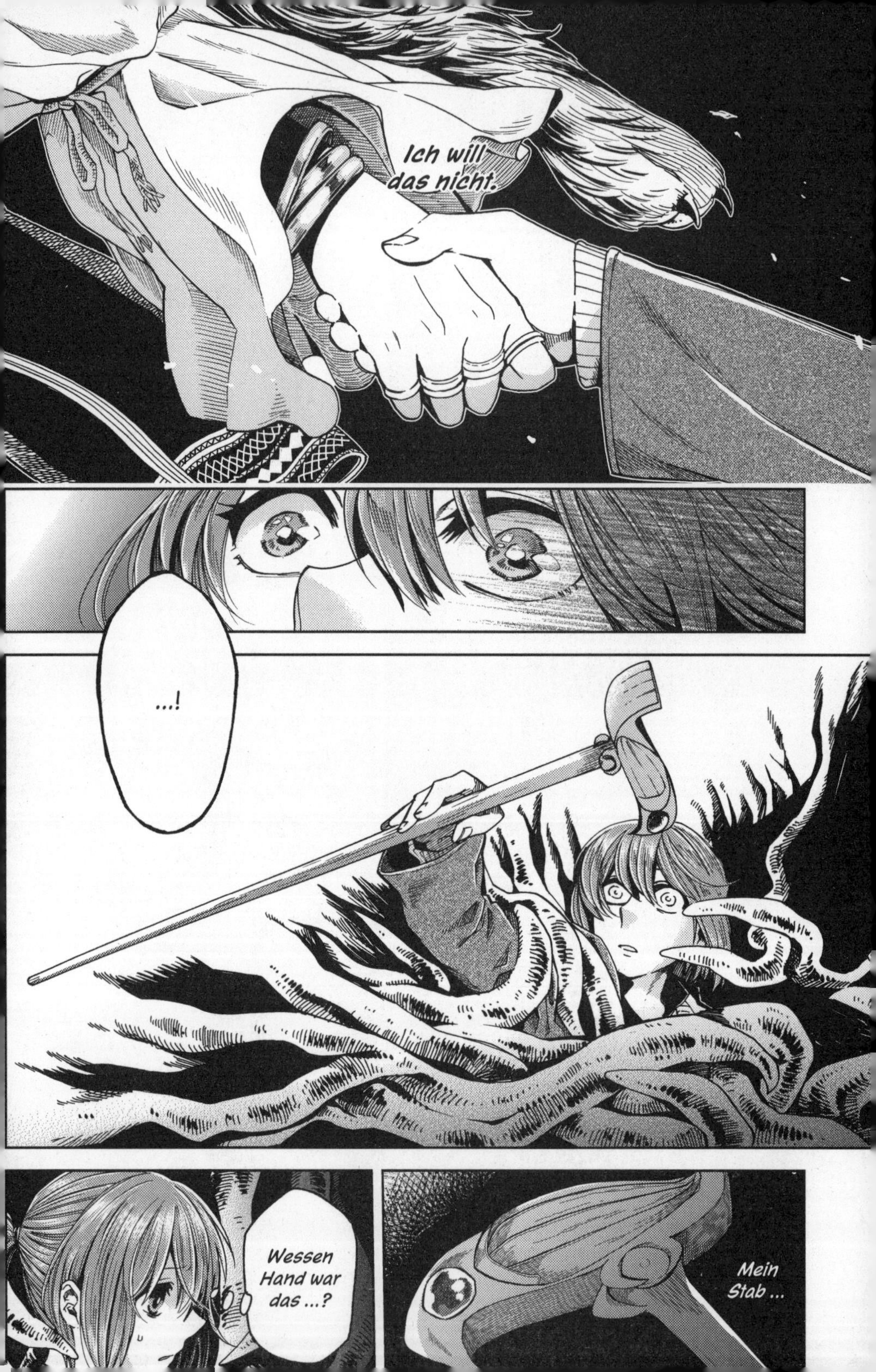
Ich will das nicht.
...!
Mein Stab ...
Wessen Hand war das ...?

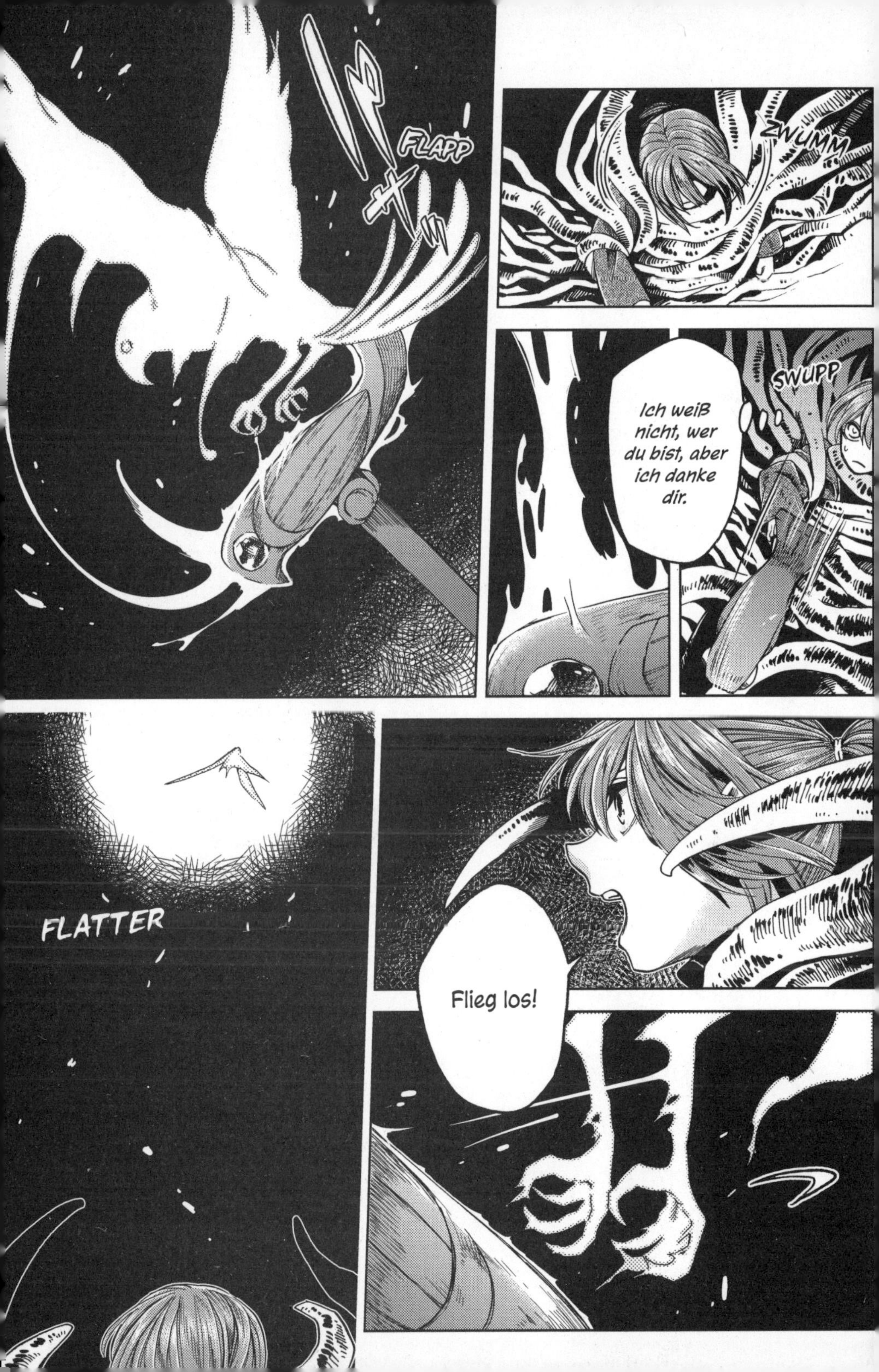
FLAPP
ZWUMM
SWUPP
Ich weiß nicht, wer du bist, aber ich danke dir.
Flieg los!
FLATTER

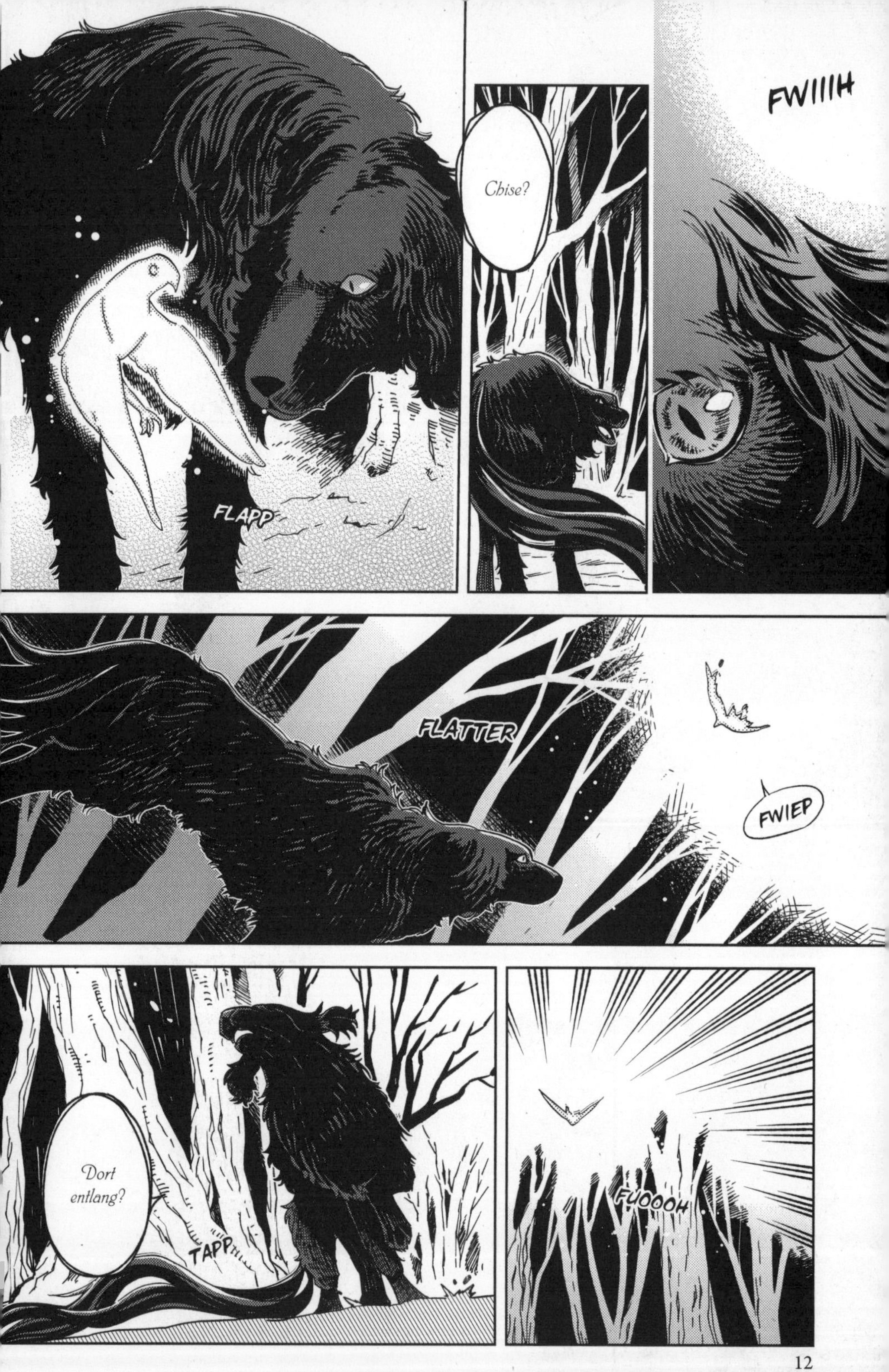
FLAPP
Chise?
FWIIIH
FLATTER
FWIEP
Dort entlang?
TAPP
FUOOOH

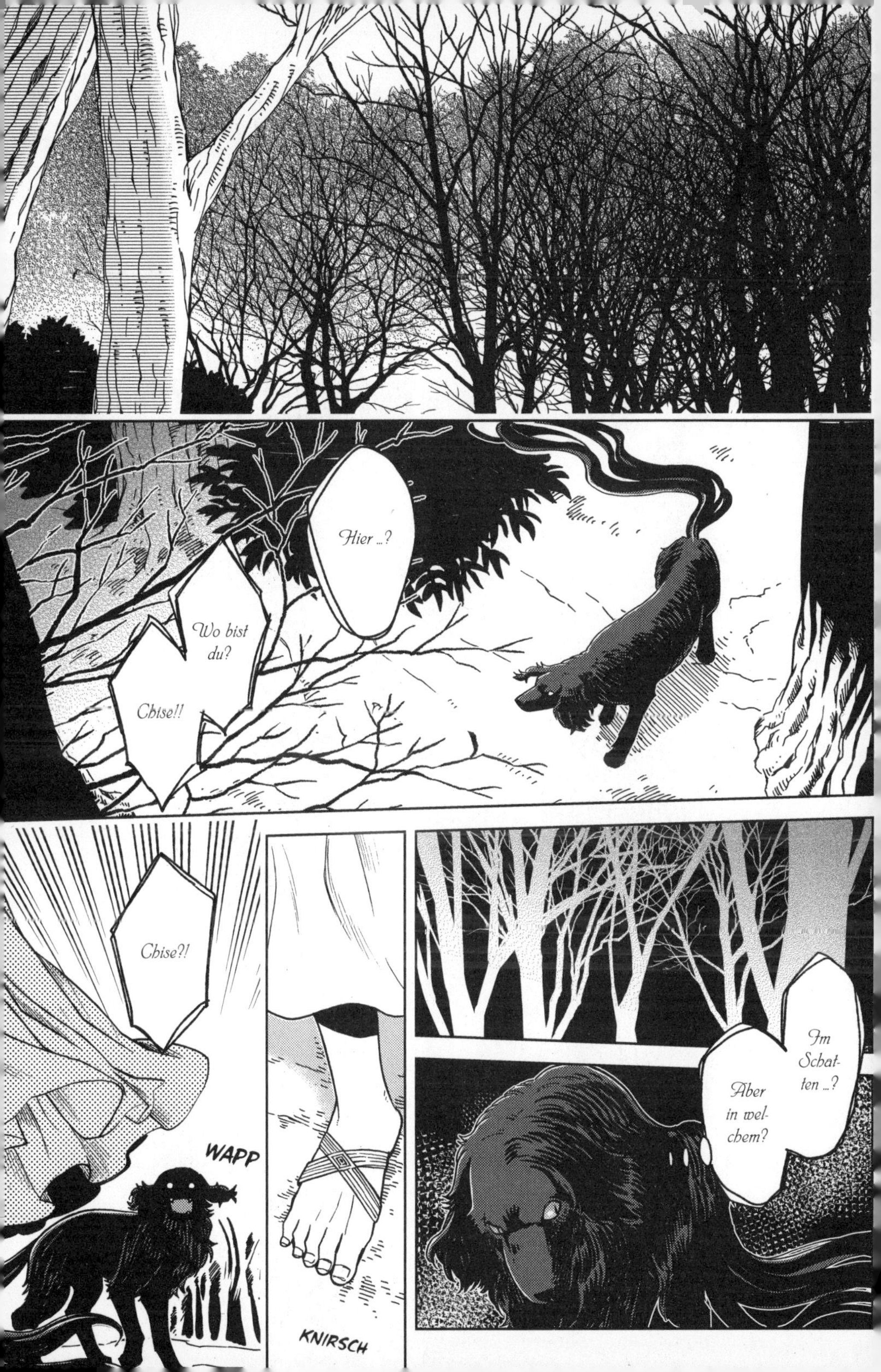
Hier ...?
Wo bist du?
Chise!!
Im Schatten ...?
Aber in welchem?
KNIRSCH
Chise?!
WAPP

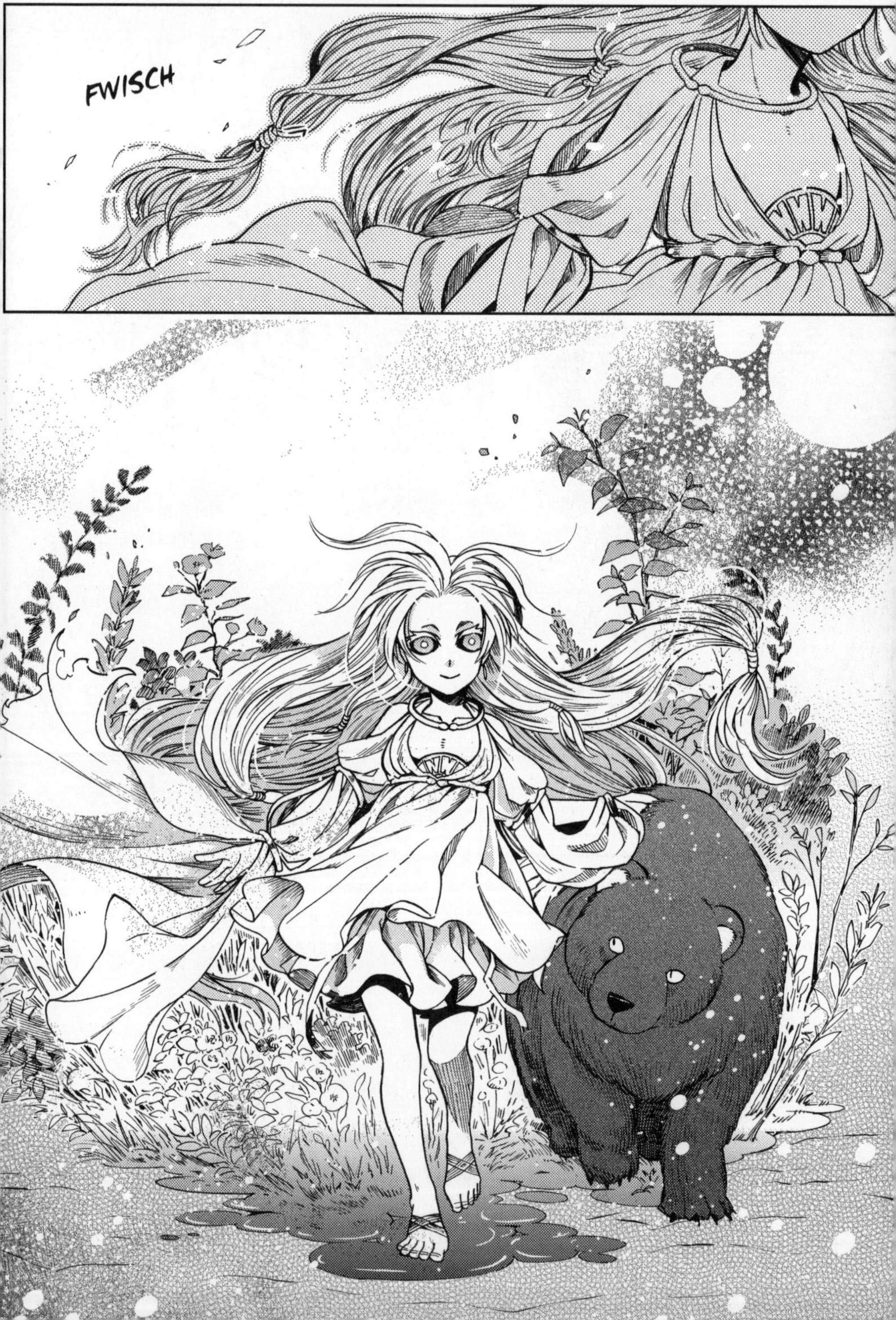
FWISCH

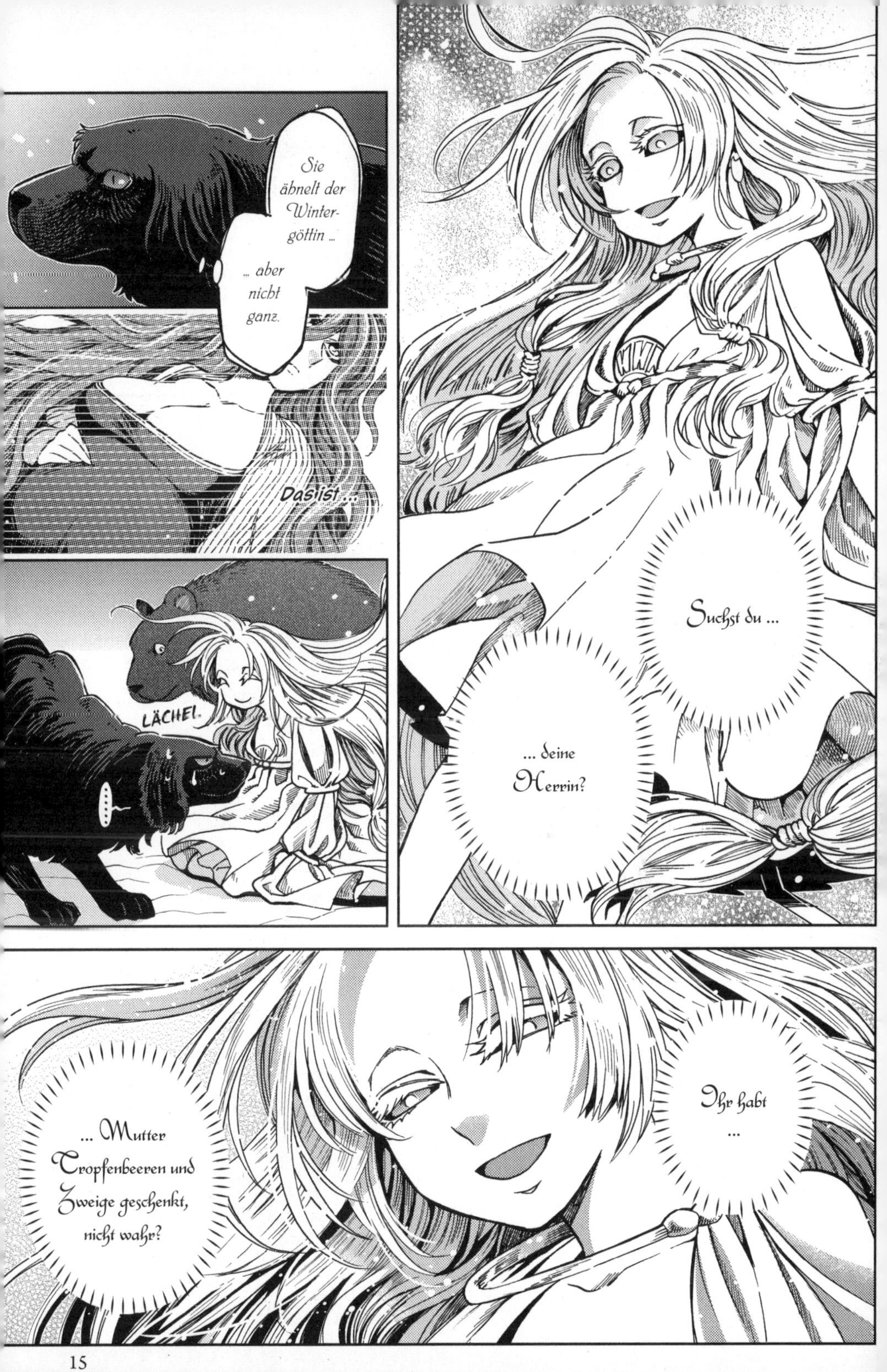
Suchst du ...
... deine Herrin?
Sie ähnelt der Winter-göttin ...
... aber nicht ganz.
Das ist ...
LÄCHEL.
...
Ihr habt ...
... Mutter Tropfenbeeren und Zweige geschenkt, nicht wahr?

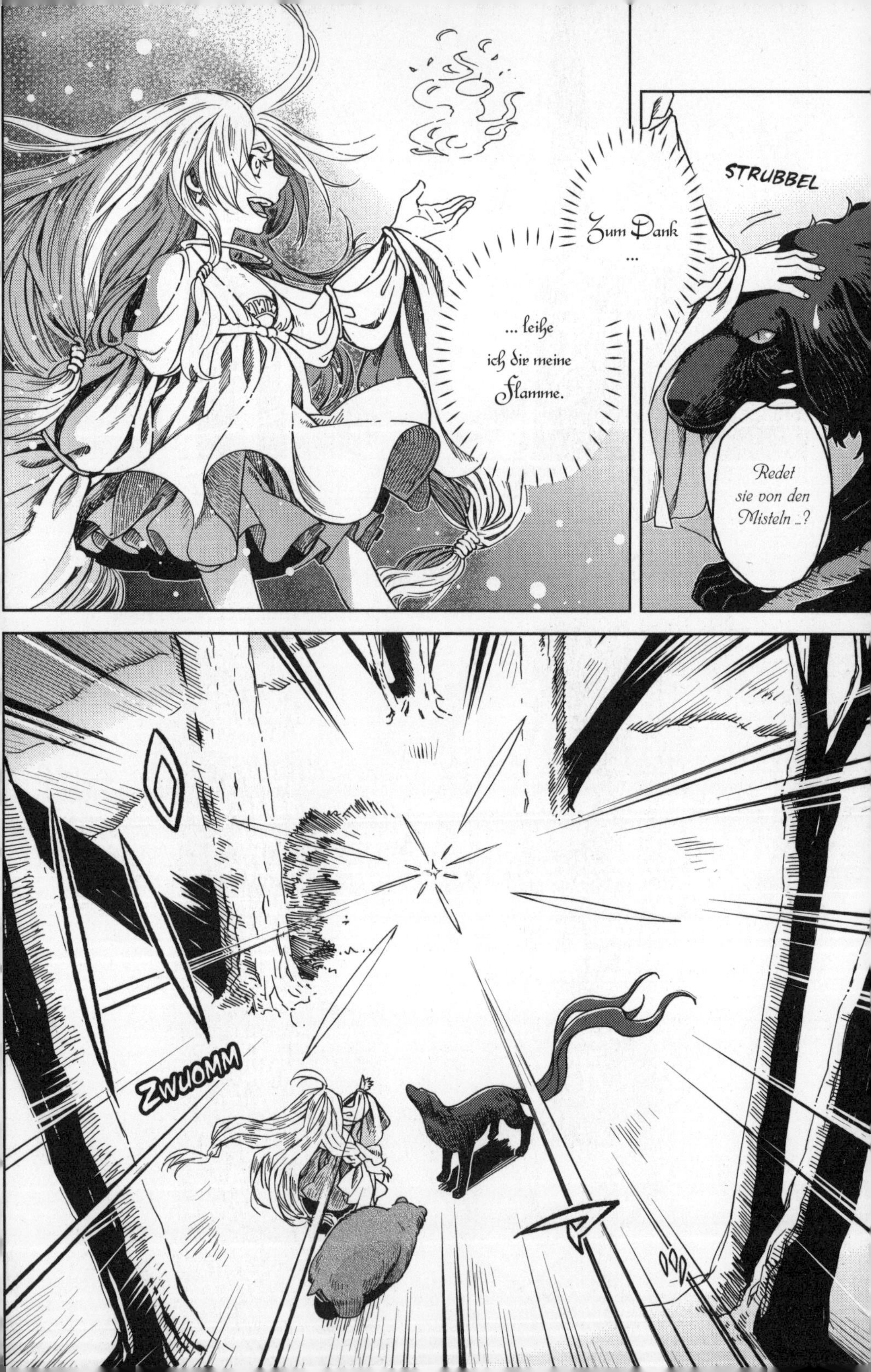
STRUBBEL
Zum Dank …
… leihe ich dir meine Flamme.
Redet sie von den Misteln …?
ZWUOMM

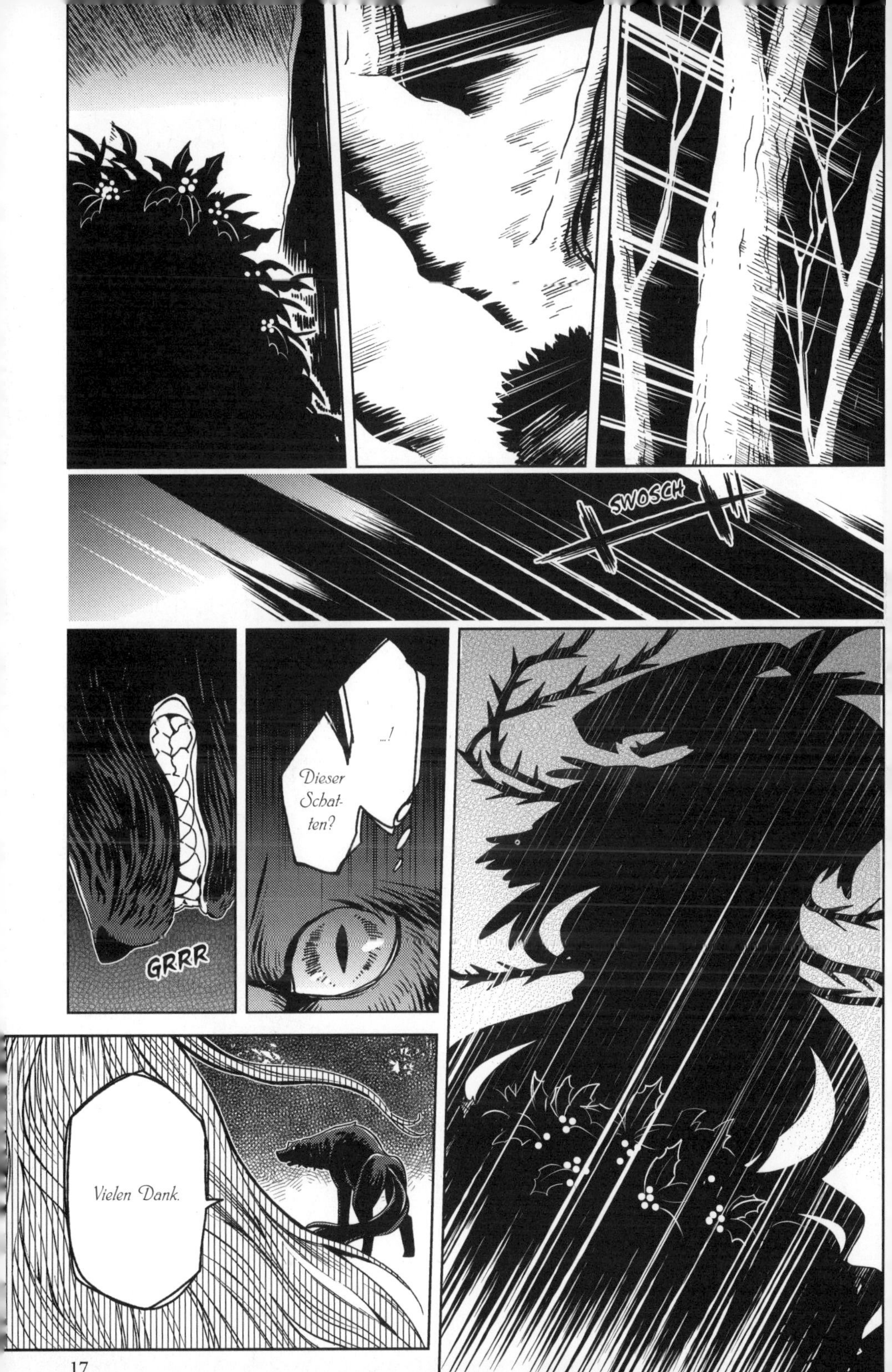
SWOSCH
GRRR
...!
Dieser Schatten?
Vielen Dank.

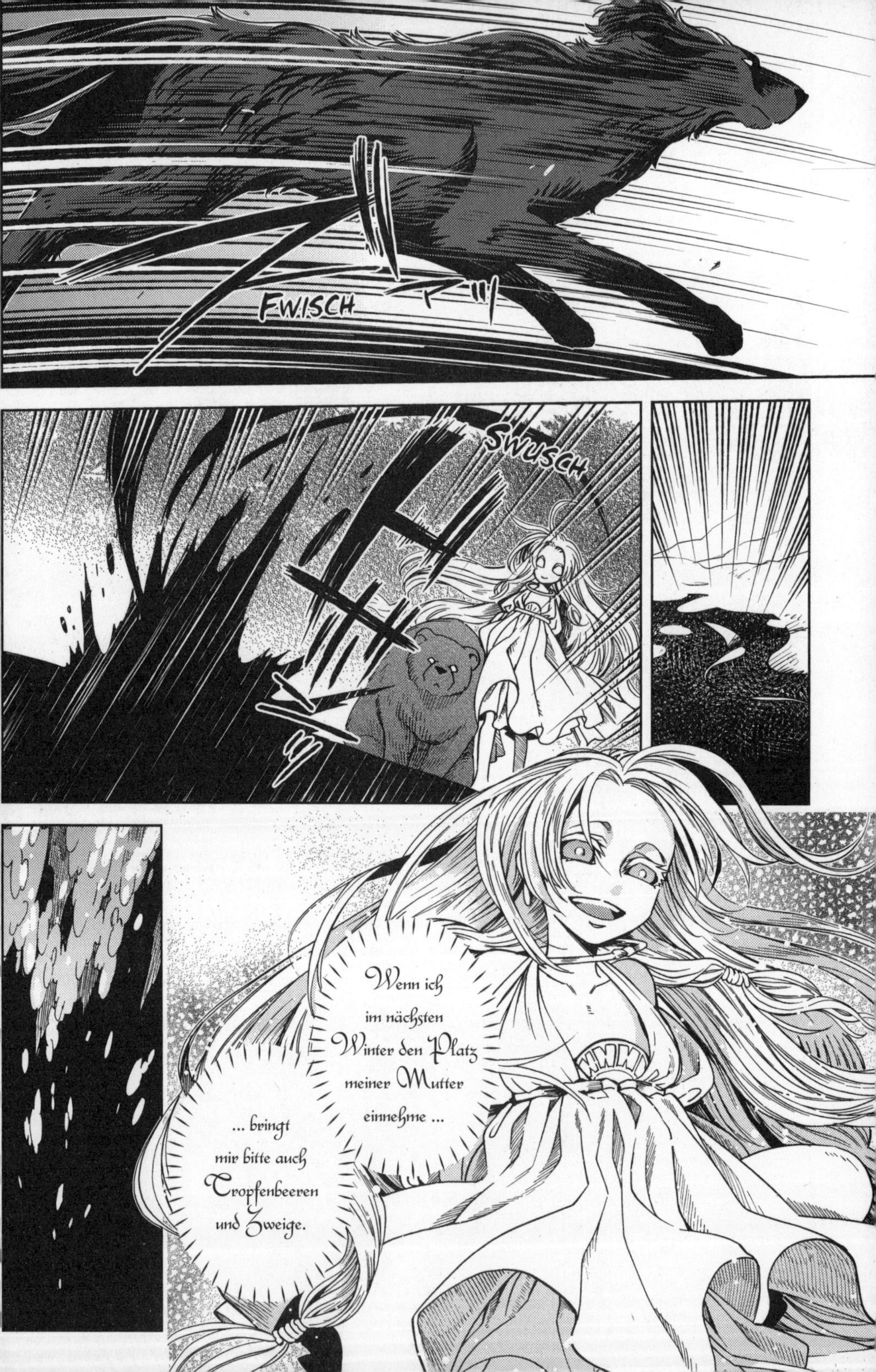
FWISCH
SWUSCH
Wenn ich im nächsten Winter den Platz meiner Mutter einnehme ...
... bringt mir bitte auch Tropfenbeeren und Zweige.

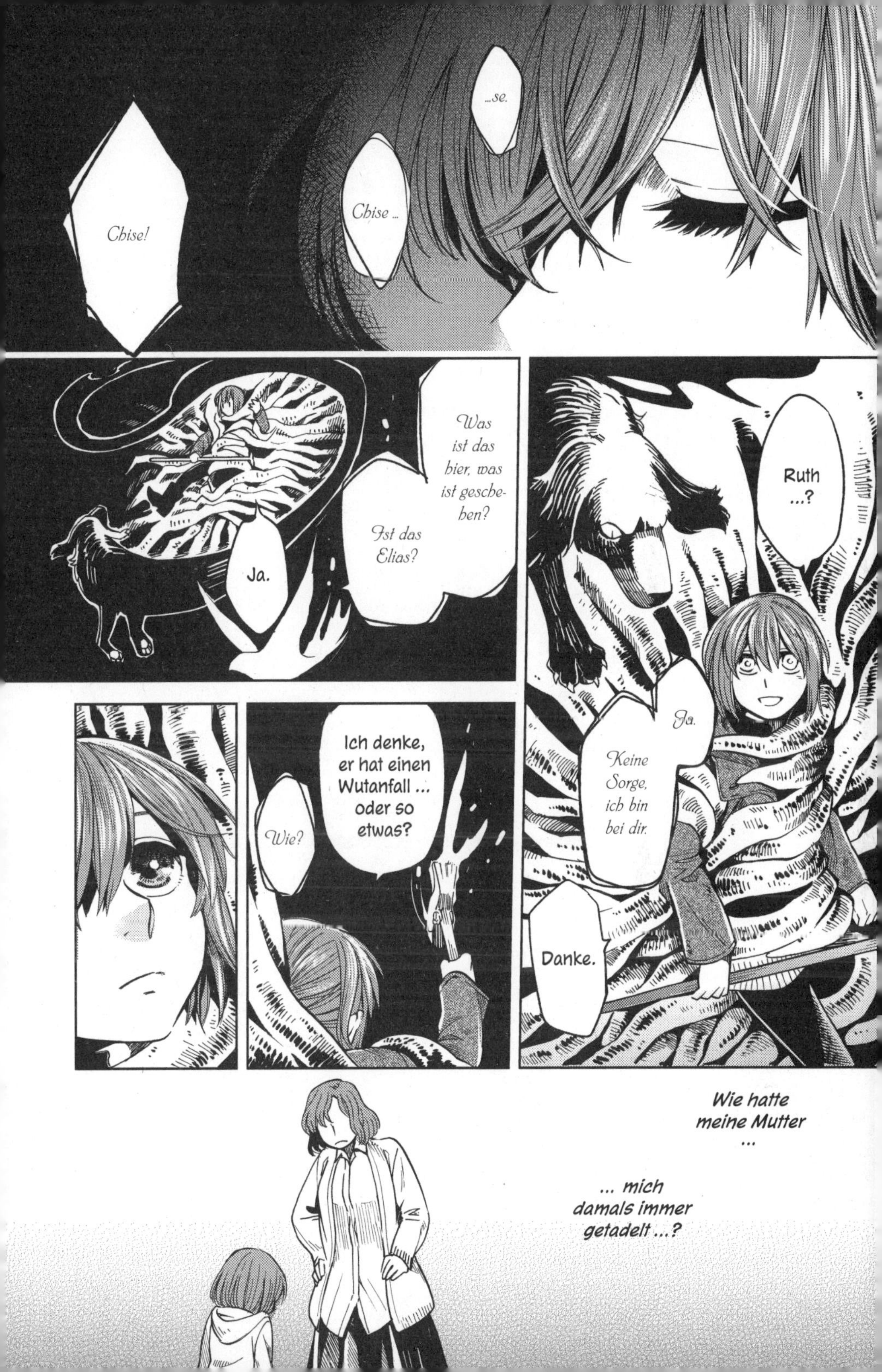
...se.
Chise ...
Chise!
Ruth ...?
Ja.
Keine Sorge, ich bin bei dir.
Danke.
Was ist das hier, was ist geschehen?
Ist das Elias?
Ja.
Ich denke, er hat einen Wutanfall ... oder so etwas?
Wie?
Wie hatte meine Mutter ...
... mich damals immer getadelt ...?

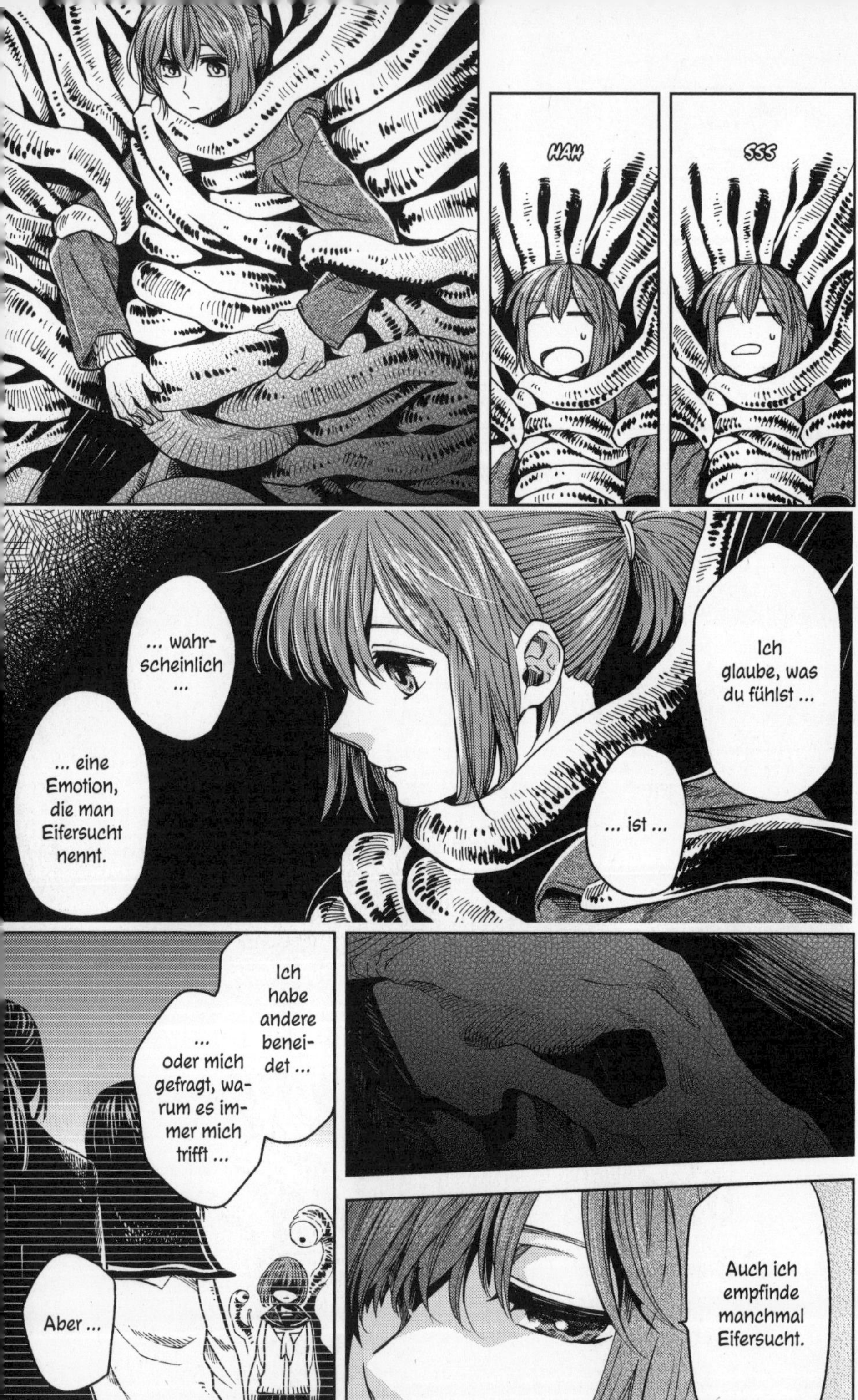

SSS
HAH
Ich glaube, was du fühlst ...
... ist ...
... wahrscheinlich ...
... eine Emotion, die man Eifersucht nennt.
Ich habe andere beneidet ...
... oder mich gefragt, warum es immer mich trifft ...
Auch ich empfinde manchmal Eifersucht.
Aber ...

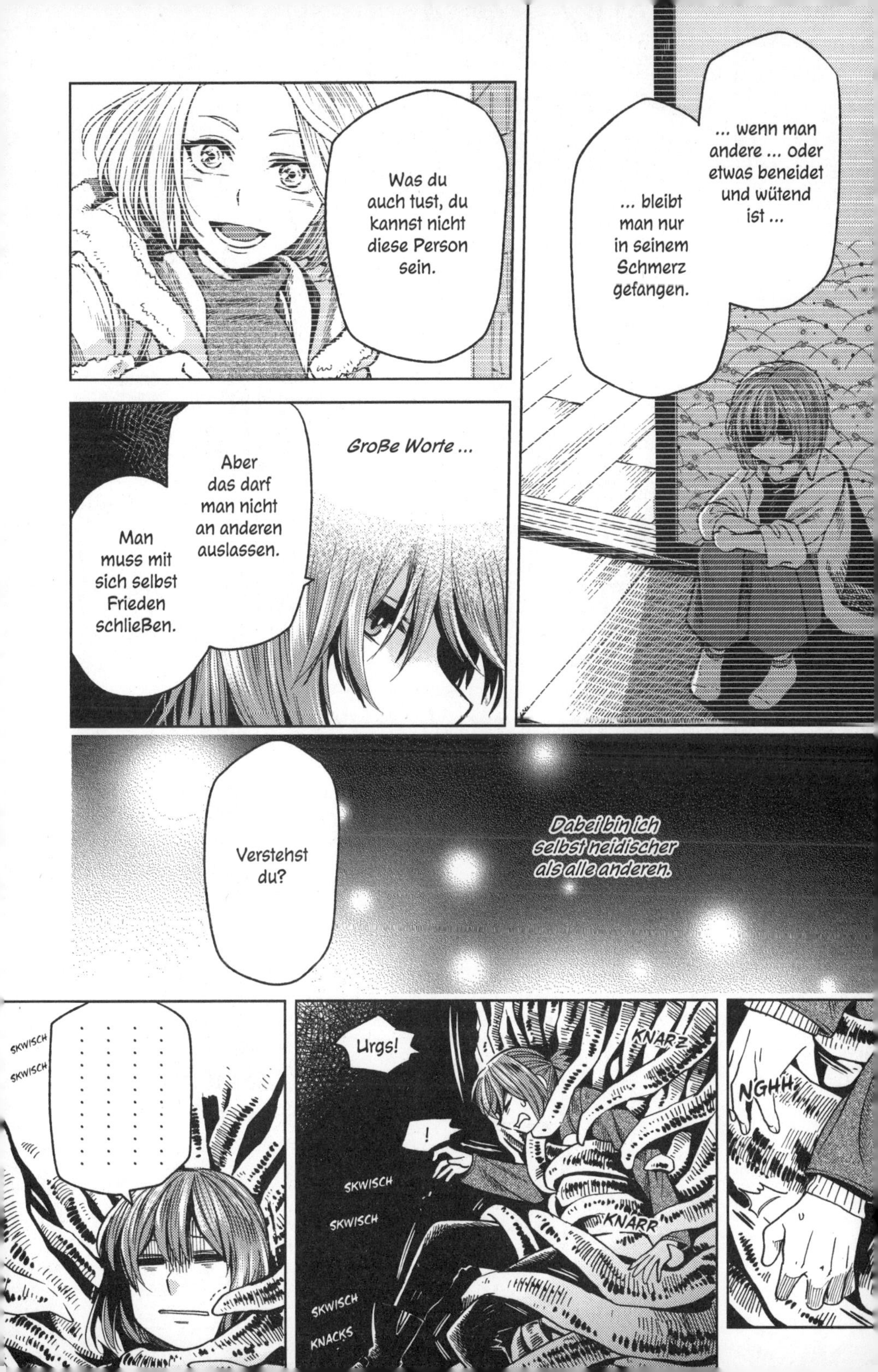
... wenn man andere ... oder etwas beneidet und wütend ist ...
... bleibt man nur in seinem Schmerz gefangen.
Was du auch tust, du kannst nicht diese Person sein.
Große Worte ...
Aber das darf man nicht an anderen auslassen.
Man muss mit sich selbst Frieden schließen.
Dabei bin ich selbst neidischer als alle anderen.
Verstehst du?
NGHH
KNARZ
Urgs!
!
SKWISCH
SKWISCH
KNARR
SKWISCH
KNACKS
SKWISCH
SKWISCH
...

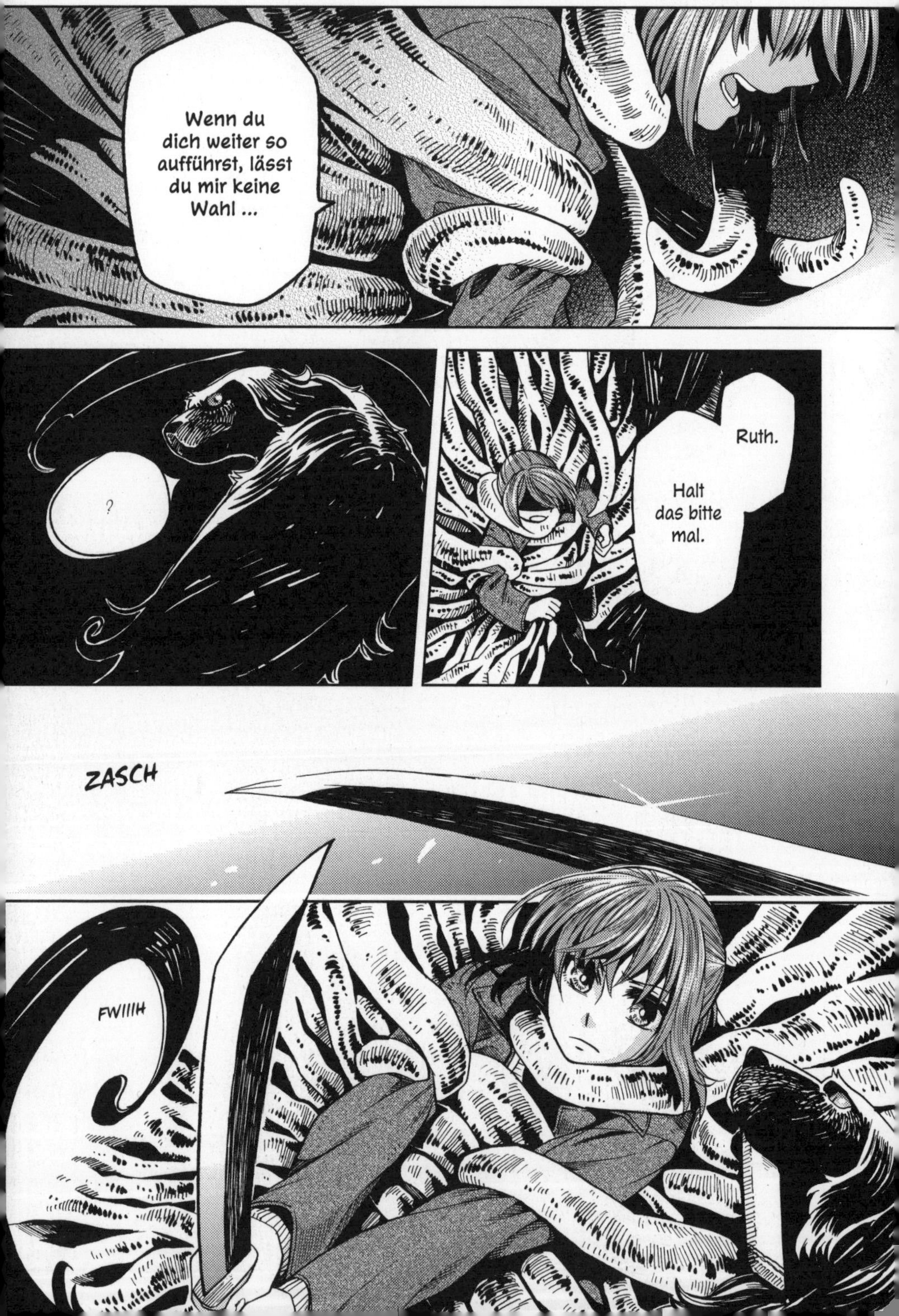
Wenn du dich weiter so aufführst, lässt du mir keine Wahl ...
Ruth.
Halt das bitte mal.
?
ZASCH
FWIIIH

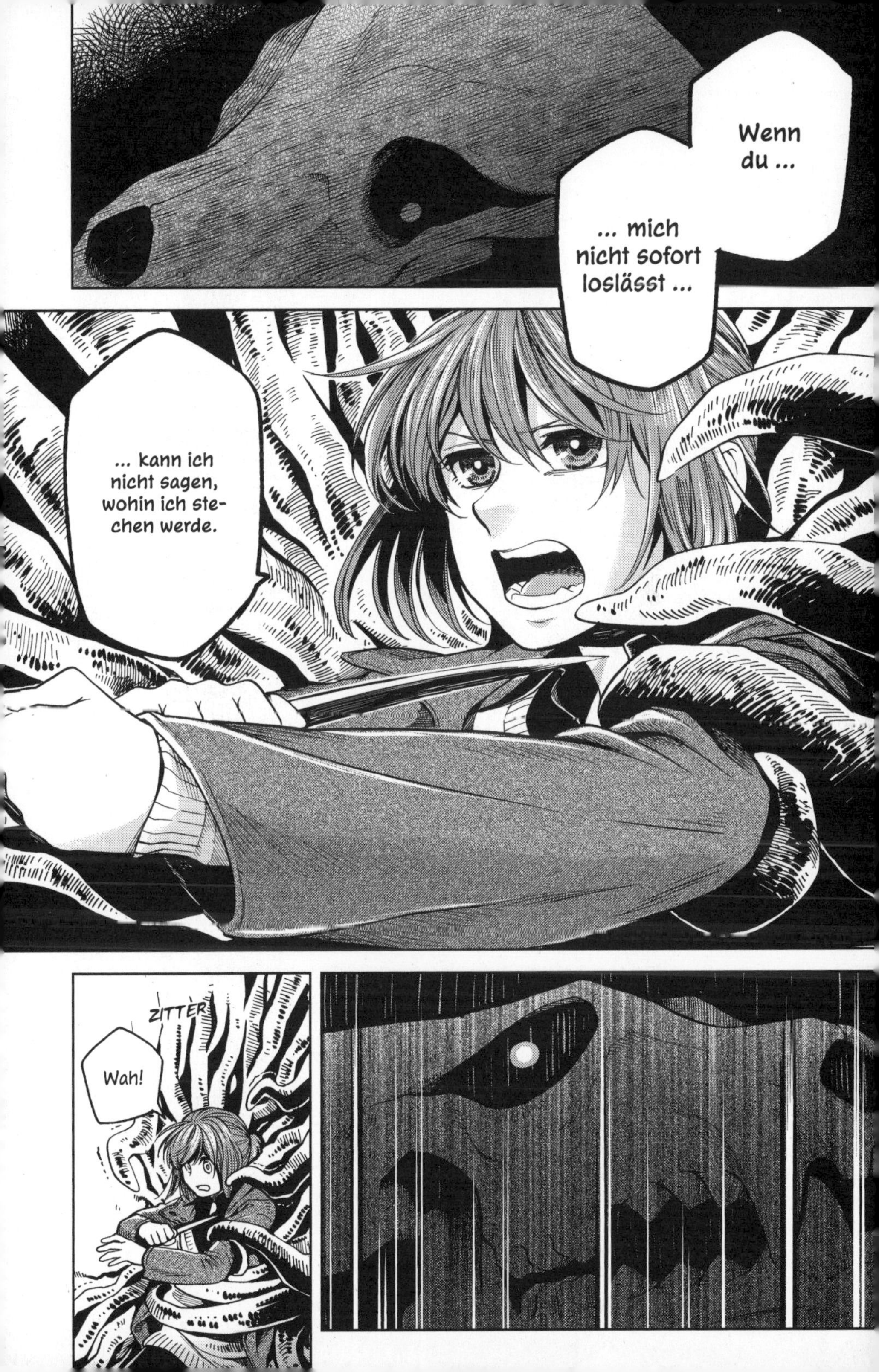
Wenn du ...
... mich nicht sofort loslässt ...
... kann ich nicht sagen, wohin ich stechen werde.
ZITTER
Wah!

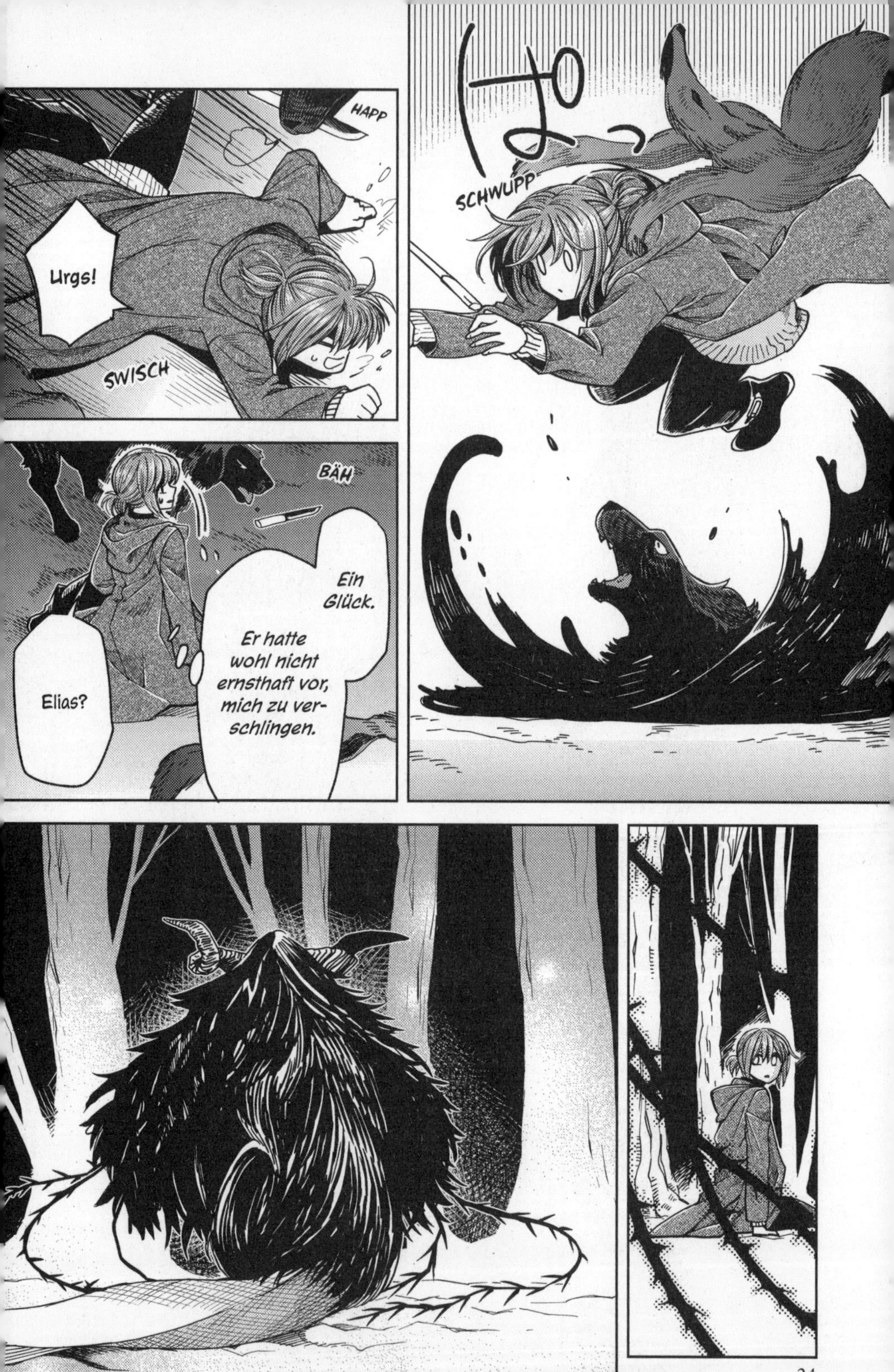
はっ
SCHWUPP
HAPP
Urgs!
SWISCH
BÄH
Ein Glück.
Er hatte wohl nicht ernsthaft vor, mich zu verschlingen.
Elias?

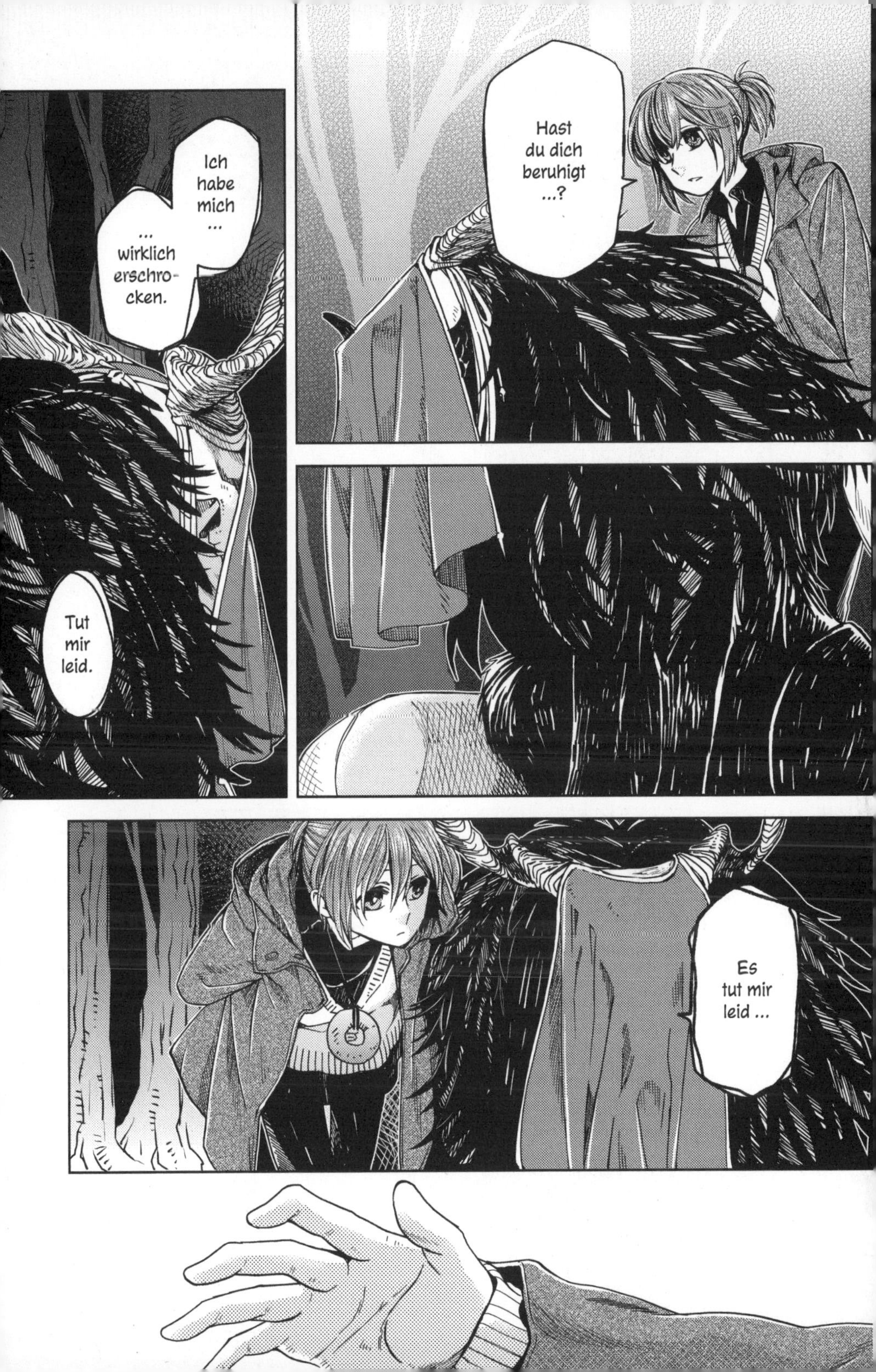
Hast du dich beruhigt ...?
Ich habe mich ...
... wirklich erschrocken.
Tut mir leid.
Es tut mir leid ...

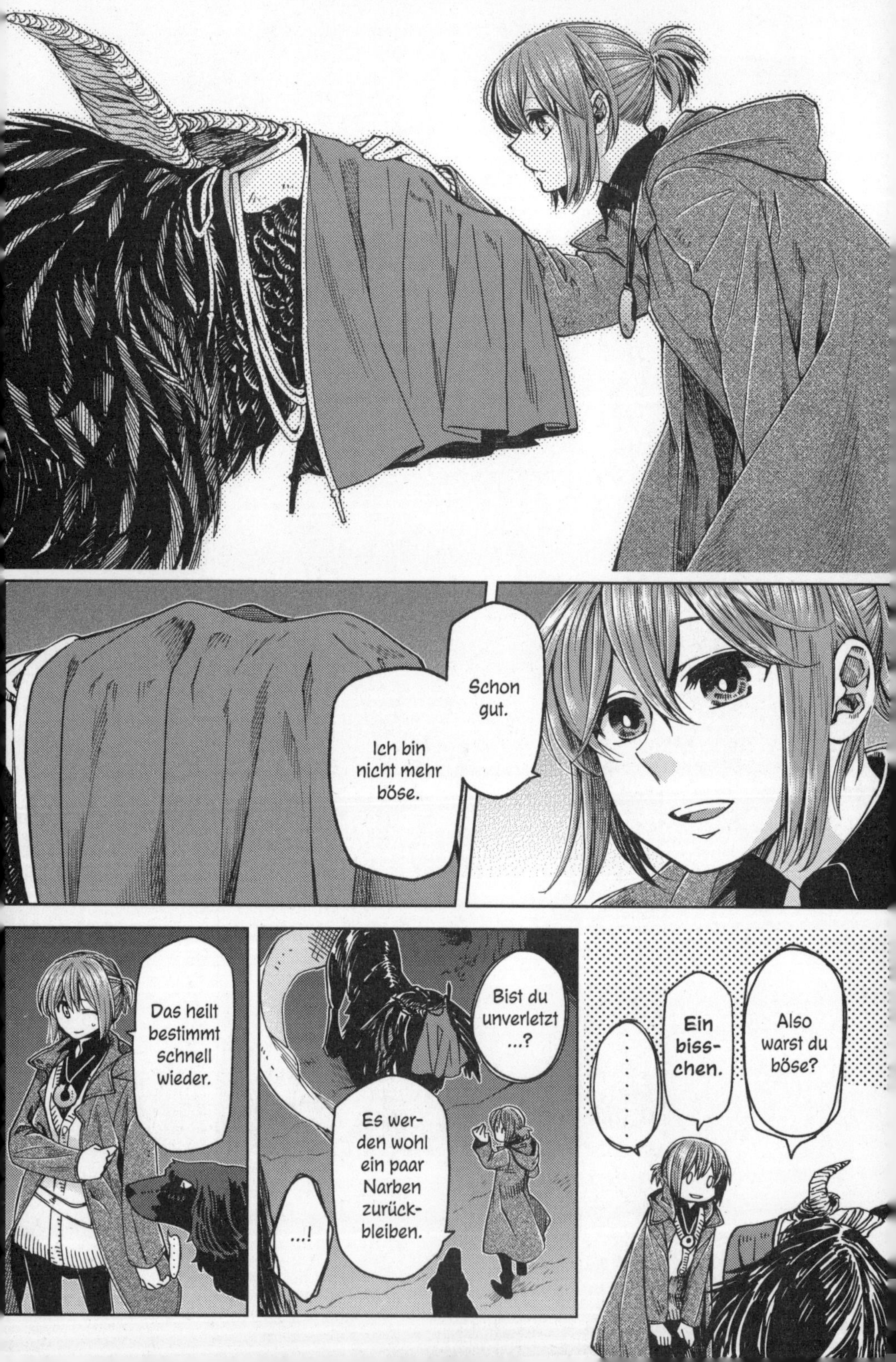
Schon gut.
Ich bin nicht mehr böse.
Also warst du böse?
Ein bisschen.
......
Bist du unverletzt ...?
Es werden wohl ein paar Narben zurückbleiben.
...!
Das heilt bestimmt schnell wieder.

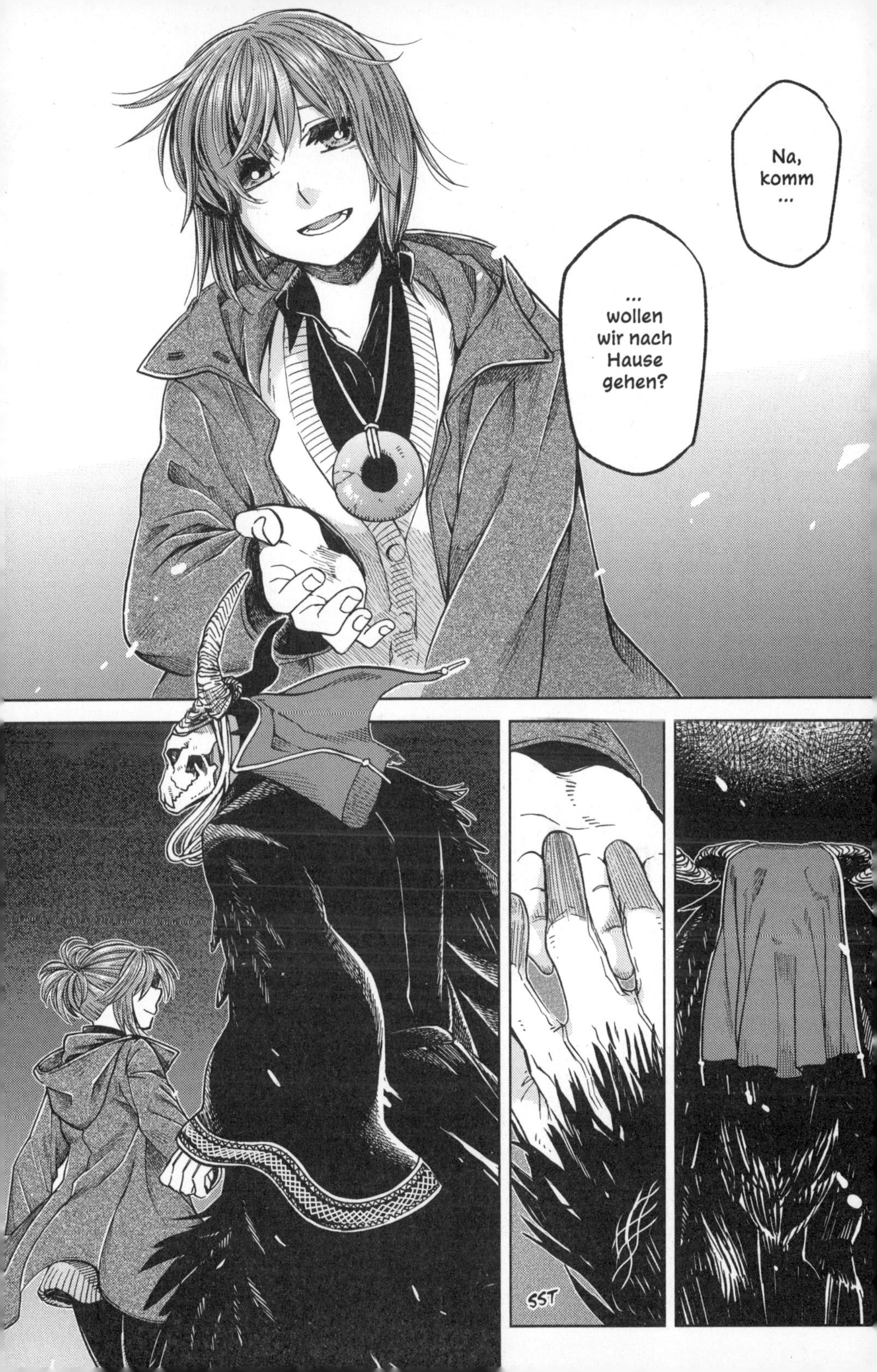
Na, komm ...
... wollen wir nach Hause gehen?
SST

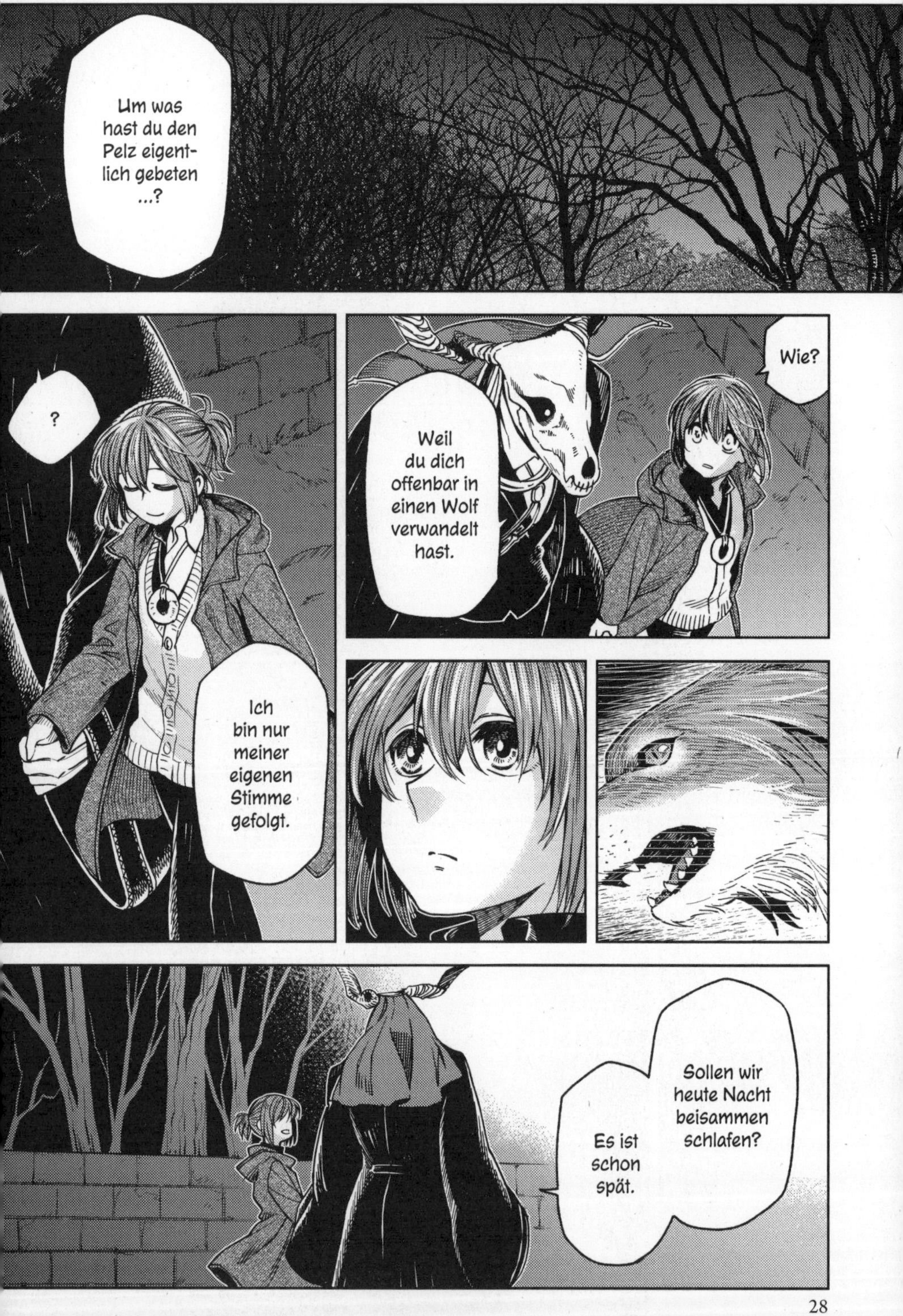
Um was hast du den Pelz eigentlich gebeten ...?
Wie?
Weil du dich offenbar in einen Wolf verwandelt hast.
?
Ich bin nur meiner eigenen Stimme gefolgt.
Sollen wir heute Nacht beisammen schlafen?
Es ist schon spät.

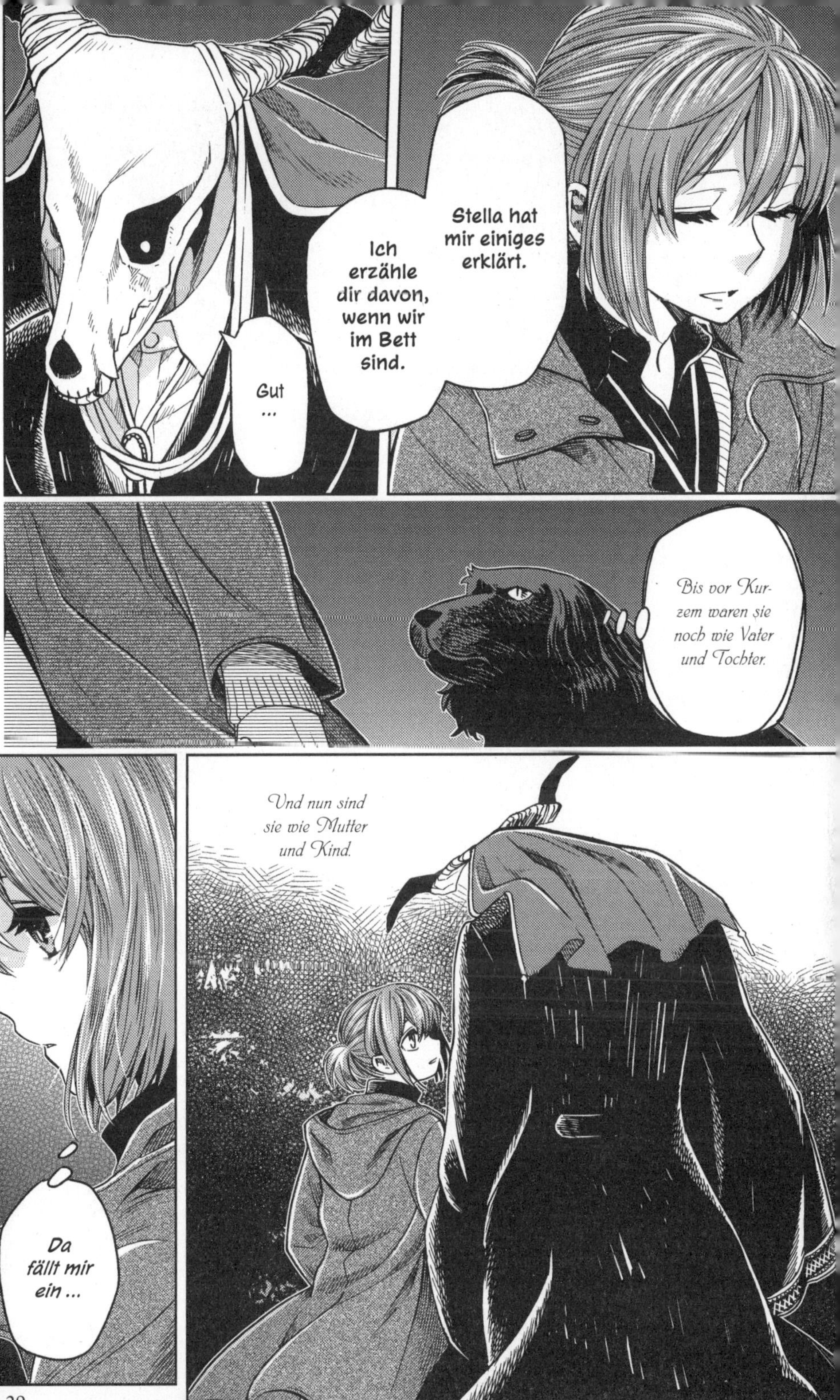

Stella hat mir einiges erklärt.
Ich erzähle dir davon, wenn wir im Bett sind.
Gut ...
Bis vor Kurzem waren sie noch wie Vater und Tochter.
Und nun sind sie wie Mutter und Kind.
Da fällt mir ein ...

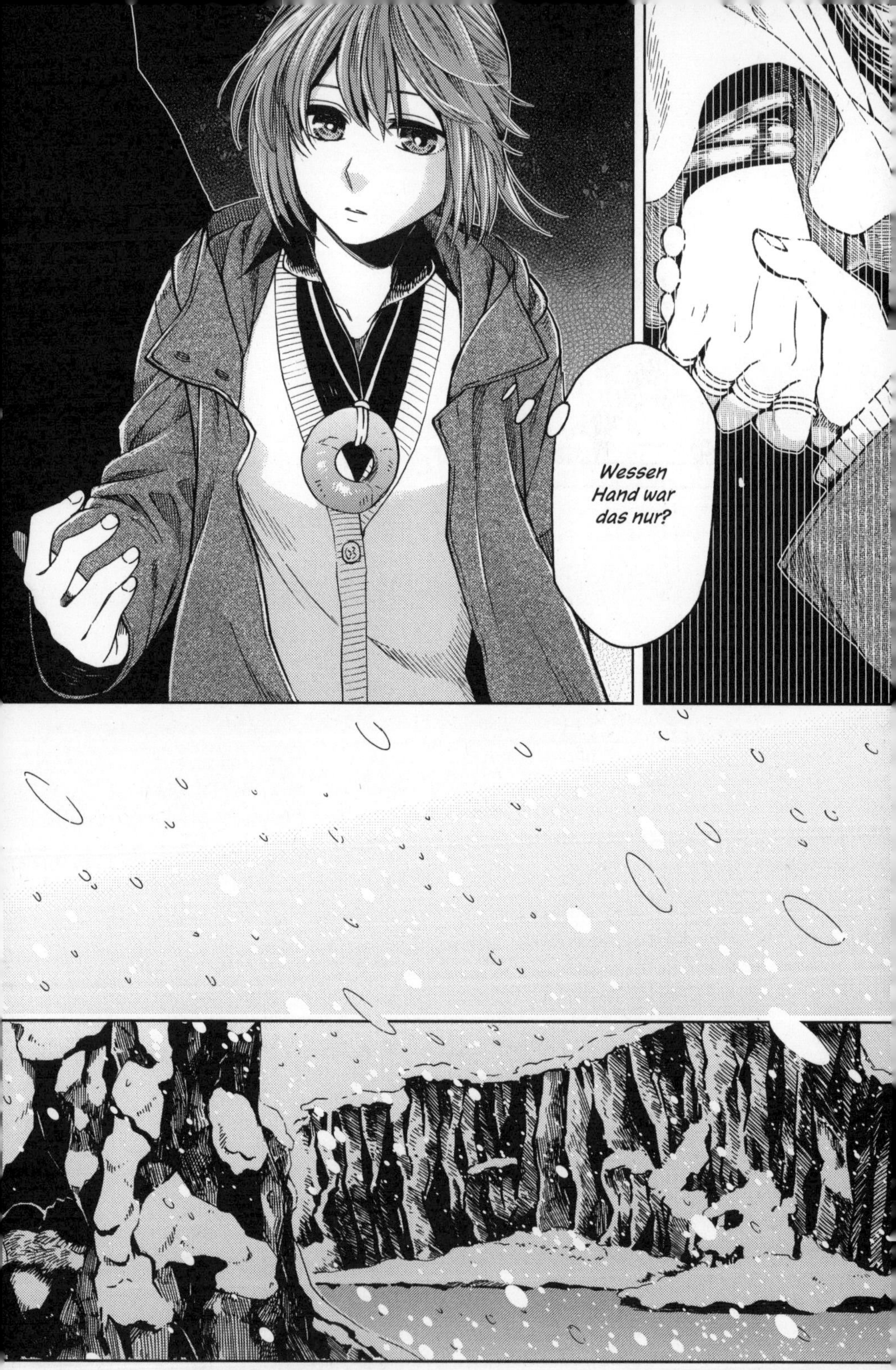
Wessen Hand war das nur?

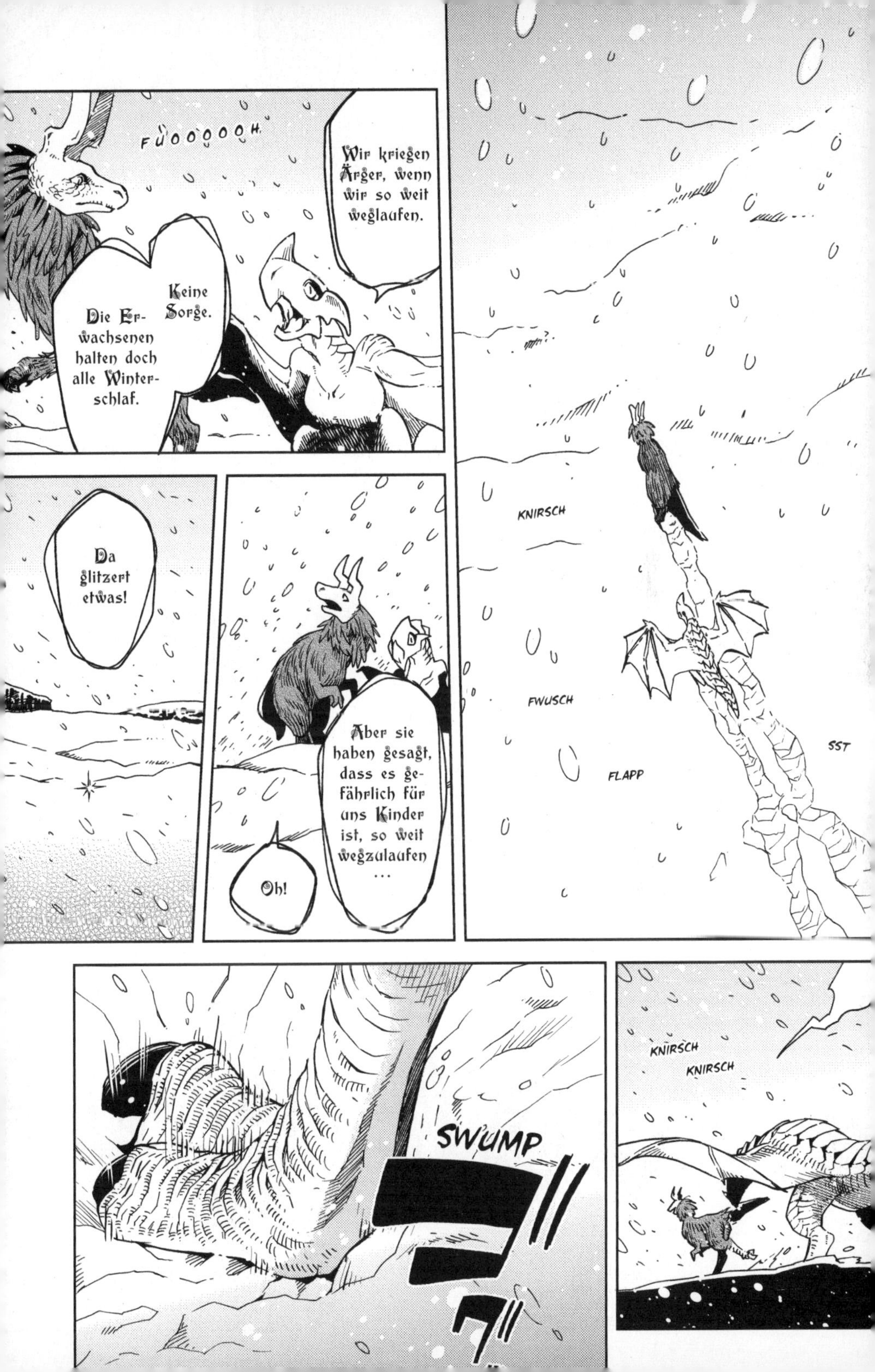
FUOOOOOH
Wir kriegen Ärger, wenn wir so weit weglaufen.
Keine Sorge.
Die Erwachsenen halten doch alle Winterschlaf.
Da glitzert etwas!
Aber sie haben gesagt, dass es gefährlich für uns Kinder ist, so weit wegzulaufen …
Oh!
KNIRSCH
FWUSCH
FLAPP
SST
SWUMP
KNIRSCH
KNIRSCH

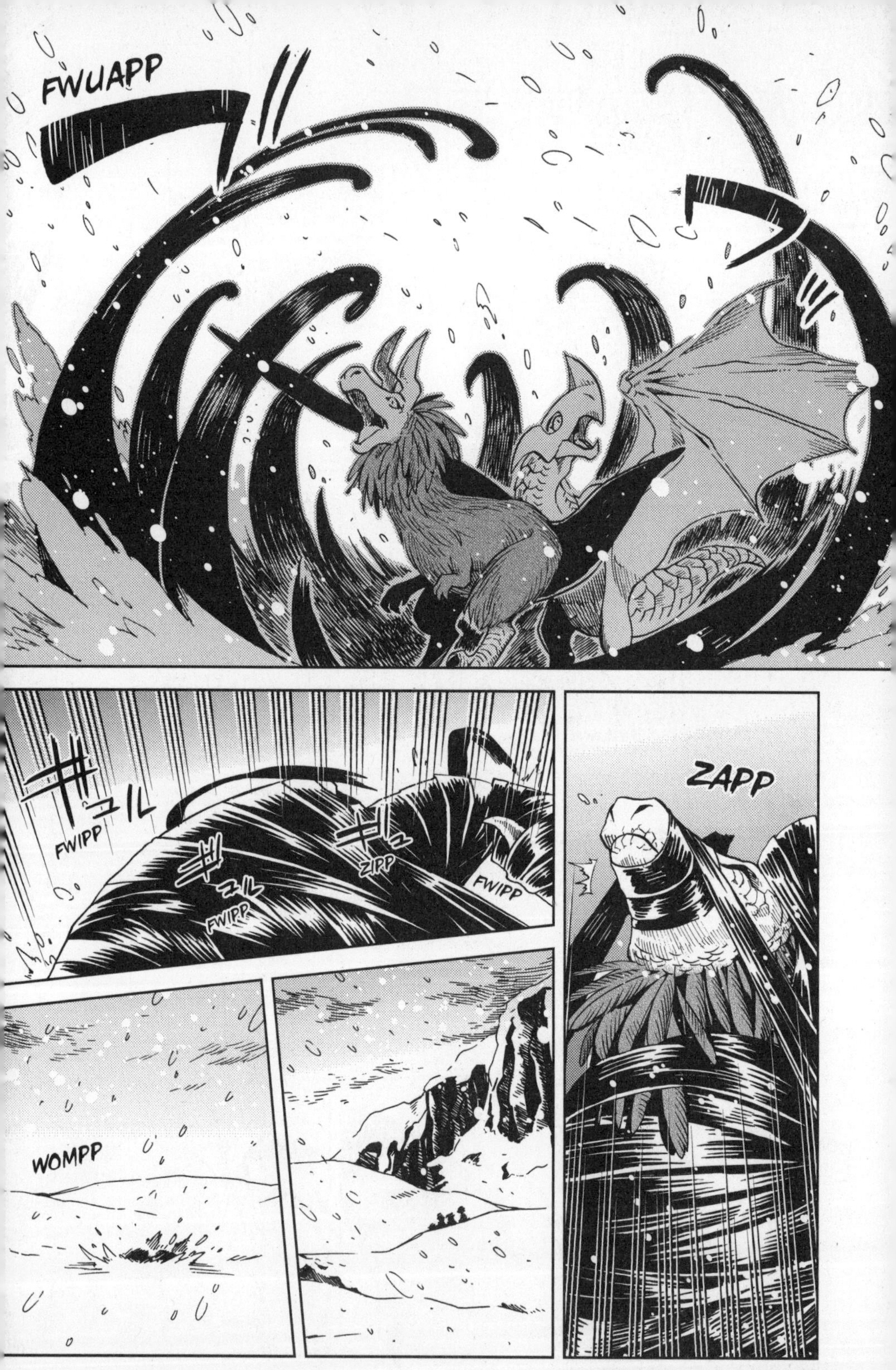
FWUAPP
FWIPP
ZIPP
FWIPP
FWIPP
ZAPP
WOMPP

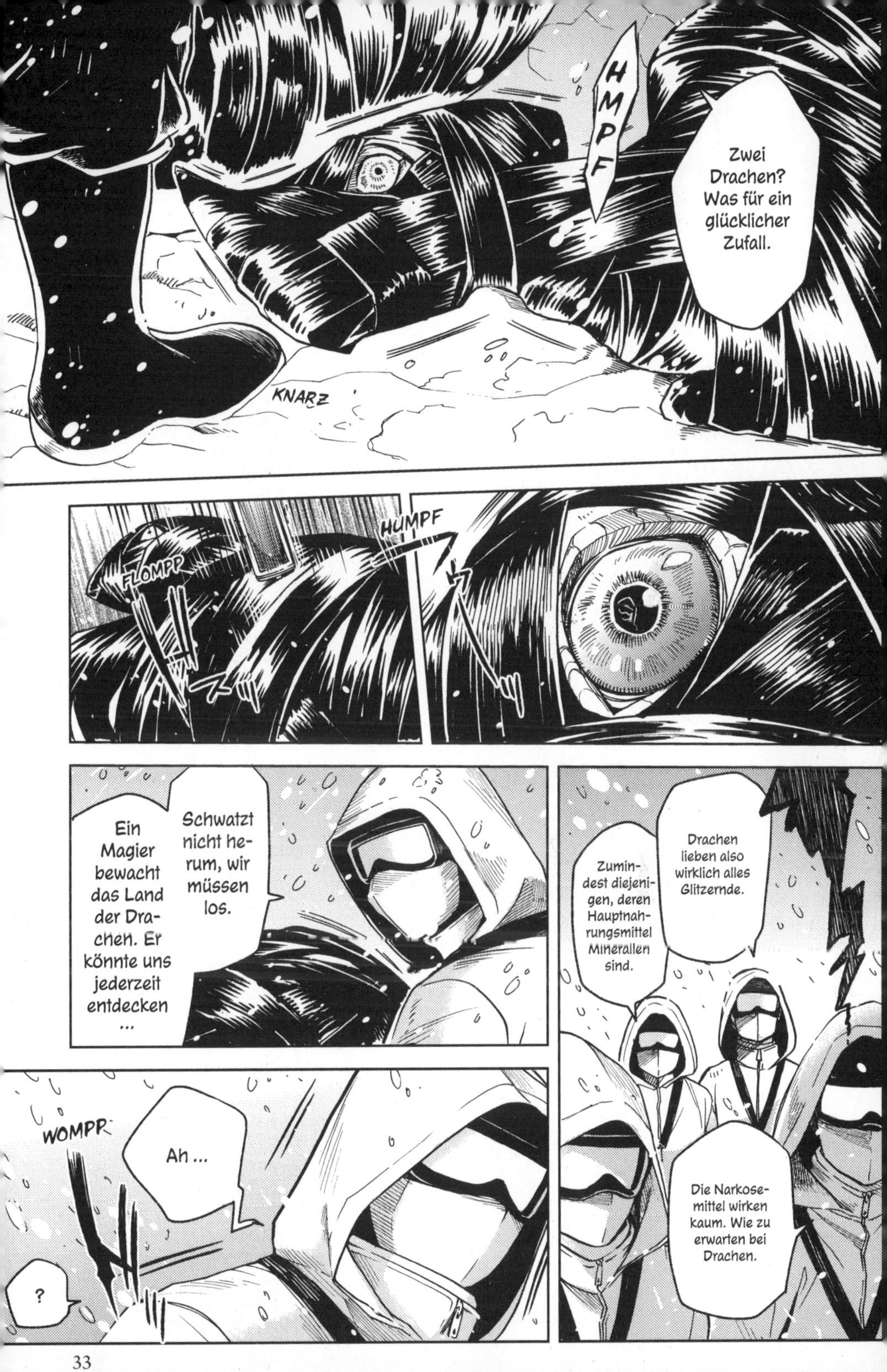
HMPF
Zwei Drachen? Was für ein glücklicher Zufall.
KNARZ
HUMPF
FLOMPP
Drachen lieben also wirklich alles Glitzernde.
Zumindest diejenigen, deren Hauptnahrungsmittel Mineralien sind.
Schwatzt nicht herum, wir müssen los.
Ein Magier bewacht das Land der Drachen. Er könnte uns jederzeit entdecken ...
Die Narkosemittel wirken kaum. Wie zu erwarten bei Drachen.
WOMPP
Ah ...
?

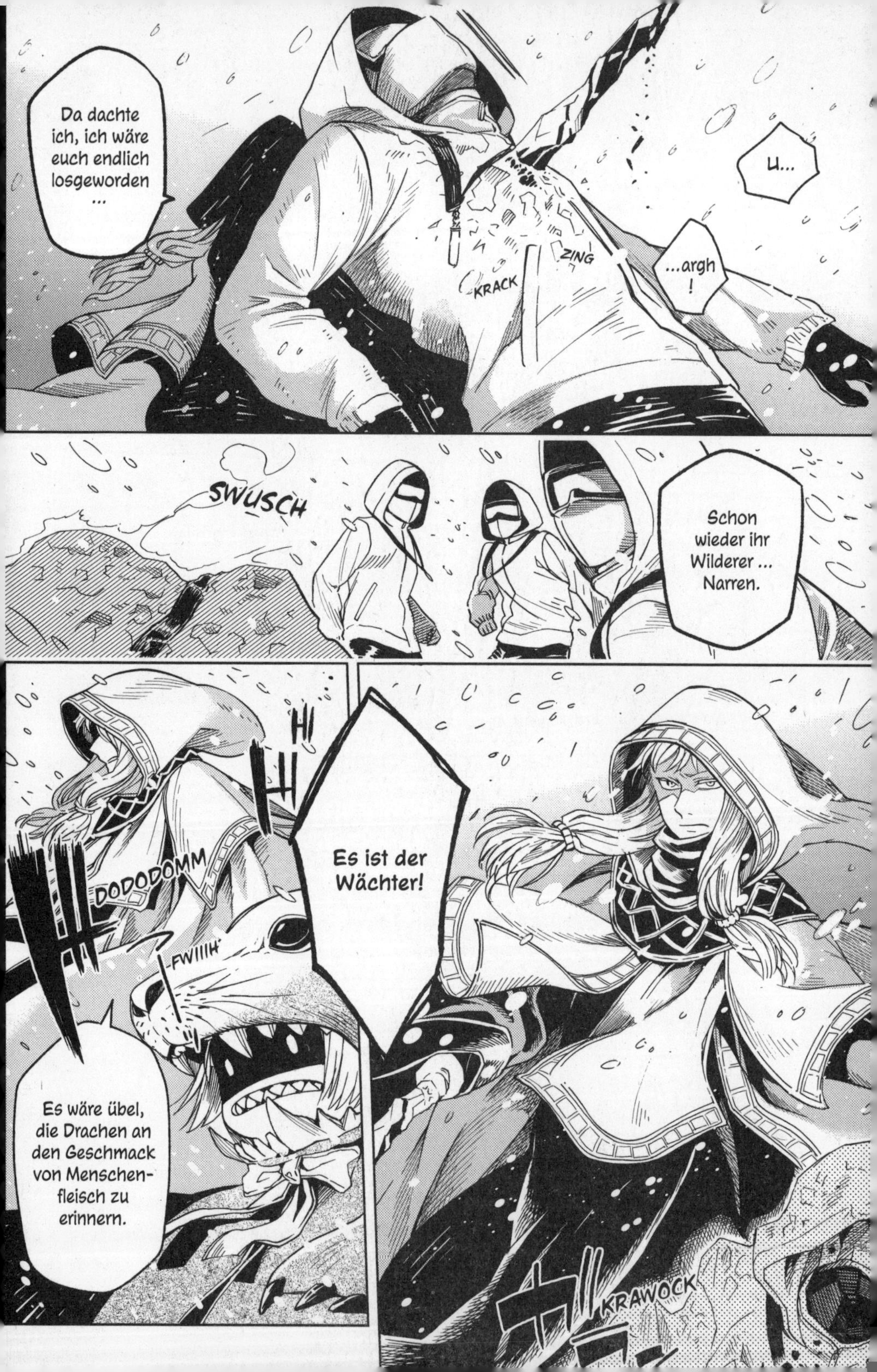
Da dachte ich, ich wäre euch endlich losgeworden ...
U...
...argh !
ZING
KRACK
SWUSCH
Schon wieder ihr Wilderer ... Narren.
HI
DODODOMM
Es ist der Wächter!
FWIIIH
Es wäre übel, die Drachen an den Geschmack von Menschenfleisch zu erinnern.
KRAWOCK

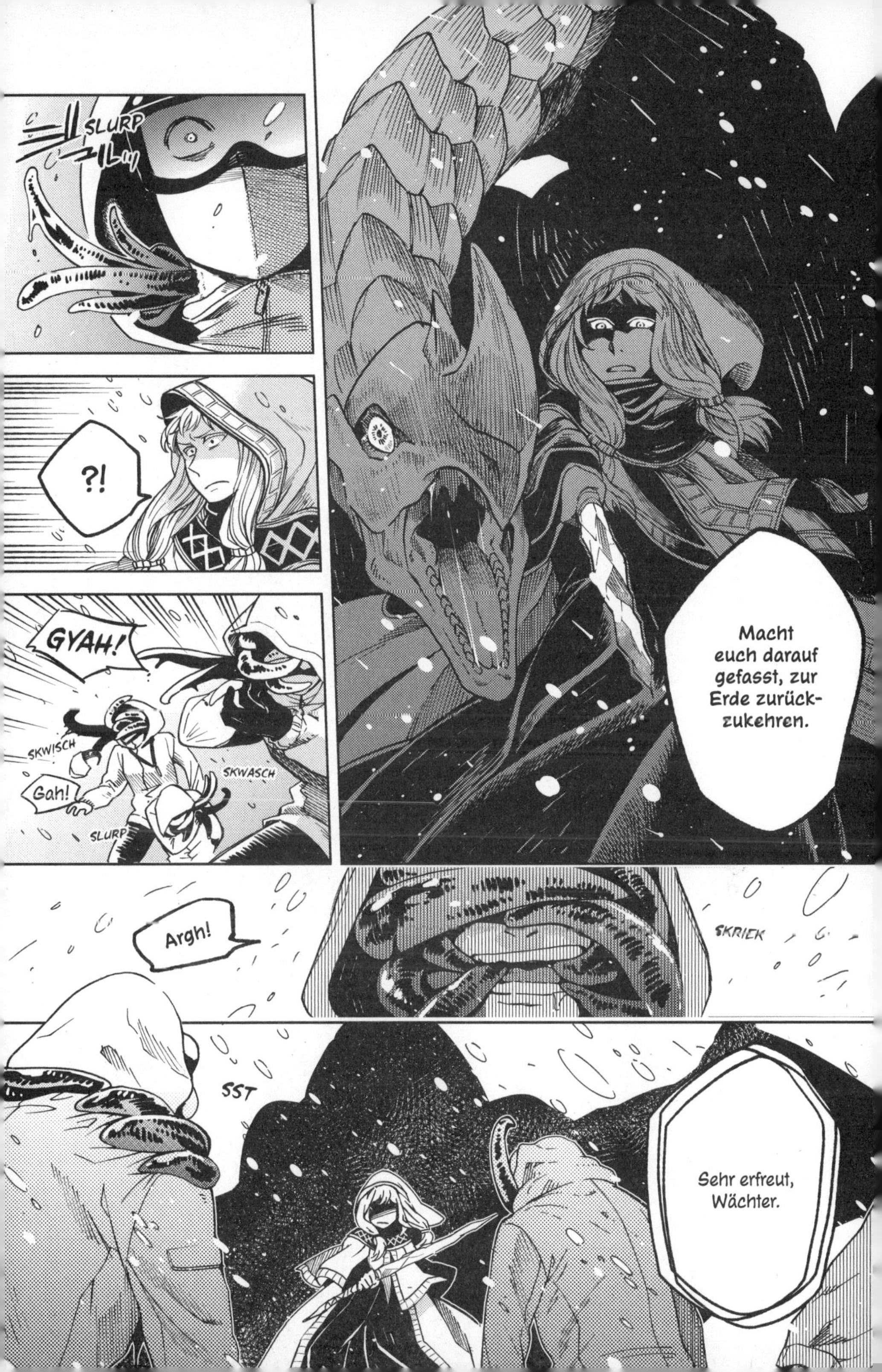
SLURP
?!
GYAH!
SKWISCH
Gah!
SKWASCH
SLURP
Macht euch darauf gefasst, zur Erde zurück-zukehren.
Argh!
SKRIEK
SST
Sehr erfreut, Wächter.

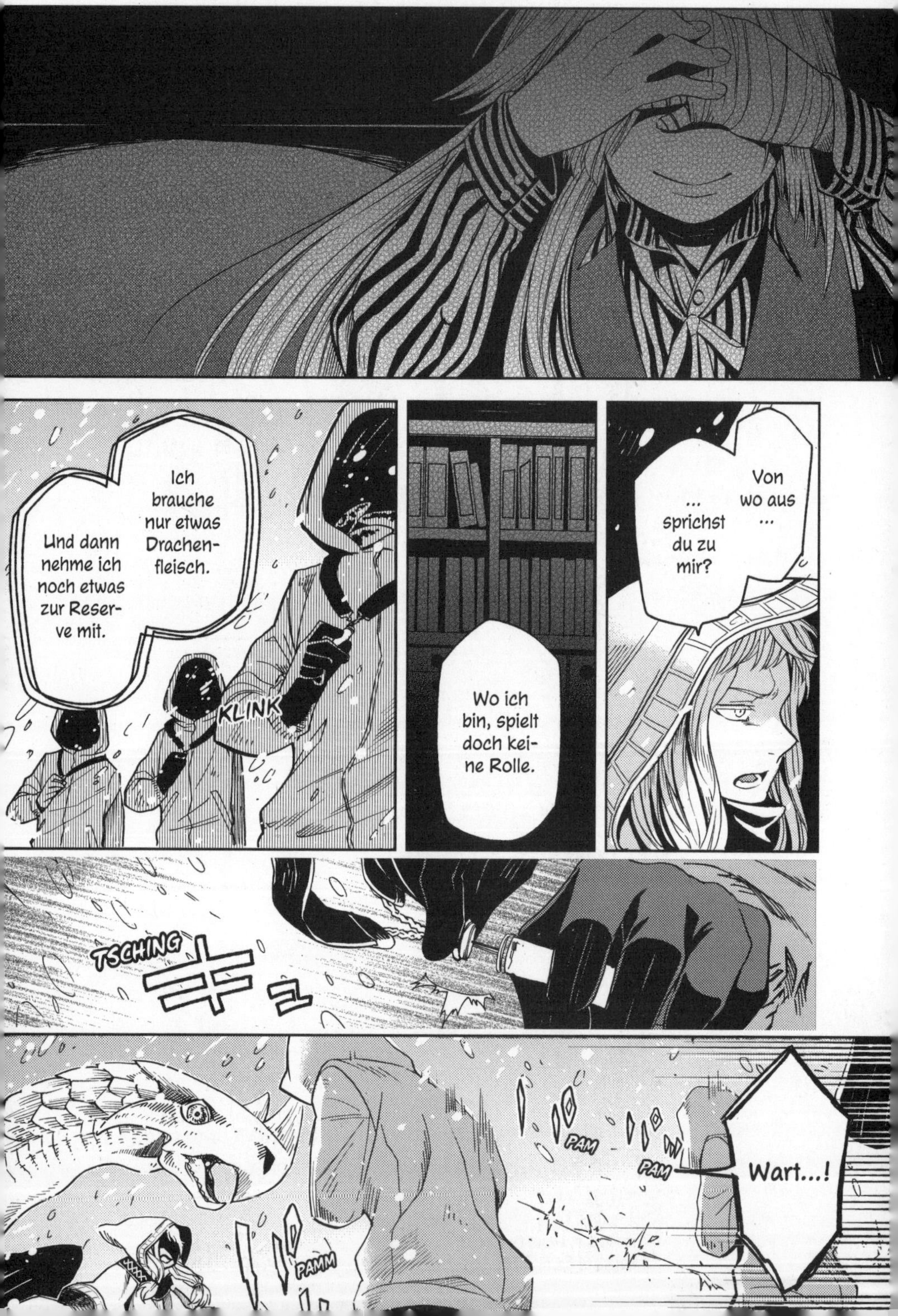
Von wo aus ...
... sprichst du zu mir?
Wo ich bin, spielt doch keine Rolle.
Ich brauche nur etwas Drachenfleisch.
Und dann nehme ich noch etwas zur Reserve mit.
KLINK
TSCHING
Wart...!
PAM
PAM
PAMM

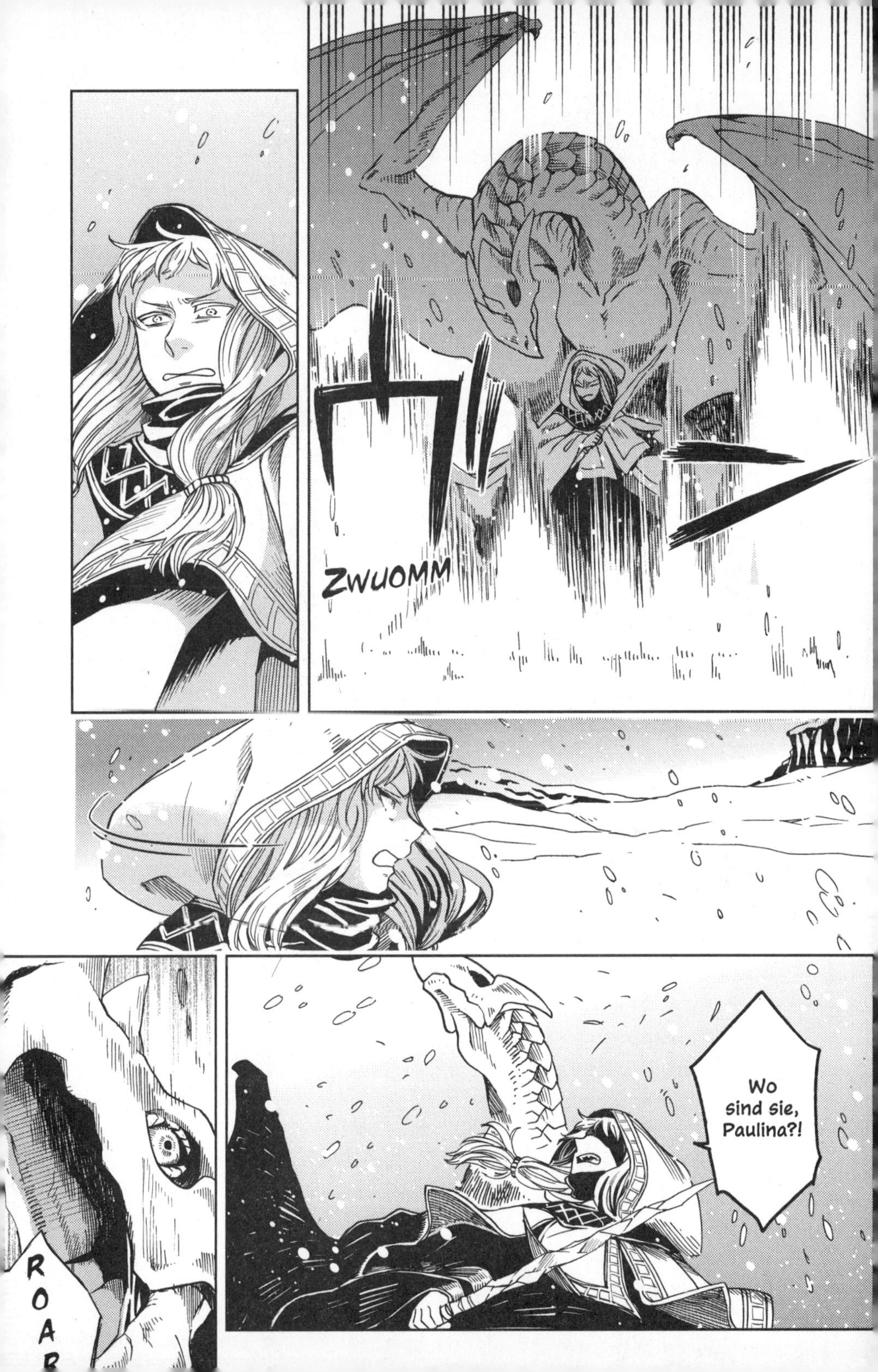
ZWUOMM
Wo sind sie, Paulina?!
ROAR

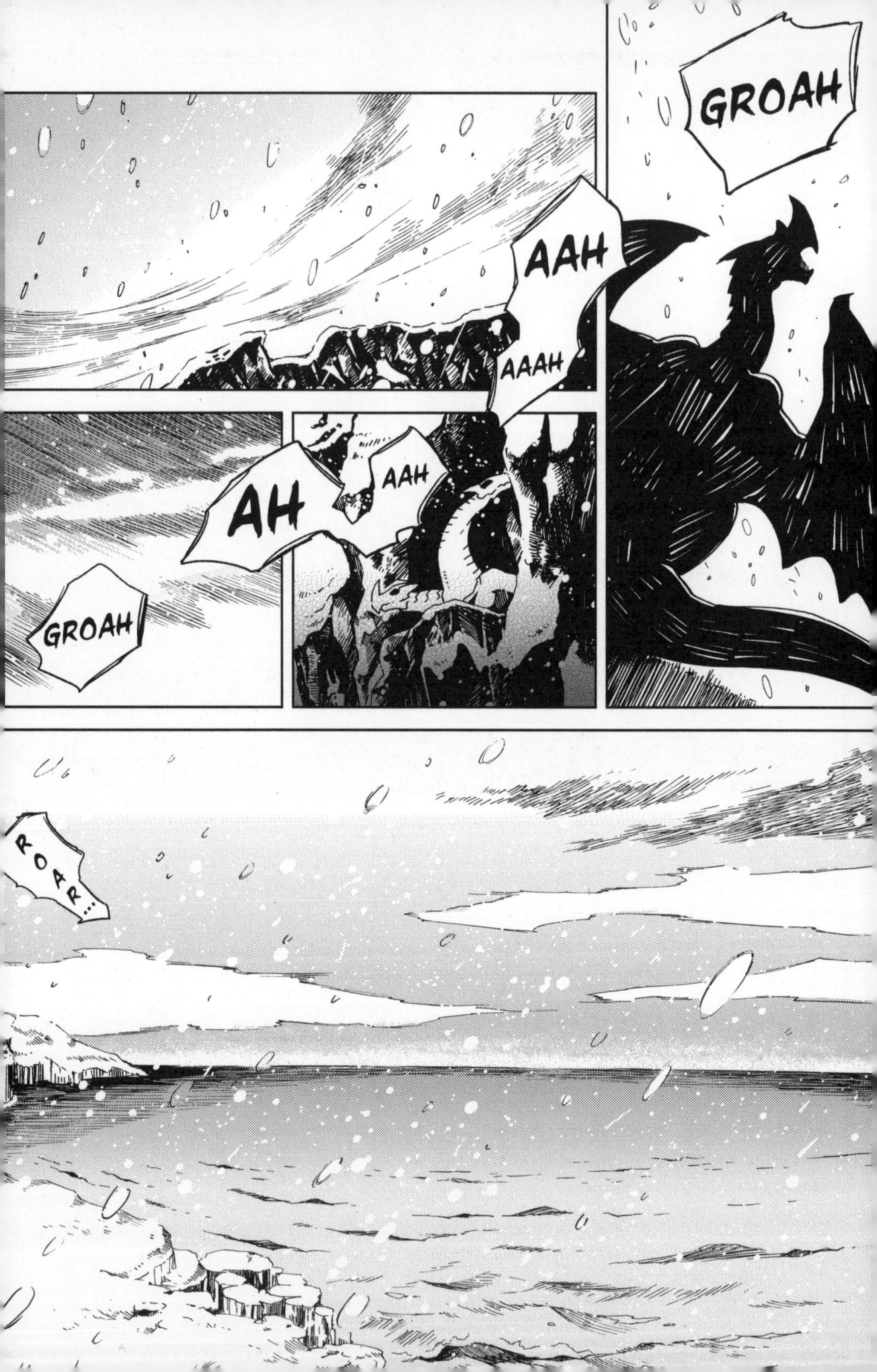

GROAH
AAH
AAAH
AAH
AH
GROAH
ROAR...

# DIE BRAUT DES MAGIERS

# Die Braut des Magiers

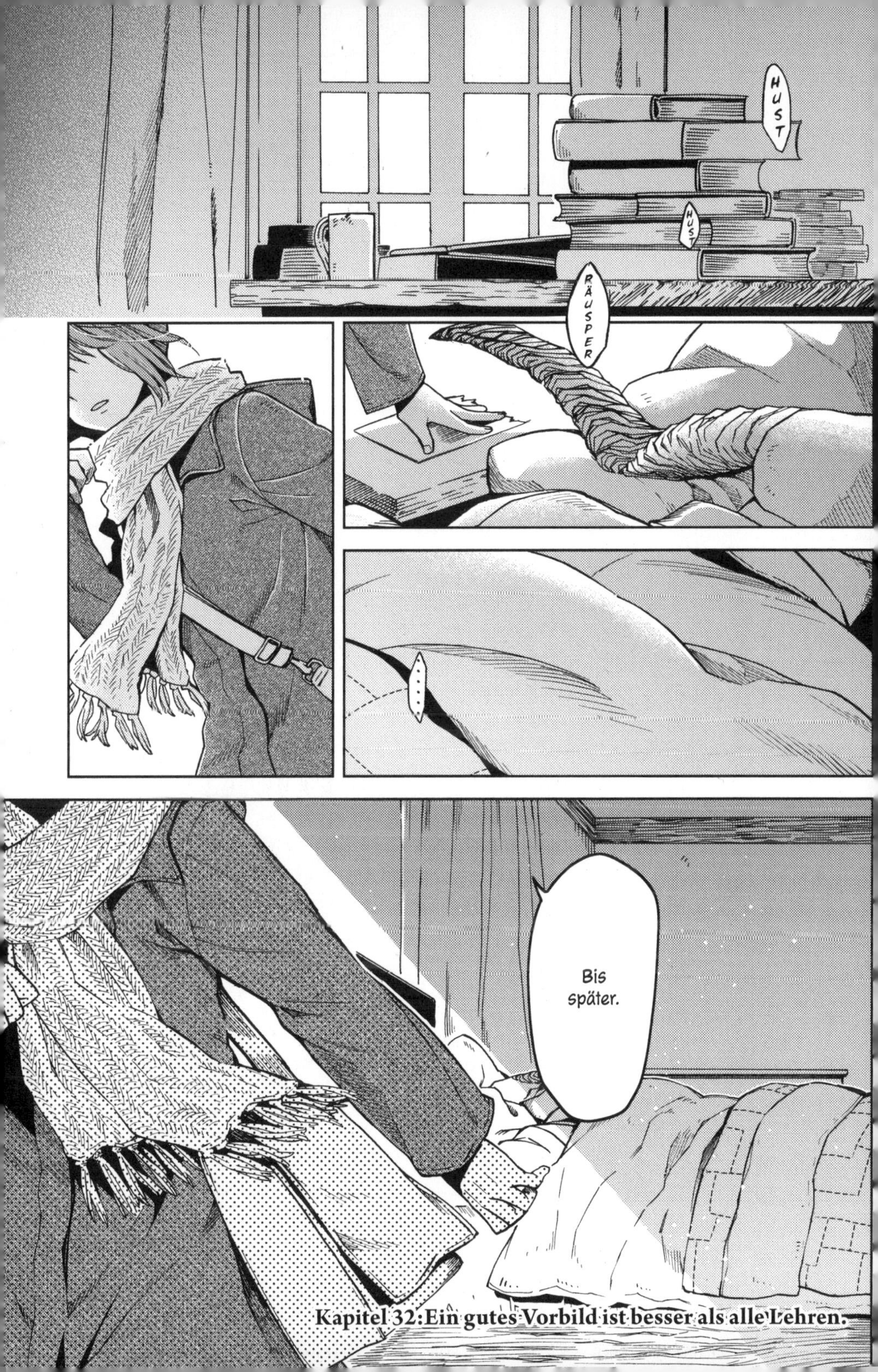
HUST
HUST
RÄUSPER
...
Bis später.
Kapitel 32: Ein gutes Vorbild ist besser als alle Lehren.

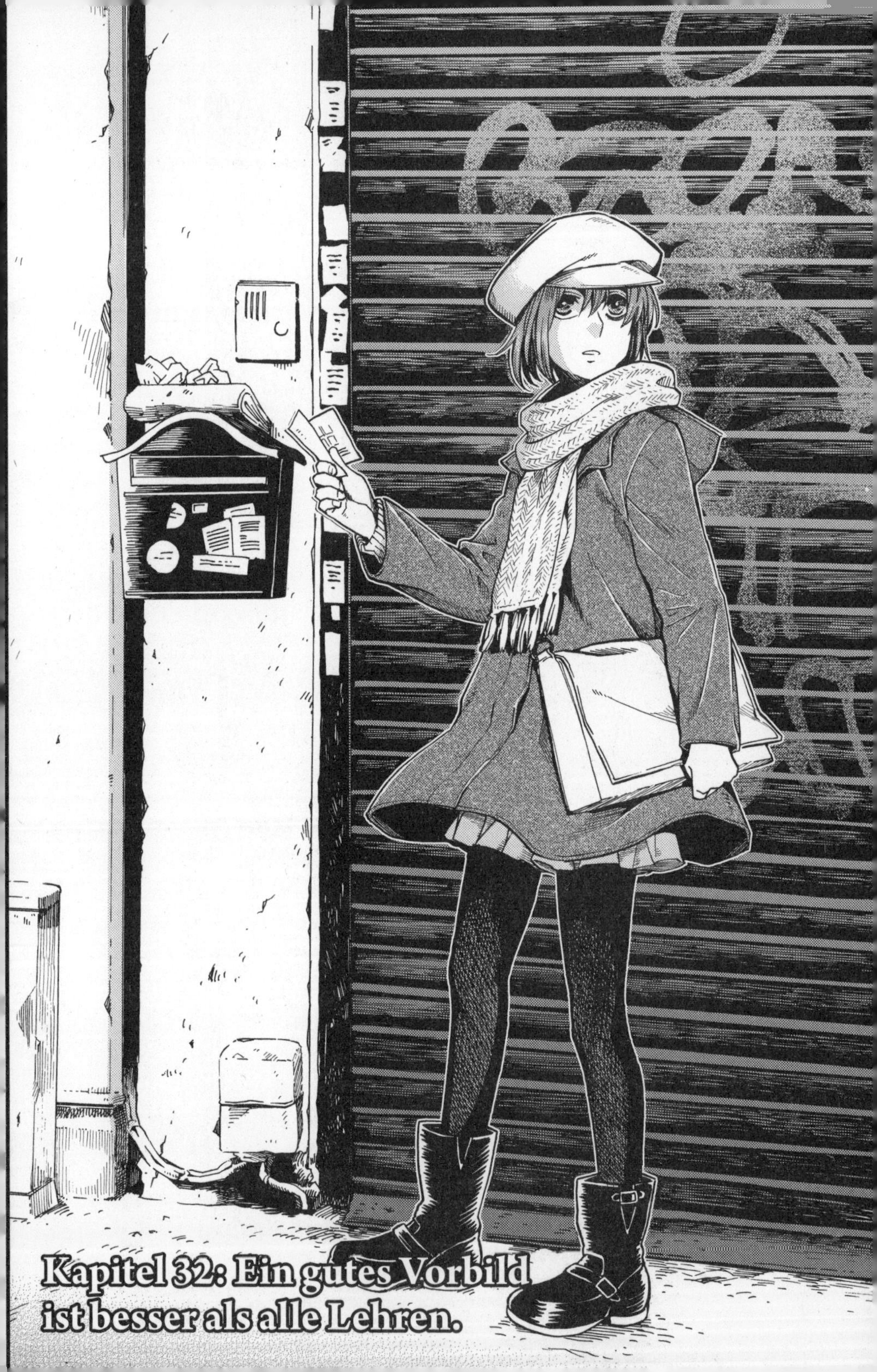

# Kapitel 32: Ein gutes Vorbild ist besser als alle Lehren.

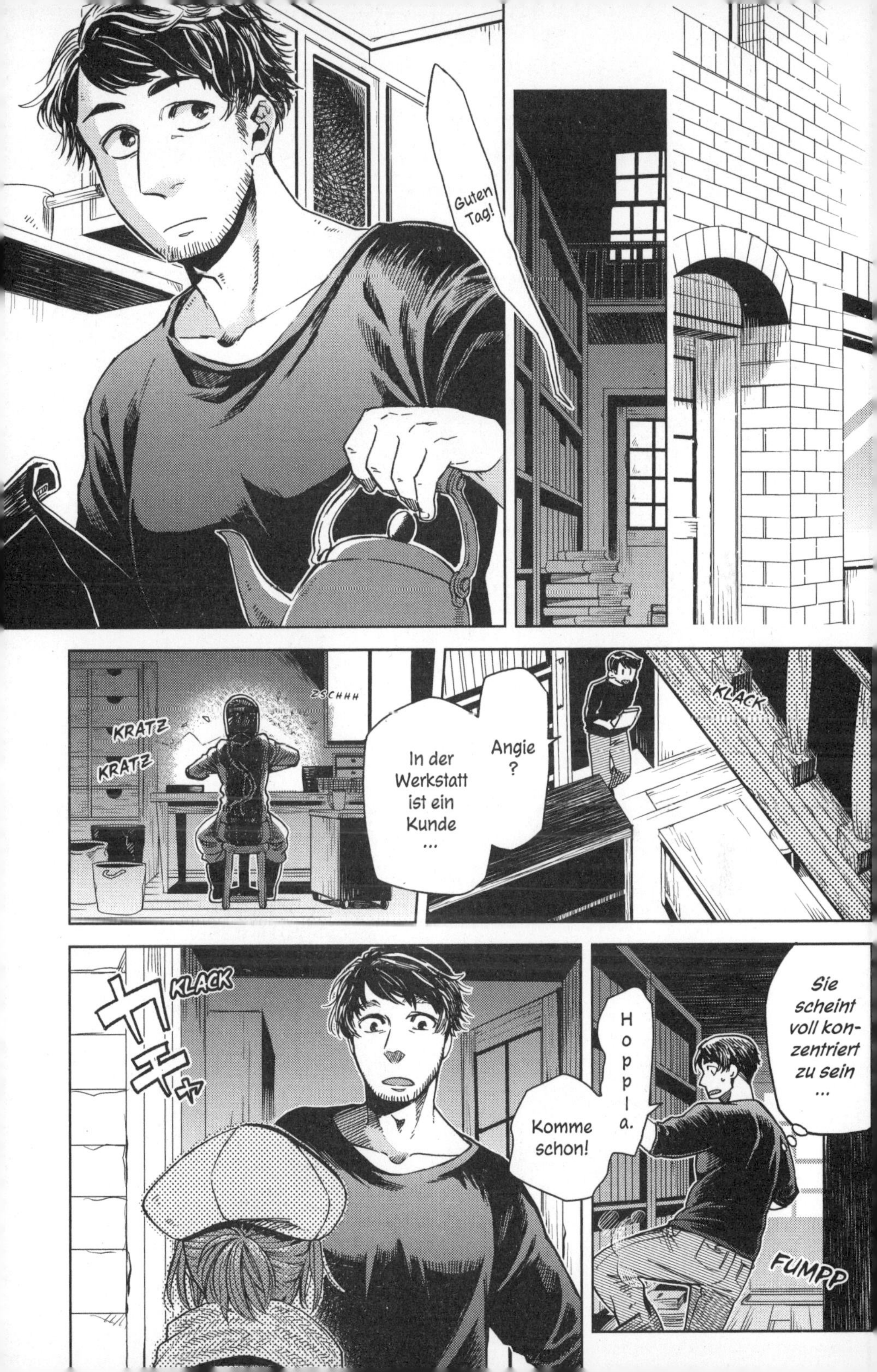

Guten Tag!
KLACK
Angie?
In der Werkstatt ist ein Kunde ...
ZSCHHH
KRATZ
KRATZ
Sie scheint voll konzentriert zu sein ...
Hoppla.
FUMPP
Komme schon!
KLACK
ガチャ

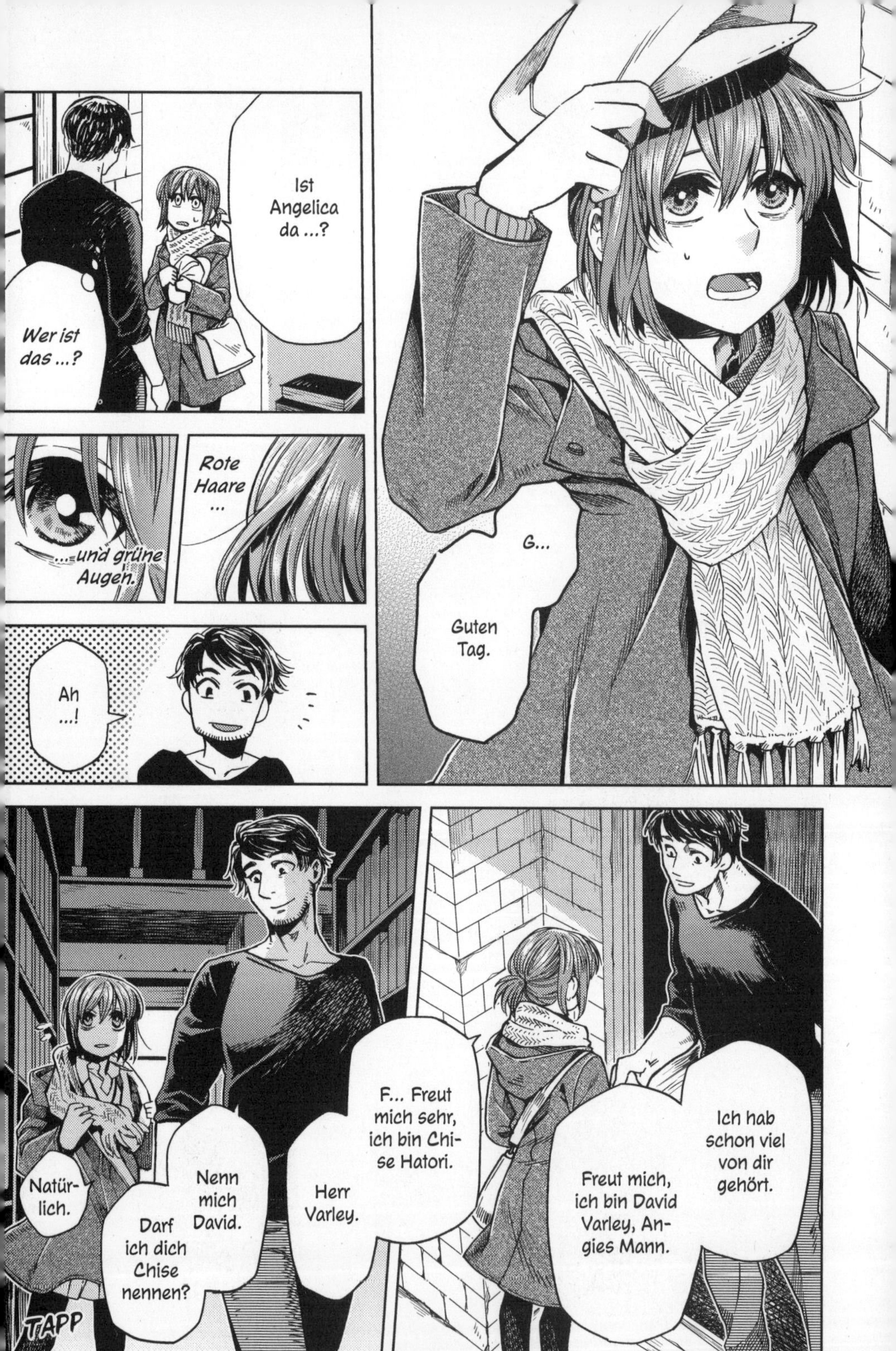

Ist Angelica da ...?
Wer ist das ...?
Rote Haare ...
... und grüne Augen.
Ah ...!
G...
Guten Tag.
Ich hab schon viel von dir gehört.
Freut mich, ich bin David Varley, Angies Mann.
F... Freut mich sehr, ich bin Chise Hatori.
Herr Varley.
Nenn mich David.
Darf ich dich Chise nennen?
Natürlich.
TAPP

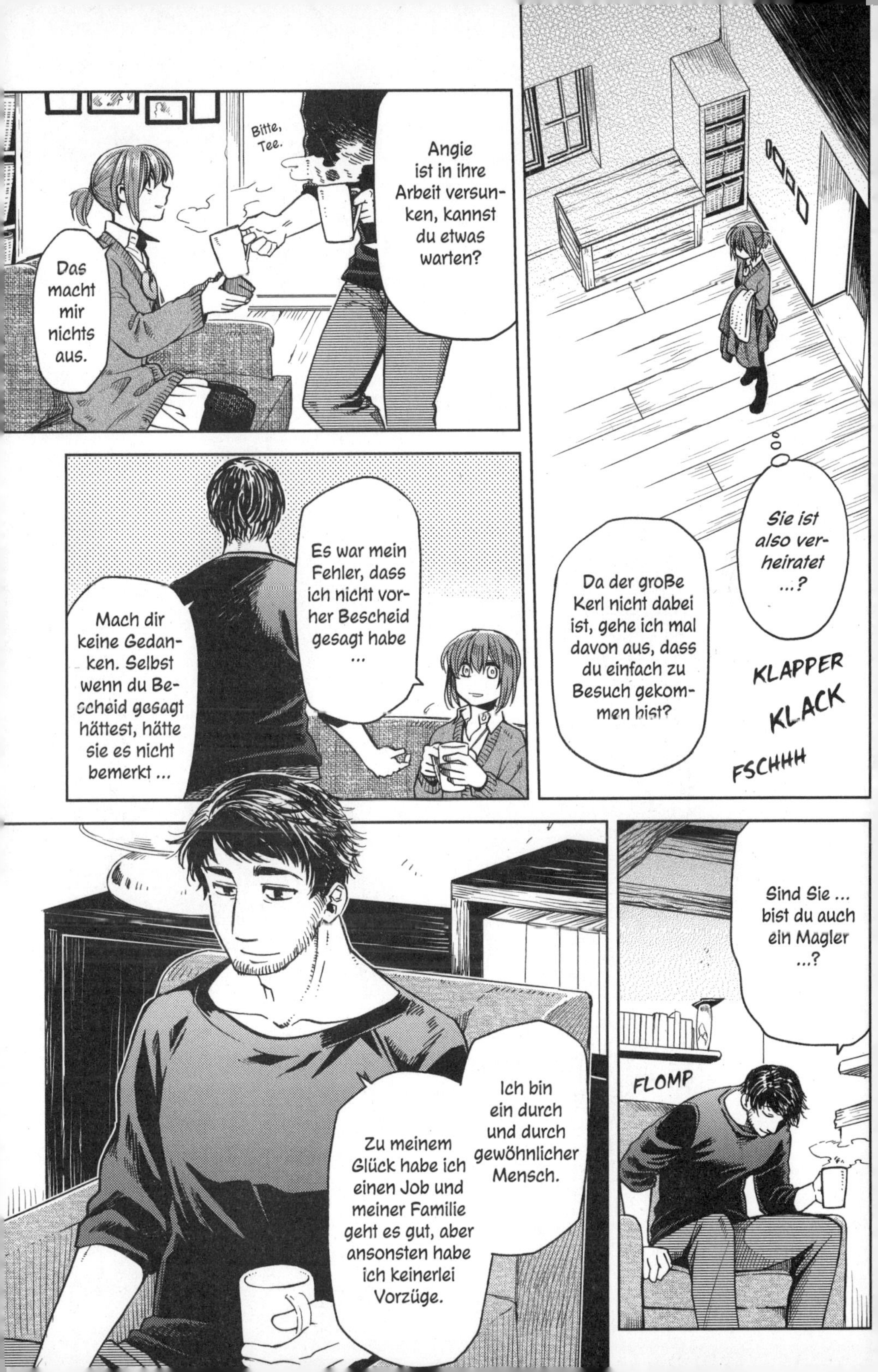
Sie ist also verheiratet ...?
Da der große Kerl nicht dabei ist, gehe ich mal davon aus, dass du einfach zu Besuch gekommen bist?
KLAPPER
KLACK
FSCHHH
Bitte, Tee.
Angie ist in ihre Arbeit versunken, kannst du etwas warten?
Das macht mir nichts aus.
Es war mein Fehler, dass ich nicht vorher Bescheid gesagt habe ...
Mach dir keine Gedanken. Selbst wenn du Bescheid gesagt hättest, hätte sie es nicht bemerkt ...
Sind Sie ... bist du auch ein Magler ...?
FLOMP
Ich bin ein durch und durch gewöhnlicher Mensch.
Zu meinem Glück habe ich einen Job und meiner Familie geht es gut, aber ansonsten habe ich keinerlei Vorzüge.

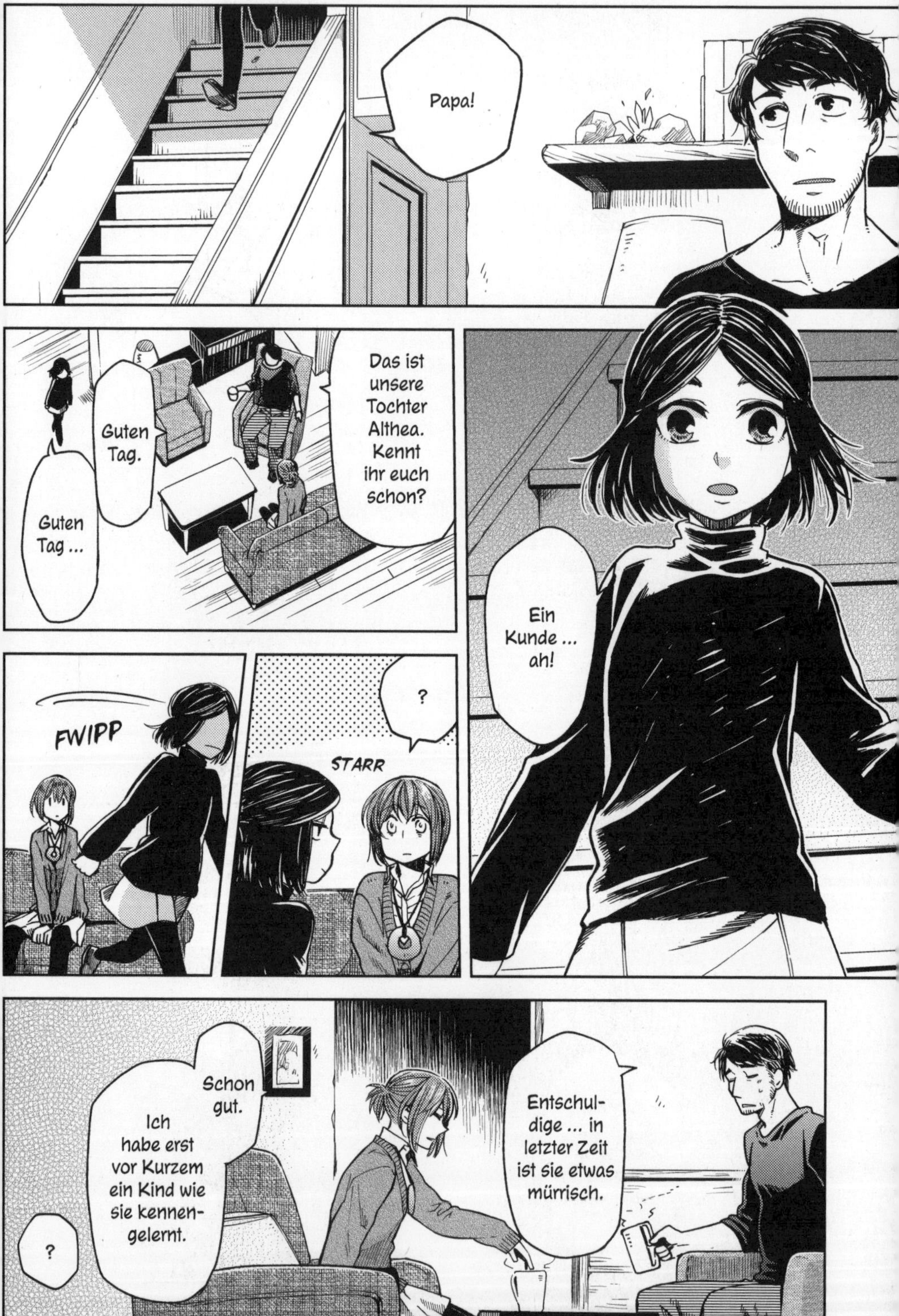

Papa!
Das ist unsere Tochter Althea. Kennt ihr euch schon?
Guten Tag.
Guten Tag ...
Ein Kunde ... ah!
?
STARR
FWIPP
Entschuldige ... in letzter Zeit ist sie etwas mürrisch.
Schon gut.
Ich habe erst vor Kurzem ein Kind wie sie kennengelernt.
?

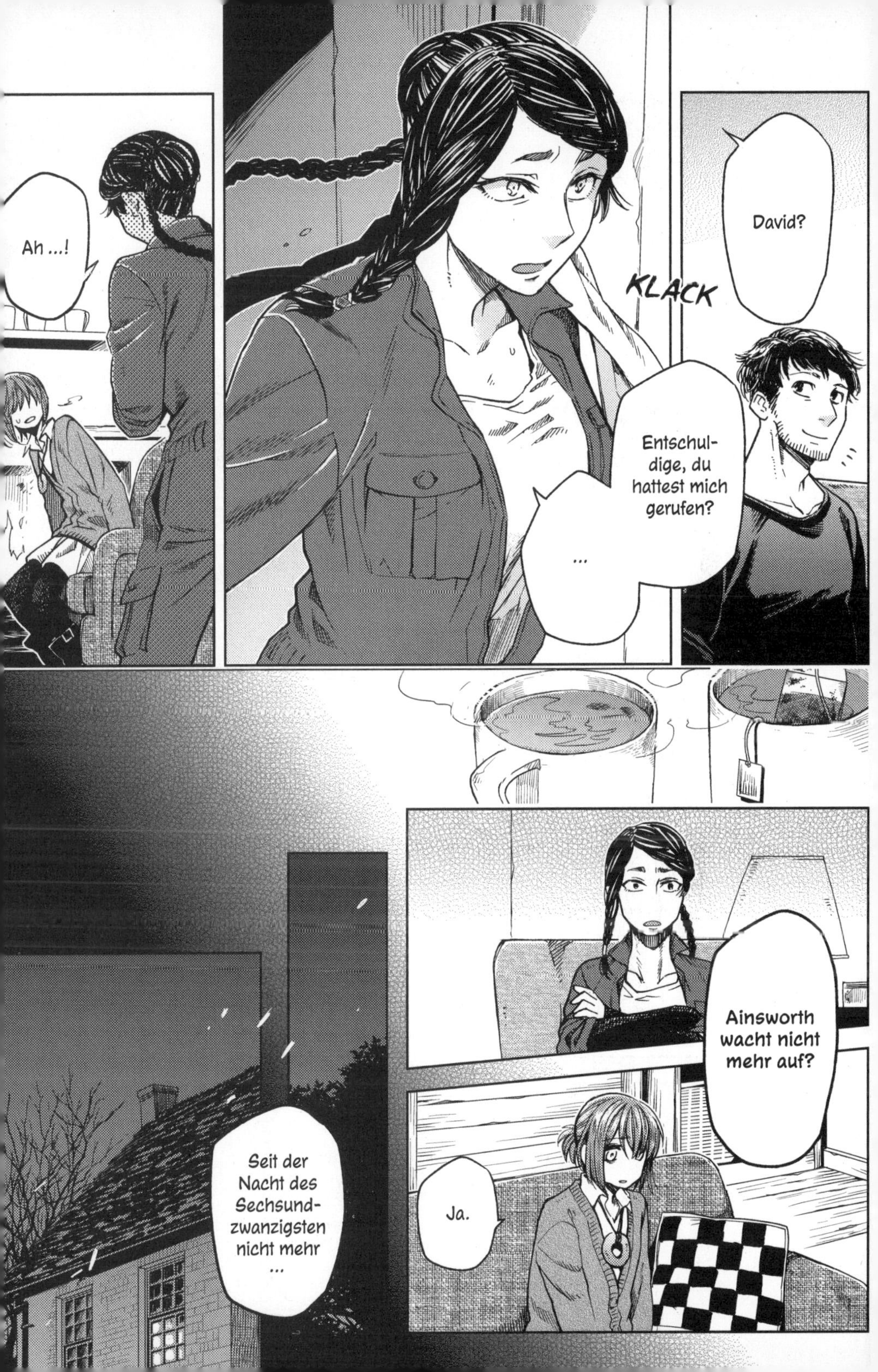
David?
KLACK
Ah ...!
Entschul-
dige, du
hattest mich
gerufen?
...
Ainsworth
wacht nicht
mehr auf?
Ja.
Seit der
Nacht des
Sechsund-
zwanzigsten
nicht mehr
...

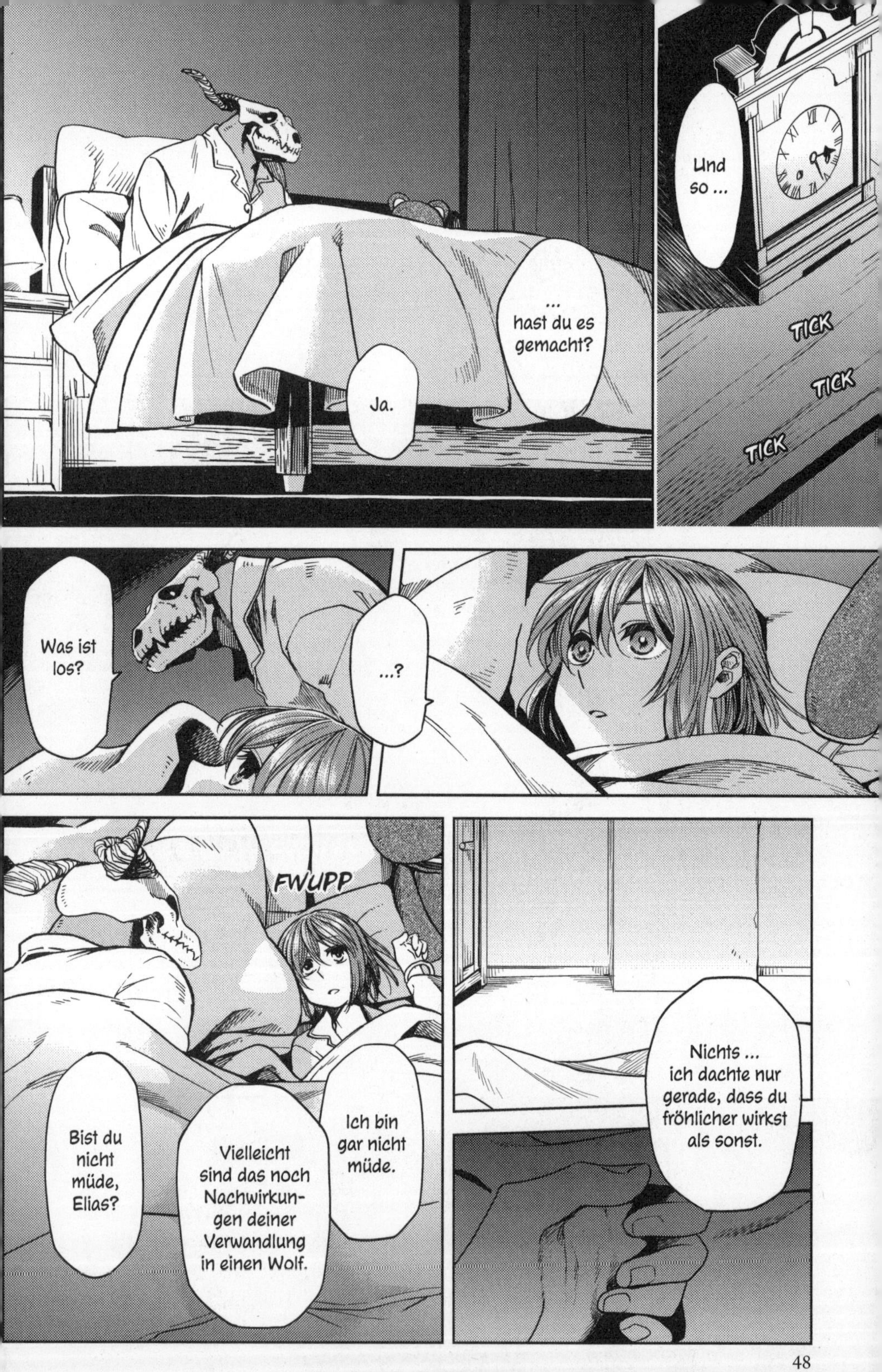

Und so ...
TICK
TICK
TICK
...
hast du es
gemacht?
Ja.
...?
Was ist
los?
Nichts ...
ich dachte nur
gerade, dass du
fröhlicher wirkst
als sonst.
FWUPP
Ich bin
gar nicht
müde.
Vielleicht
sind das noch
Nachwirkun-
gen deiner
Verwandlung
in einen Wolf.
Bist du
nicht
müde,
Elias?

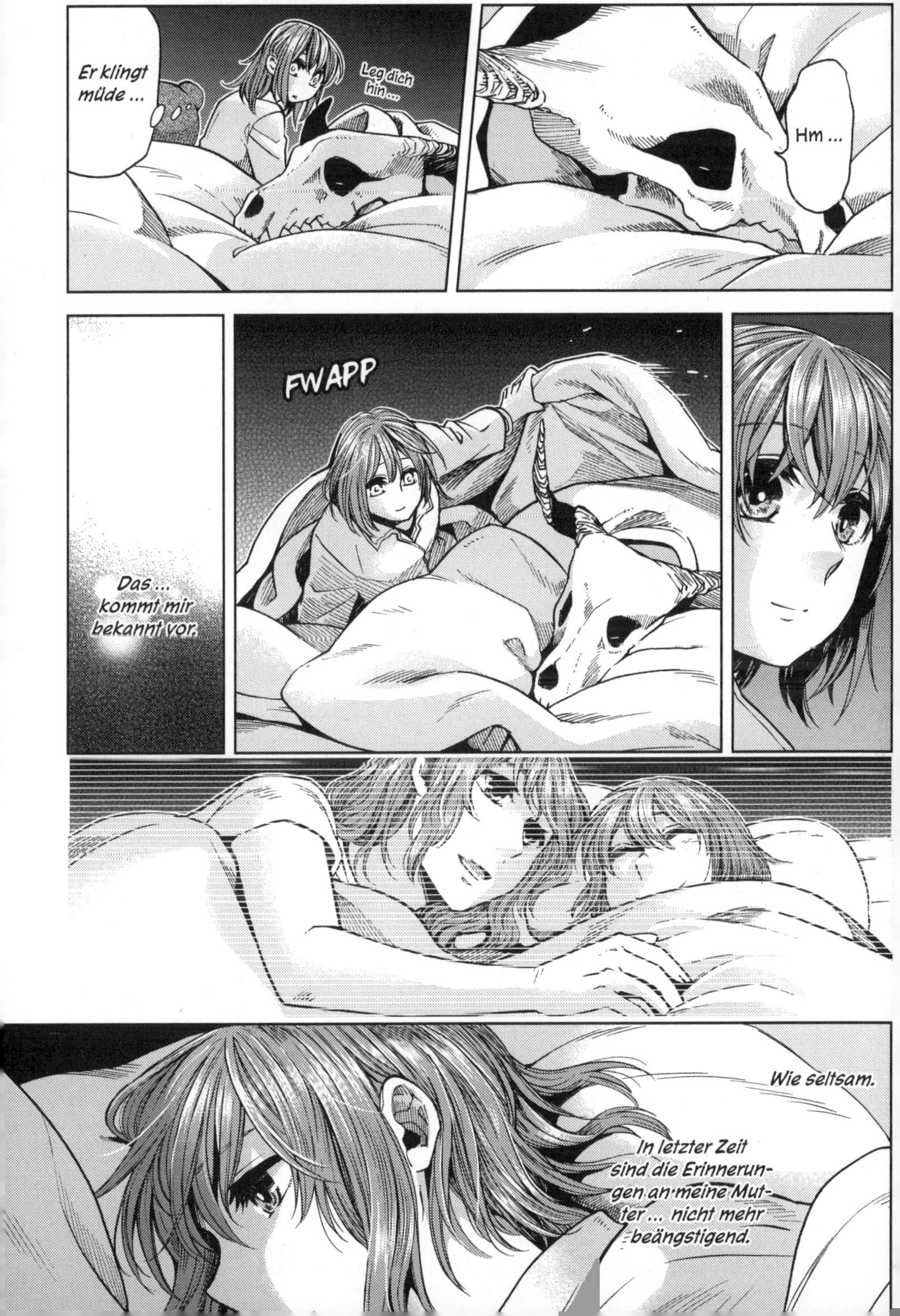
Hm ...
Er klingt müde ...
Leg dich hin ...
FWAPP
Das ... kommt mir bekannt vor.
Wie seltsam.
In letzter Zeit sind die Erinnerungen an meine Mutter ... nicht mehr beängstigend.

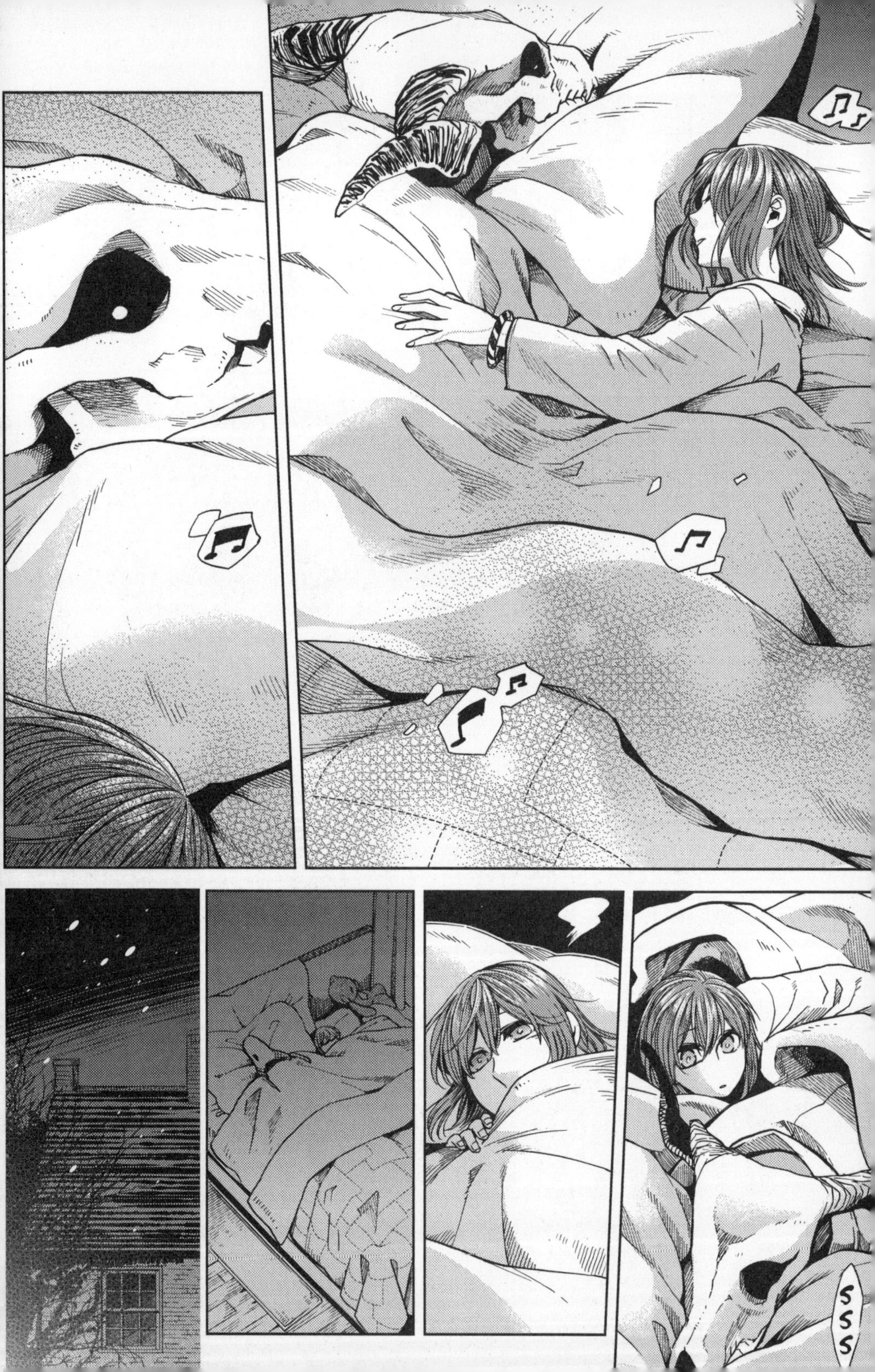
SSS

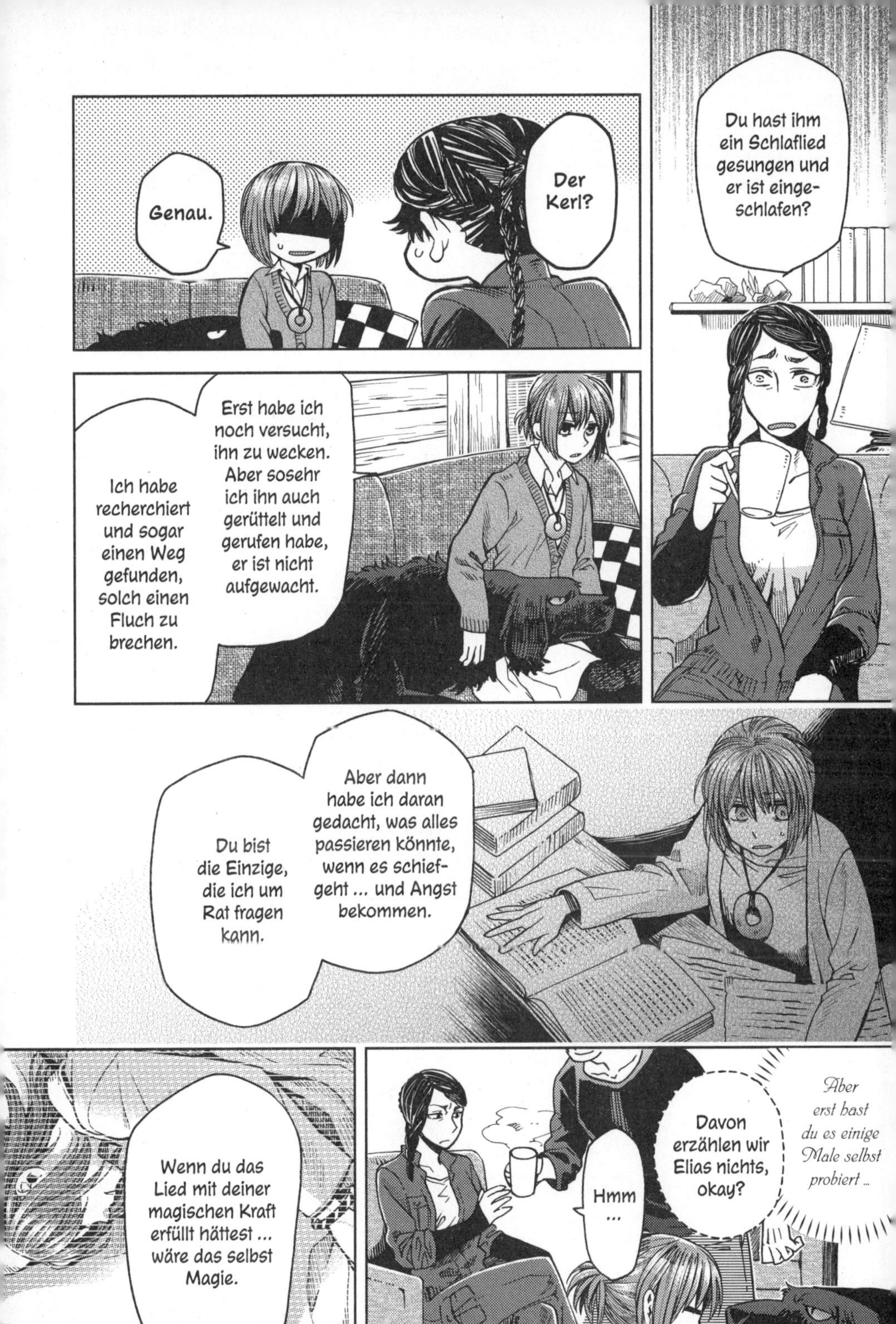
Du hast ihm ein Schlaflied gesungen und er ist eingeschlafen?
Der Kerl?
Genau.
Erst habe ich noch versucht, ihn zu wecken. Aber sosehr ich ihn auch gerüttelt und gerufen habe, er ist nicht aufgewacht.
Ich habe recherchiert und sogar einen Weg gefunden, solch einen Fluch zu brechen.
Aber dann habe ich daran gedacht, was alles passieren könnte, wenn es schiefgeht ... und Angst bekommen.
Du bist die Einzige, die ich um Rat fragen kann.
Aber erst hast du es einige Male selbst probiert ...
Davon erzählen wir Elias nichts, okay?
Hmm ...
Wenn du das Lied mit deiner magischen Kraft erfüllt hättest ... wäre das selbst Magie.

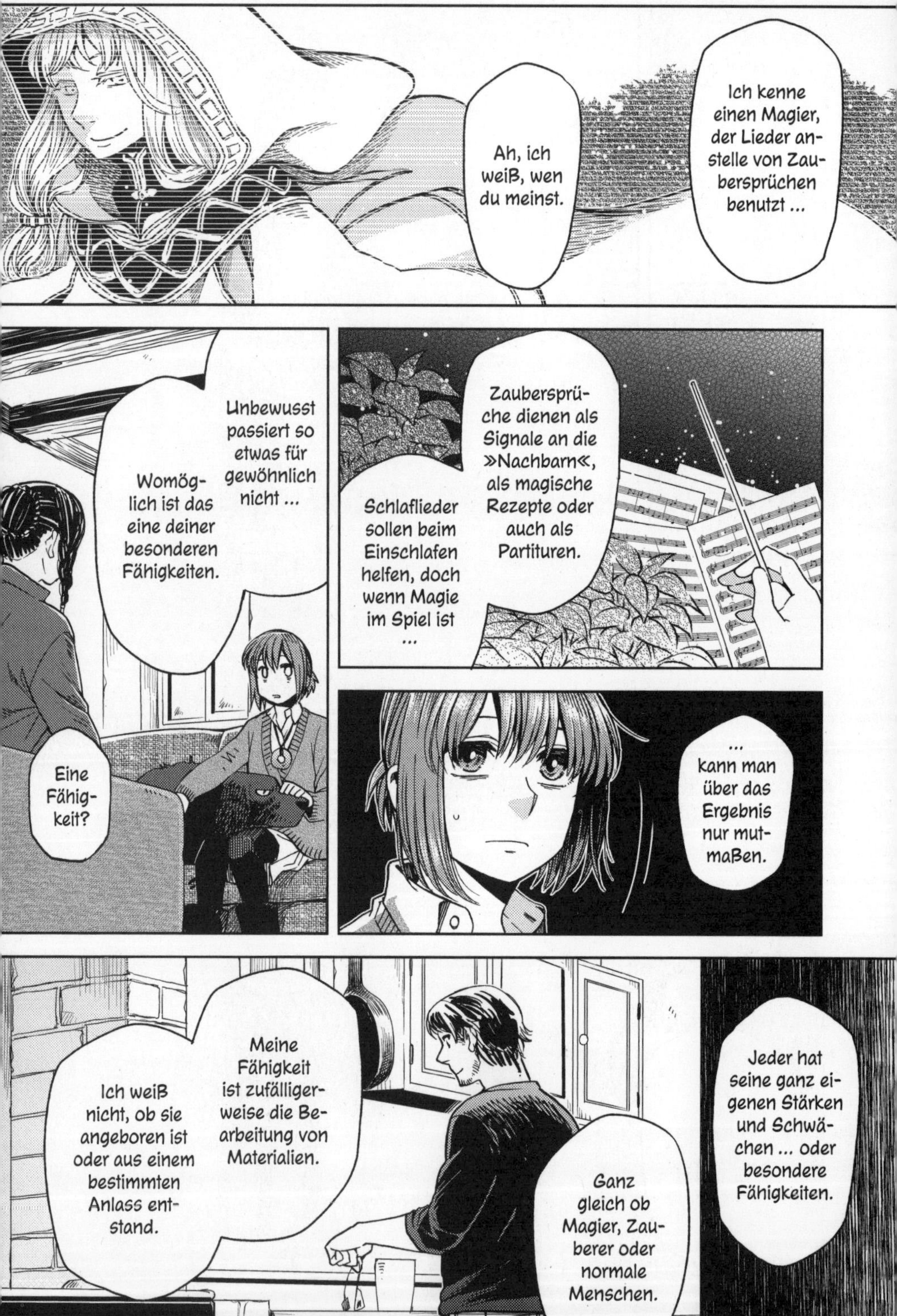

Ich kenne einen Magier, der Lieder anstelle von Zaubersprüchen benutzt ...
Ah, ich weiß, wen du meinst.
Zaubersprüche dienen als Signale an die »Nachbarn«, als magische Rezepte oder auch als Partituren.
Schlaflieder sollen beim Einschlafen helfen, doch wenn Magie im Spiel ist ...
... kann man über das Ergebnis nur mutmaßen.
Unbewusst passiert so etwas für gewöhnlich nicht ...
Womöglich ist das eine deiner besonderen Fähigkeiten.
Eine Fähigkeit?
Jeder hat seine ganz eigenen Stärken und Schwächen ... oder besondere Fähigkeiten.
Ganz gleich ob Magier, Zauberer oder normale Menschen.
Meine Fähigkeit ist zufälligerweise die Bearbeitung von Materialien.
Ich weiß nicht, ob sie angeboren ist oder aus einem bestimmten Anlass entstand.

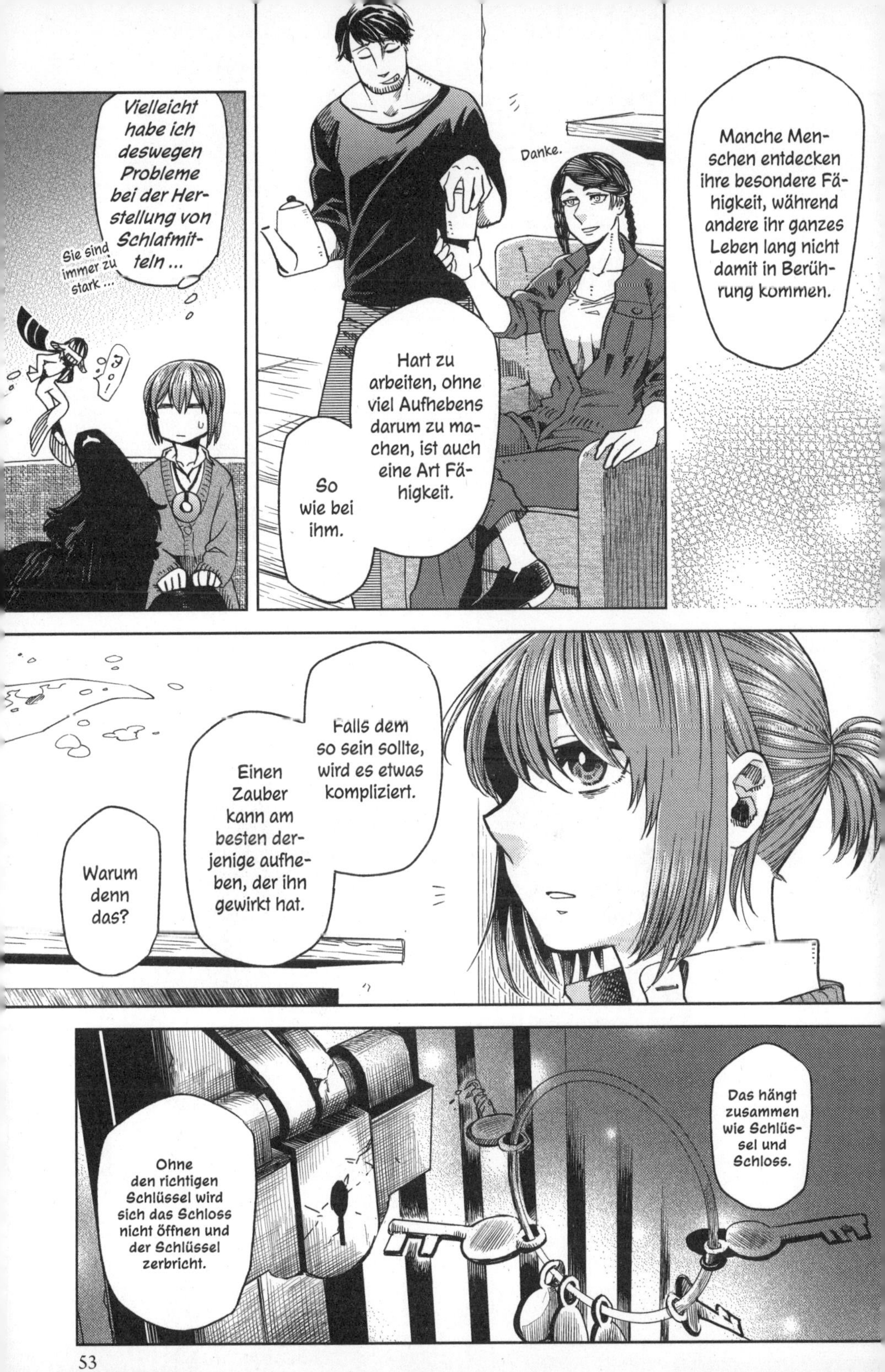
Manche Menschen entdecken ihre besondere Fähigkeit, während andere ihr ganzes Leben lang nicht damit in Berührung kommen.
Danke.
Hart zu arbeiten, ohne viel Aufhebens darum zu machen, ist auch eine Art Fähigkeit.
So wie bei ihm.
Vielleicht habe ich deswegen Probleme bei der Herstellung von Schlafmitteln ...
Sie sind immer zu stark ...
Falls dem so sein sollte, wird es etwas kompliziert.
Einen Zauber kann am besten derjenige aufheben, der ihn gewirkt hat.
Warum denn das?
Das hängt zusammen wie Schlüssel und Schloss.
Ohne den richtigen Schlüssel wird sich das Schloss nicht öffnen und der Schlüssel zerbricht.

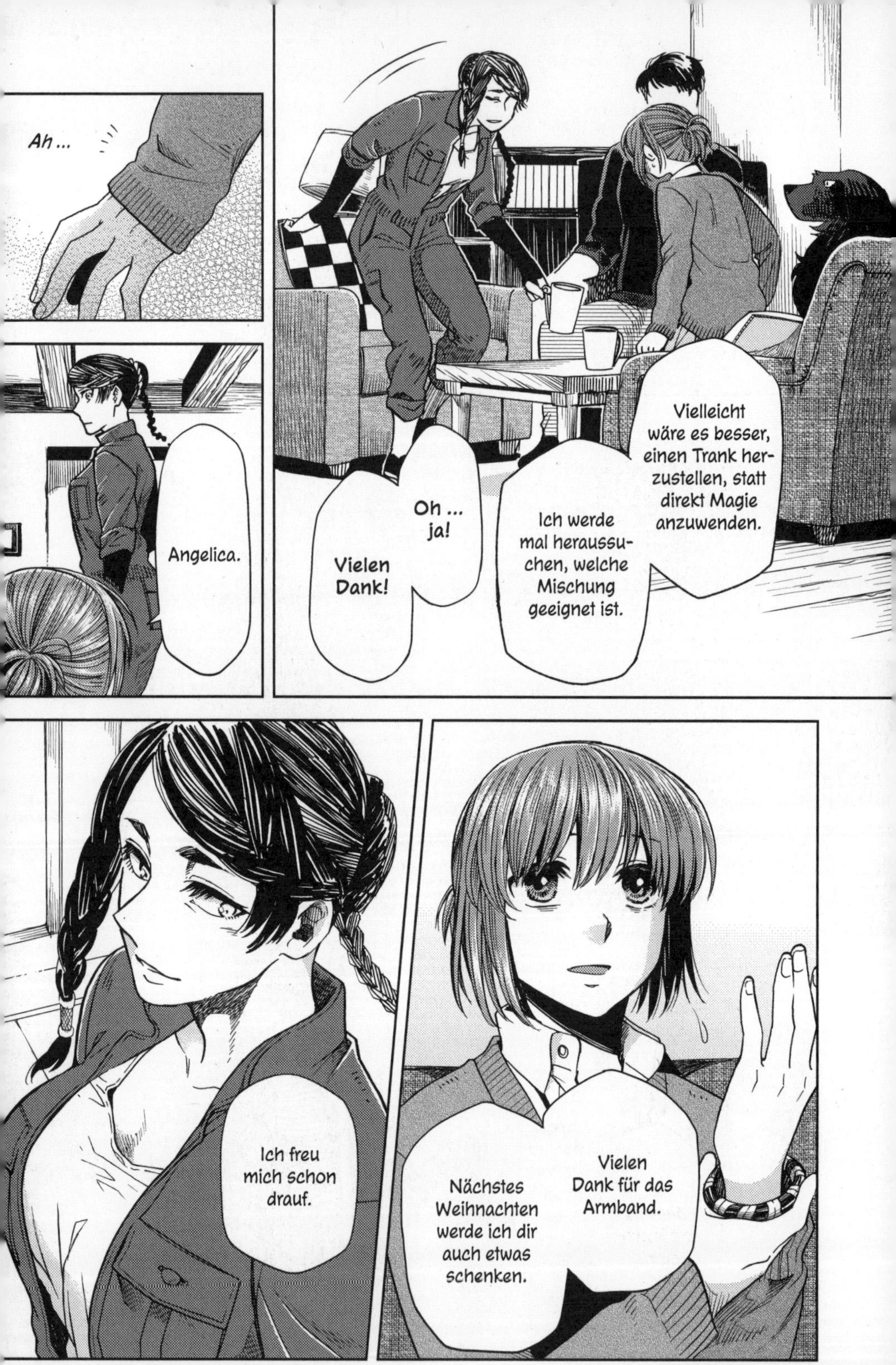
Vielleicht wäre es besser, einen Trank herzustellen, statt direkt Magie anzuwenden.
Ich werde mal heraussuchen, welche Mischung geeignet ist.
Oh ... ja!
Vielen Dank!
Ah ...
Angelica.
Vielen Dank für das Armband.
Nächstes Weihnachten werde ich dir auch etwas schenken.
Ich freu mich schon drauf.

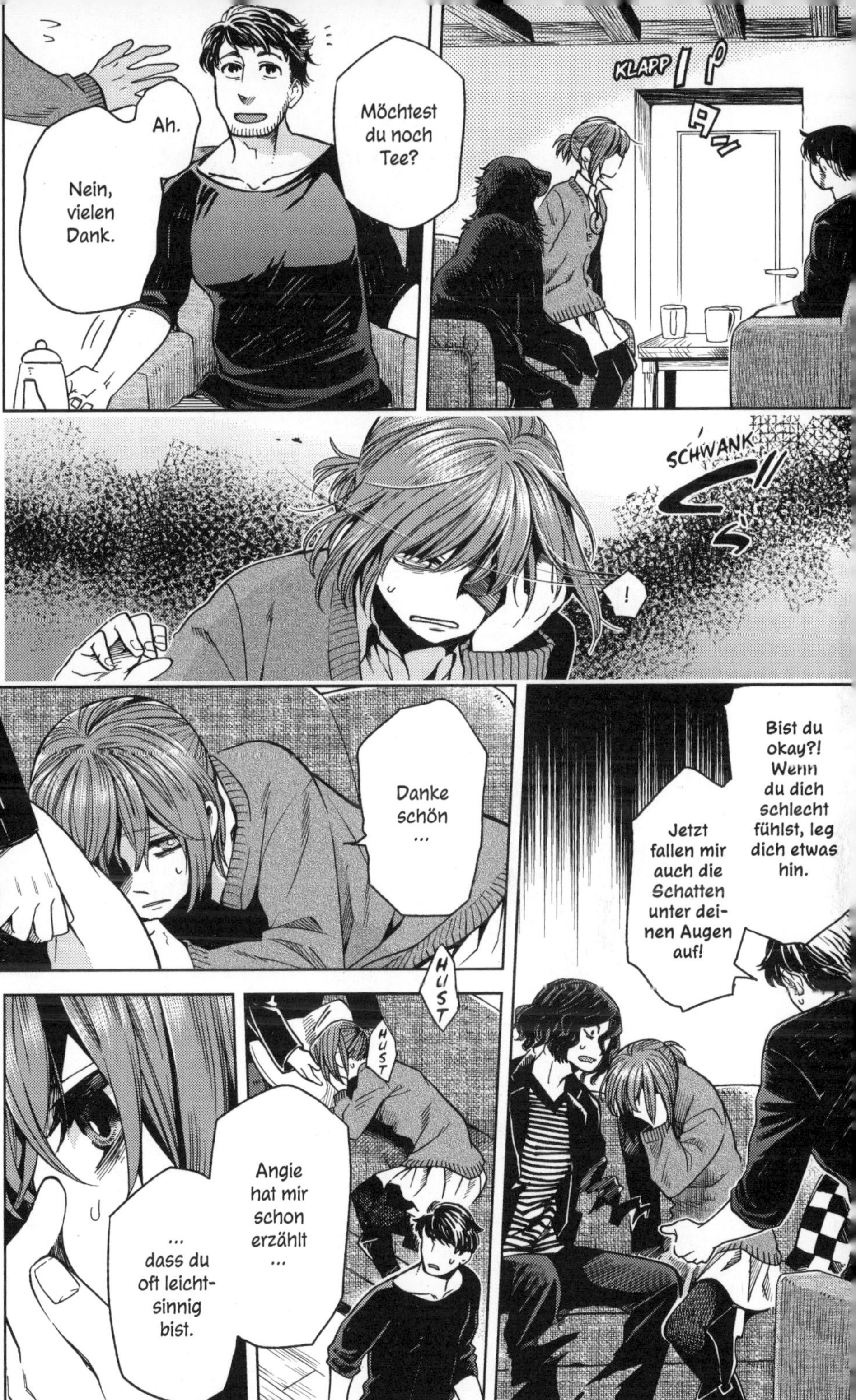
KLAPP
Möchtest du noch Tee?
Ah.
Nein, vielen Dank.
SCHWANK
!
Bist du okay?! Wenn du dich schlecht fühlst, leg dich etwas hin.
Jetzt fallen mir auch die Schatten unter deinen Augen auf!
Danke schön ...
HUST
HUST
Angie hat mir schon erzählt ...
... dass du oft leichtsinnig bist.

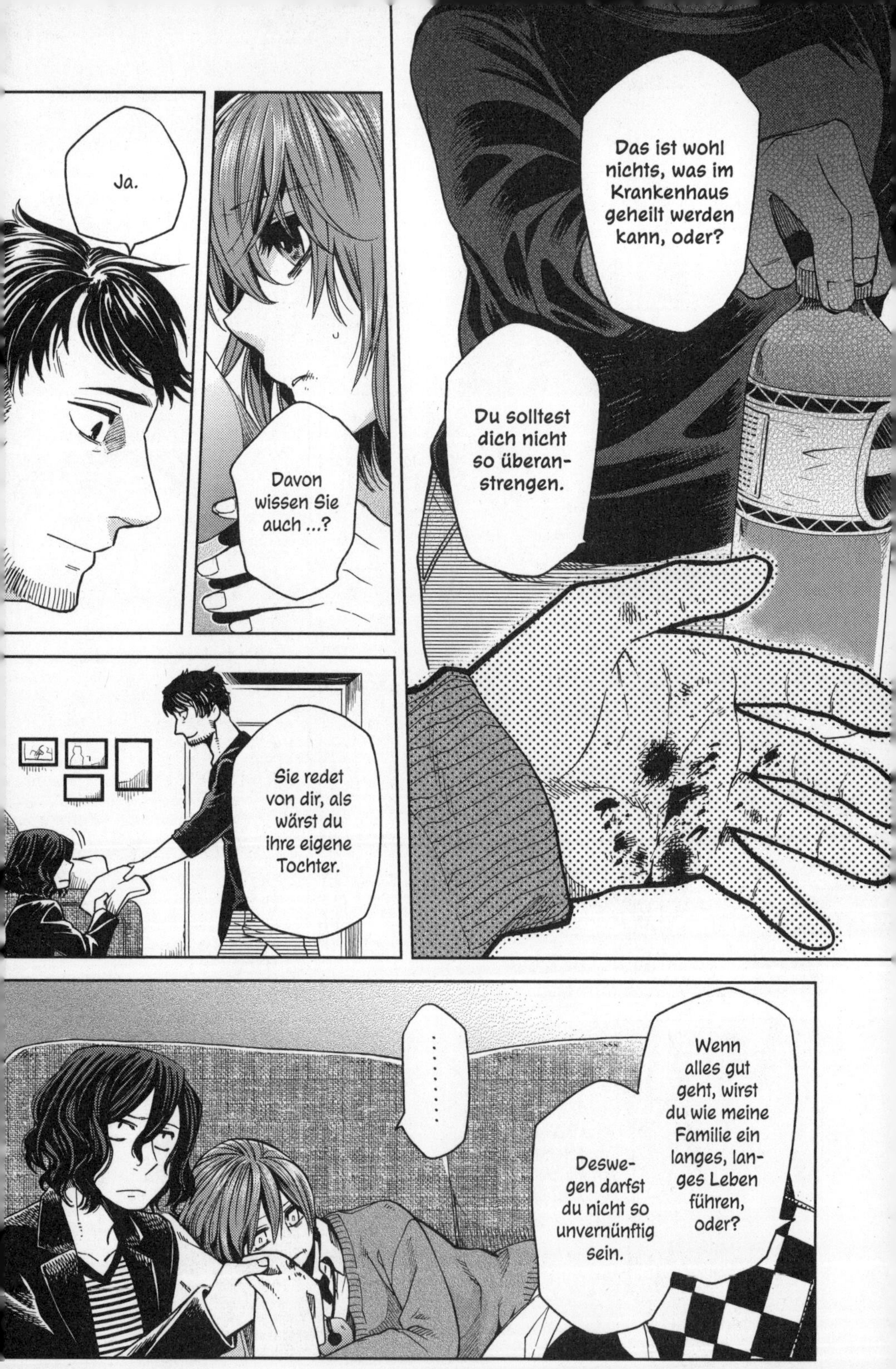
Das ist wohl nichts, was im Krankenhaus geheilt werden kann, oder?
Du solltest dich nicht so überanstrengen.
Davon wissen Sie auch ...?
Ja.
Sie redet von dir, als wärst du ihre eigene Tochter.
Wenn alles gut geht, wirst du wie meine Familie ein langes, langes Leben führen, oder?
Deswegen darfst du nicht so unvernünftig sein.
.......

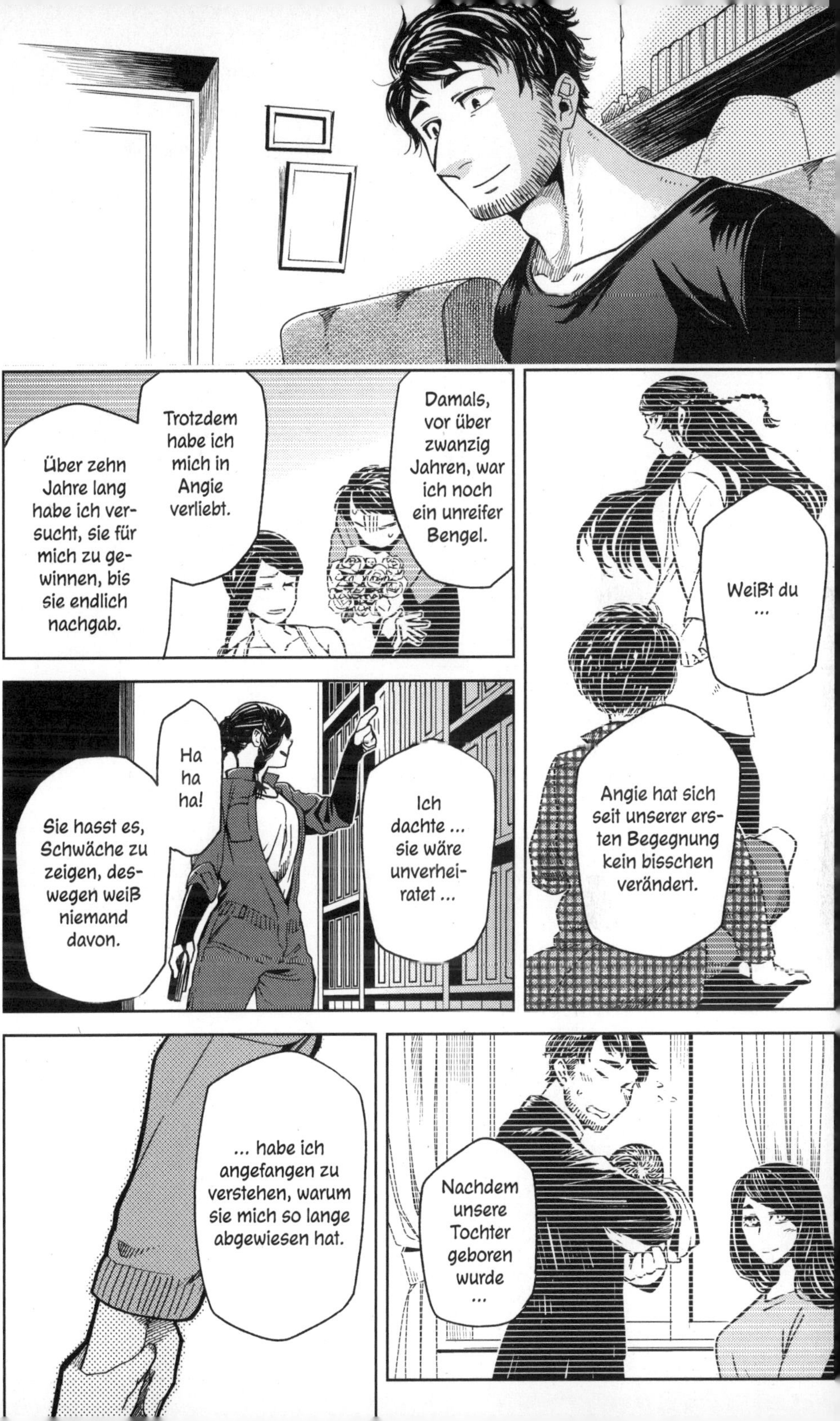
Weißt du ...
Angie hat sich seit unserer ersten Begegnung kein bisschen verändert.
Damals, vor über zwanzig Jahren, war ich noch ein unreifer Bengel.
Trotzdem habe ich mich in Angie verliebt.
Über zehn Jahre lang habe ich versucht, sie für mich zu gewinnen, bis sie endlich nachgab.
Ich dachte ... sie wäre unverheiratet ...
Ha ha ha!
Sie hasst es, Schwäche zu zeigen, deswegen weiß niemand davon.
Nachdem unsere Tochter geboren wurde ...
... habe ich angefangen zu verstehen, warum sie mich so lange abgewiesen hat.

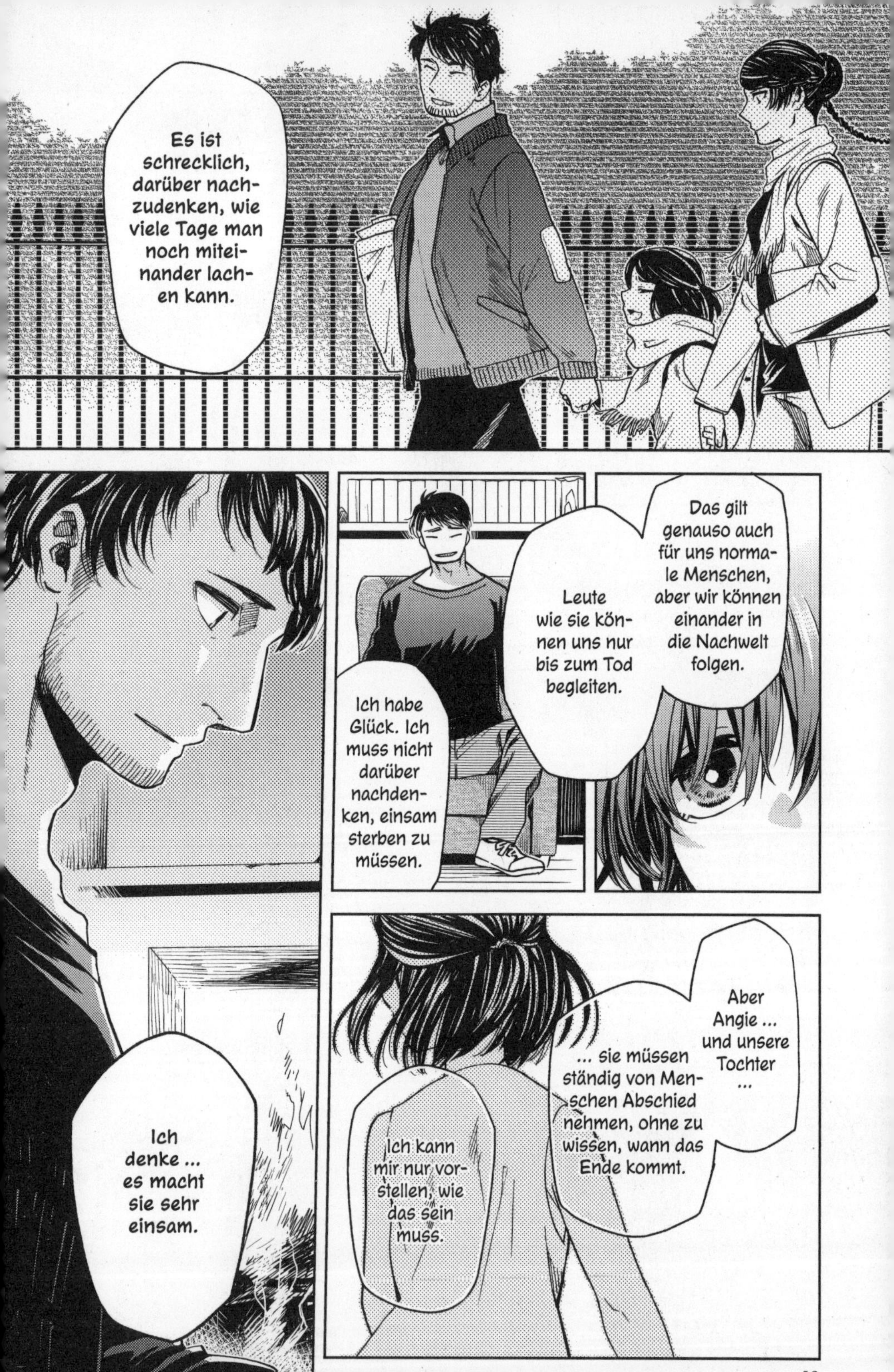
Es ist schrecklich, darüber nachzudenken, wie viele Tage man noch miteinander lachen kann.
Das gilt genauso auch für uns normale Menschen, aber wir können einander in die Nachwelt folgen.
Leute wie sie können uns nur bis zum Tod begleiten.
Ich habe Glück. Ich muss nicht darüber nachdenken, einsam sterben zu müssen.
Aber Angie ... und unsere Tochter ...
... sie müssen ständig von Menschen Abschied nehmen, ohne zu wissen, wann das Ende kommt.
Ich kann mir nur vorstellen, wie das sein muss.
Ich denke ... es macht sie sehr einsam.

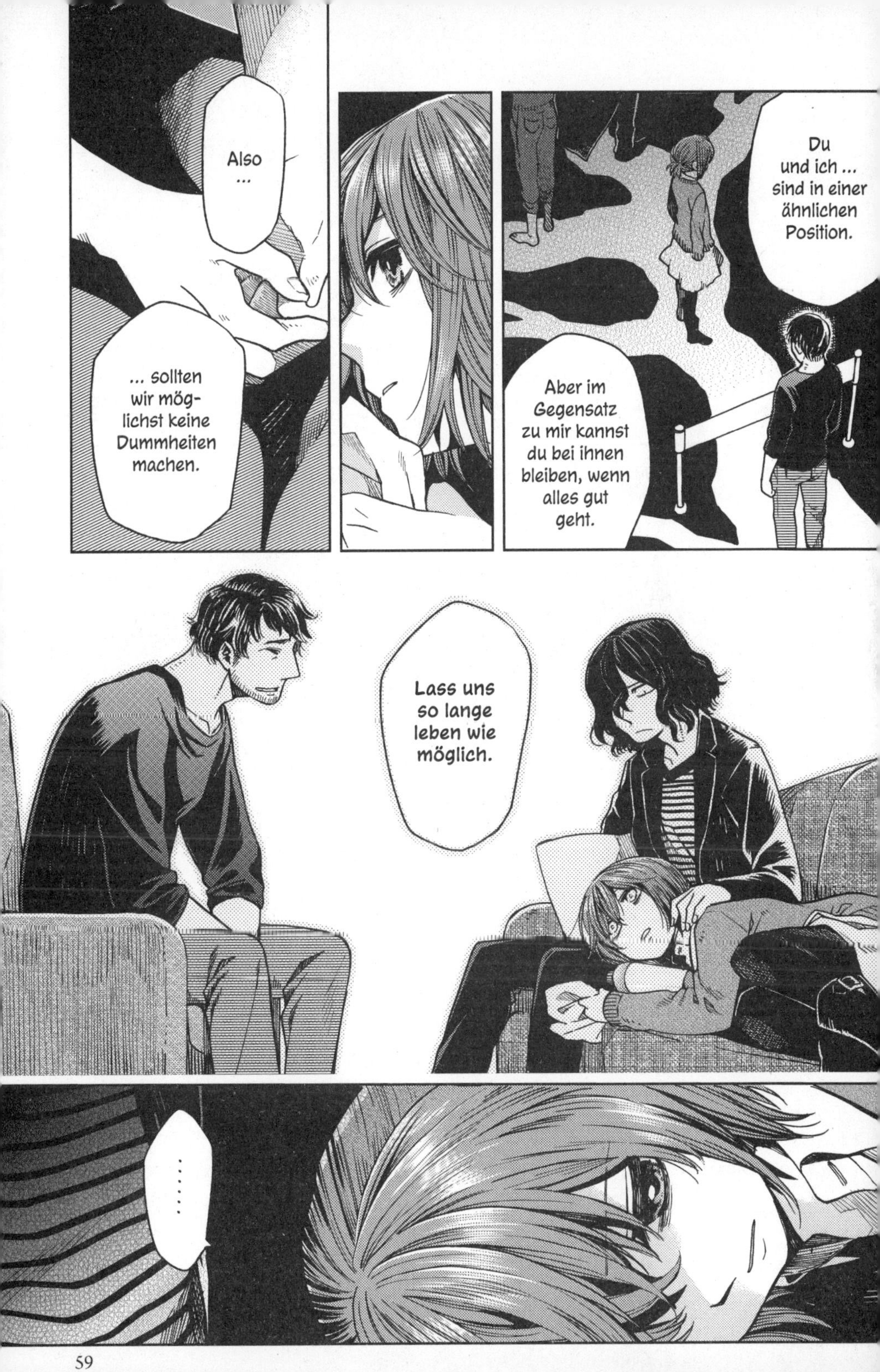
Du und ich ... sind in einer ähnlichen Position.
Aber im Gegensatz zu mir kannst du bei ihnen bleiben, wenn alles gut geht.
Also ...
... sollten wir möglichst keine Dummheiten machen.
Lass uns so lange leben wie möglich.
......

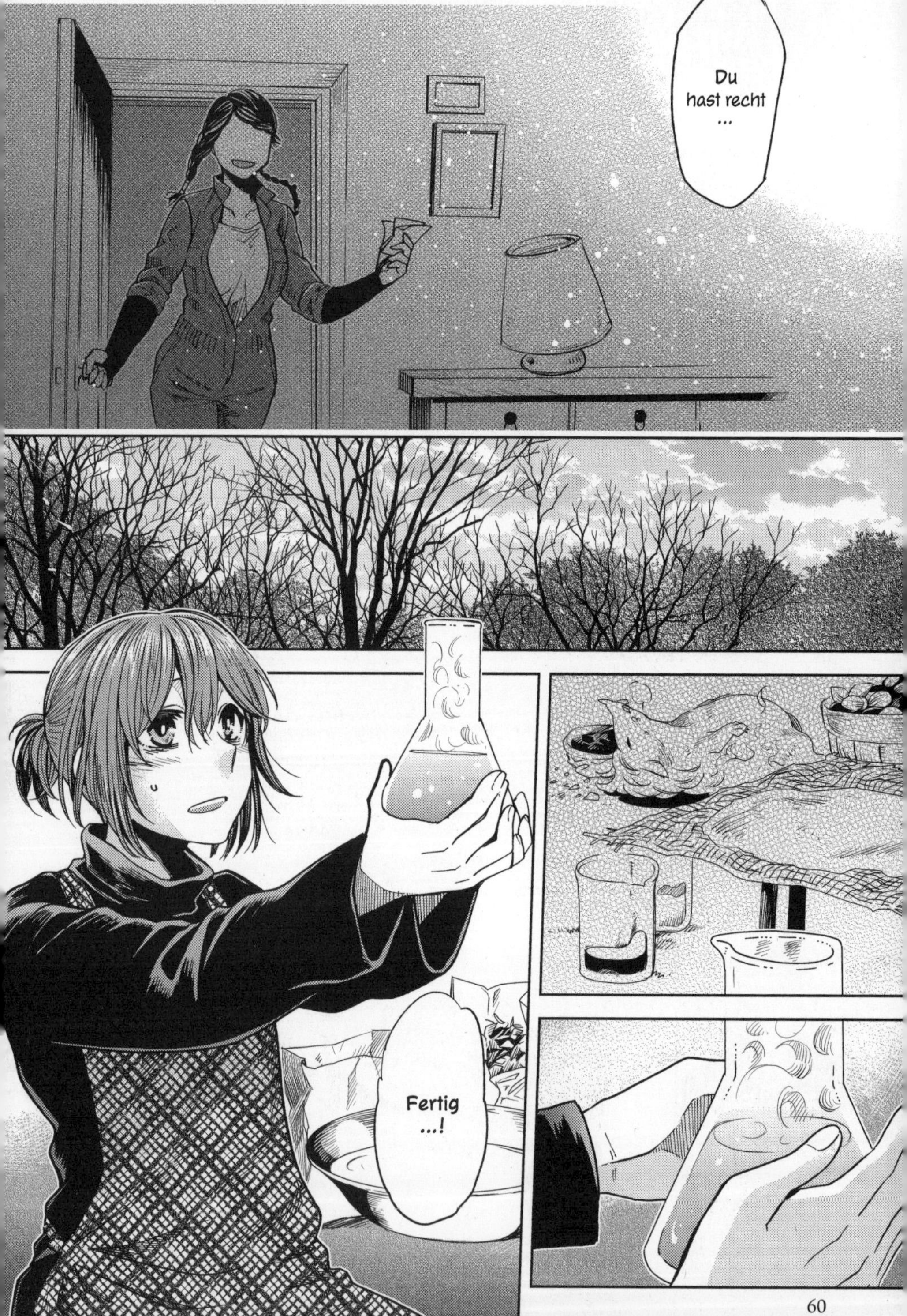
Du hast recht ...
Fertig ...!

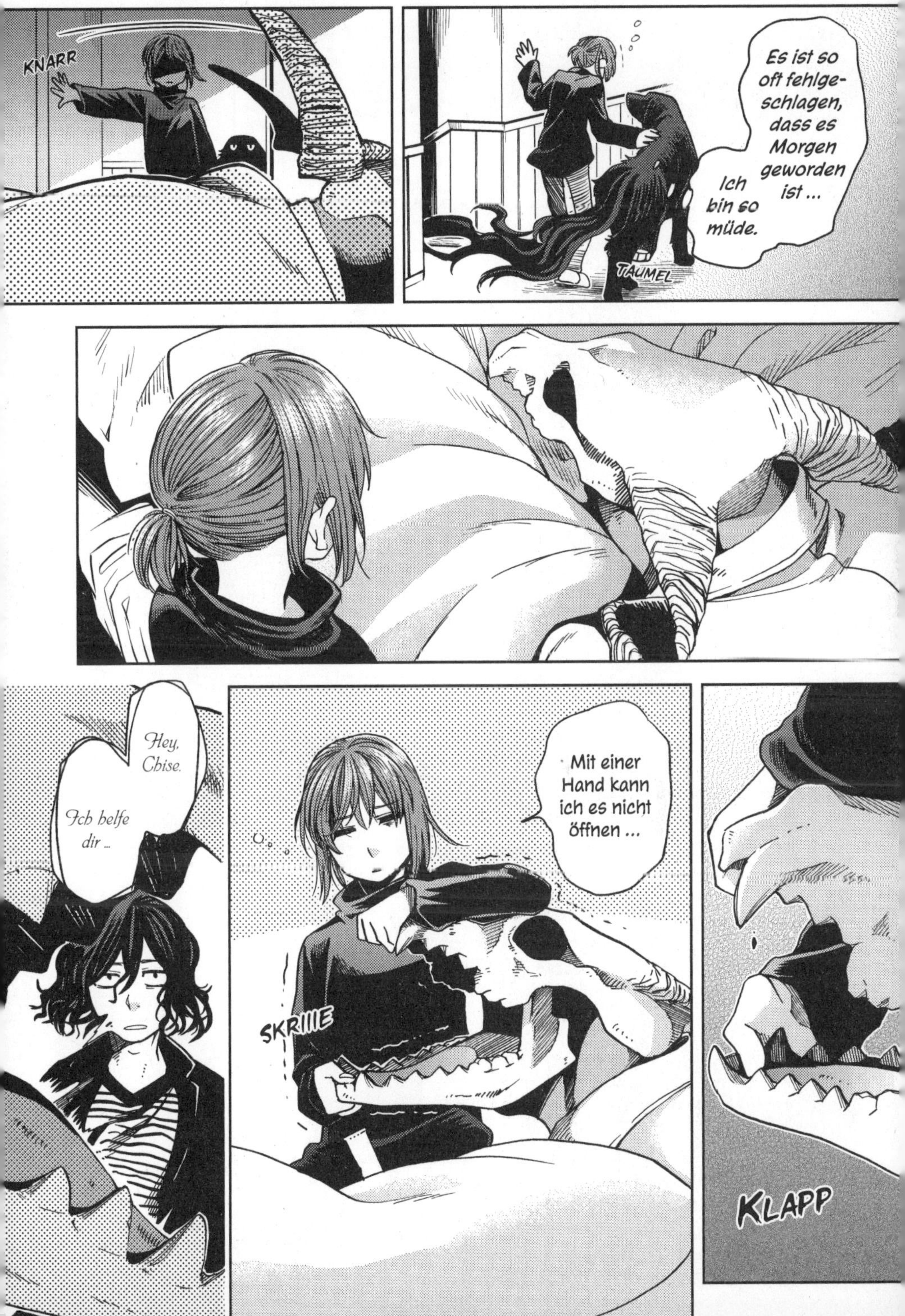
Es ist so oft fehlgeschlagen, dass es Morgen geworden ist ...
Ich bin so müde.
TAUMEL
KNARR
KLAPP
Mit einer Hand kann ich es nicht öffnen ...
SKRIIIE
Hey, Chise.
Ich helfe dir ...

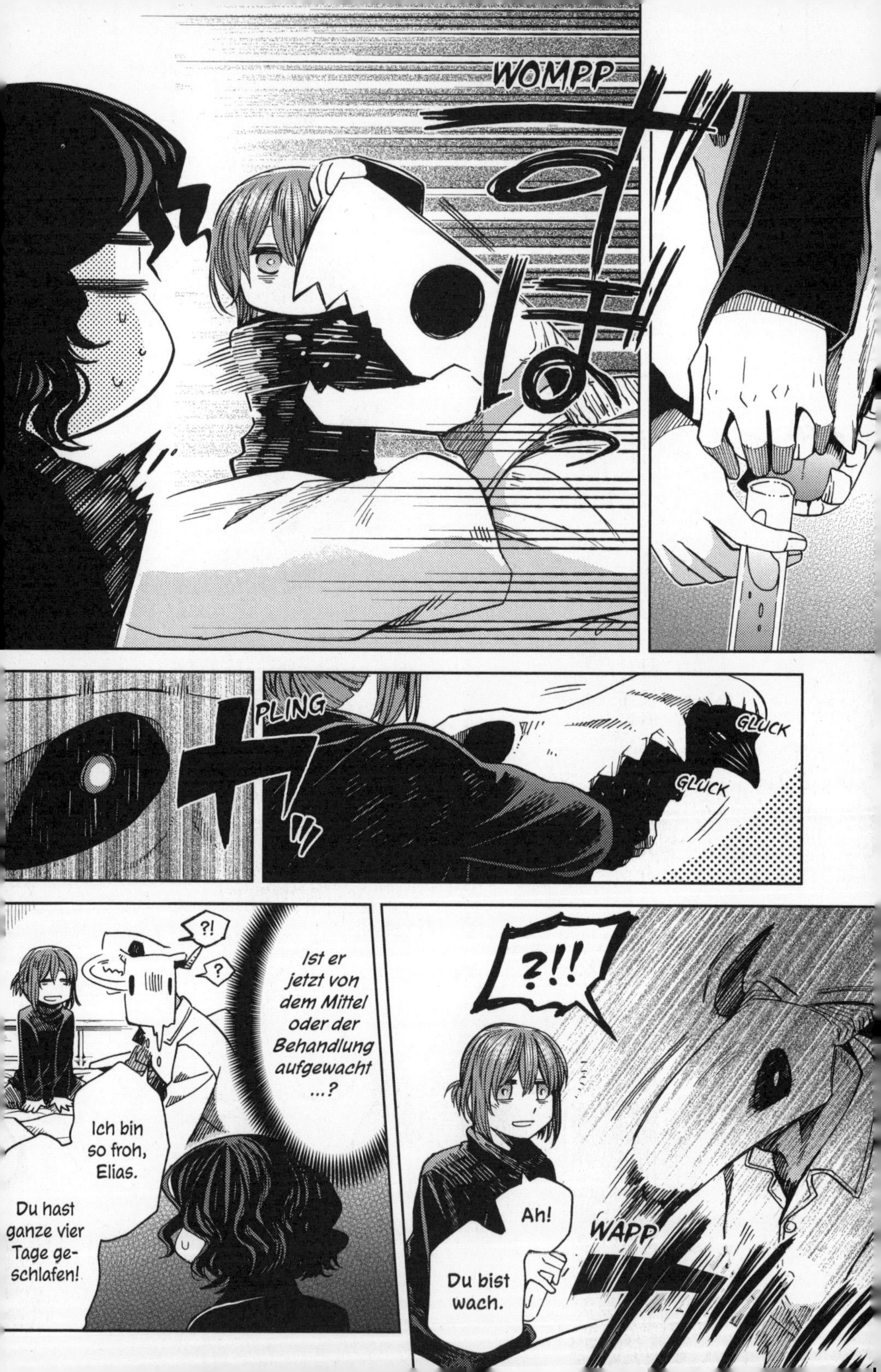
WOMPP
GLUCK
GLUCK
PLING
?!!
WAPP
Ah!
Du bist wach.
Ist er jetzt von dem Mittel oder der Behandlung aufgewacht ...?
?!
?
Ich bin so froh, Elias.
Du hast ganze vier Tage ge-schlafen!

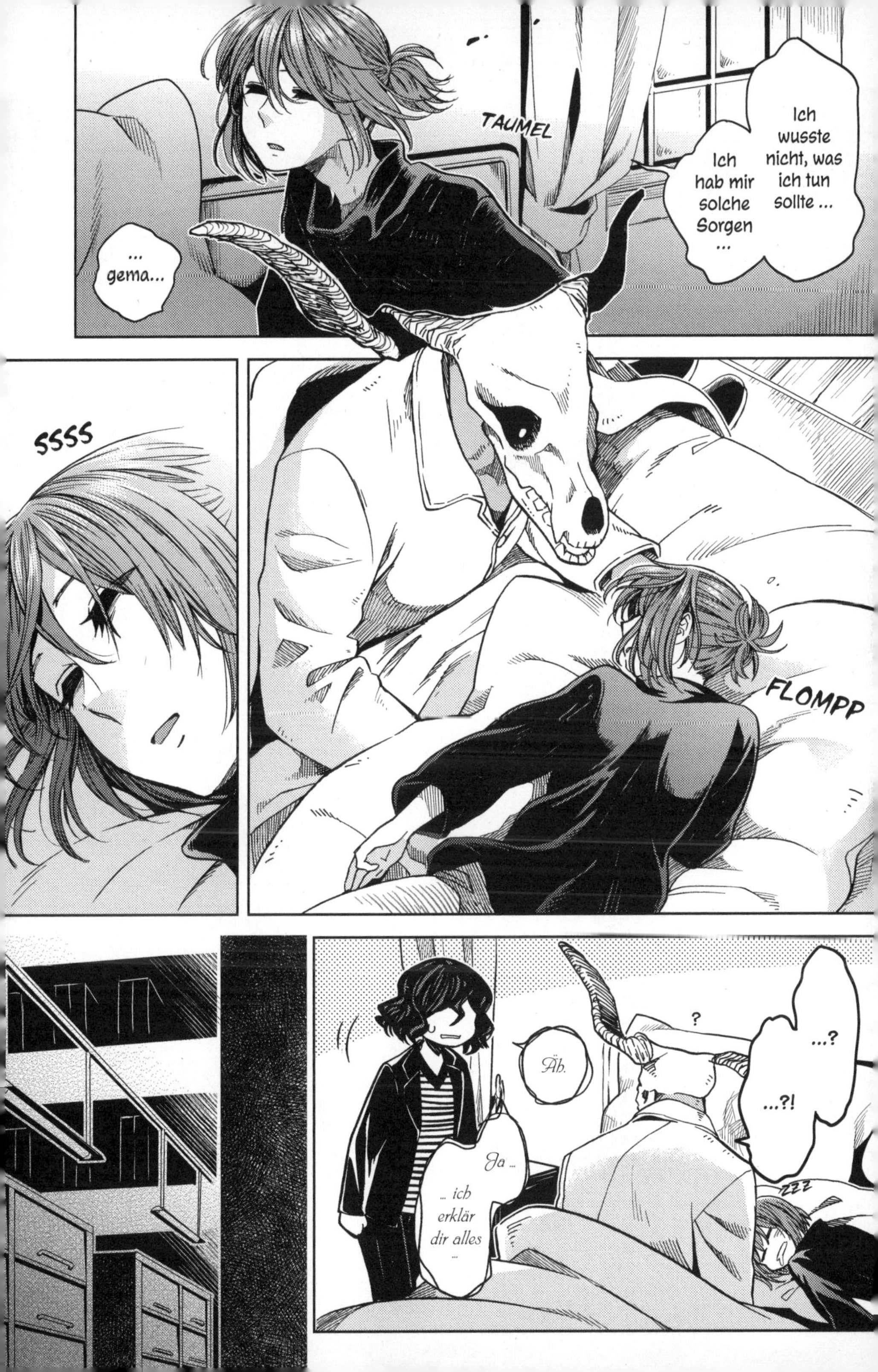

Ich wusste nicht, was ich tun sollte ...
Ich hab mir solche Sorgen ...
TAUMEL
... gema...
FLOMPP
SSSS
...?
...?!
?
Äh.
Ja ...
... ich erklär dir alles ...
ZZZ

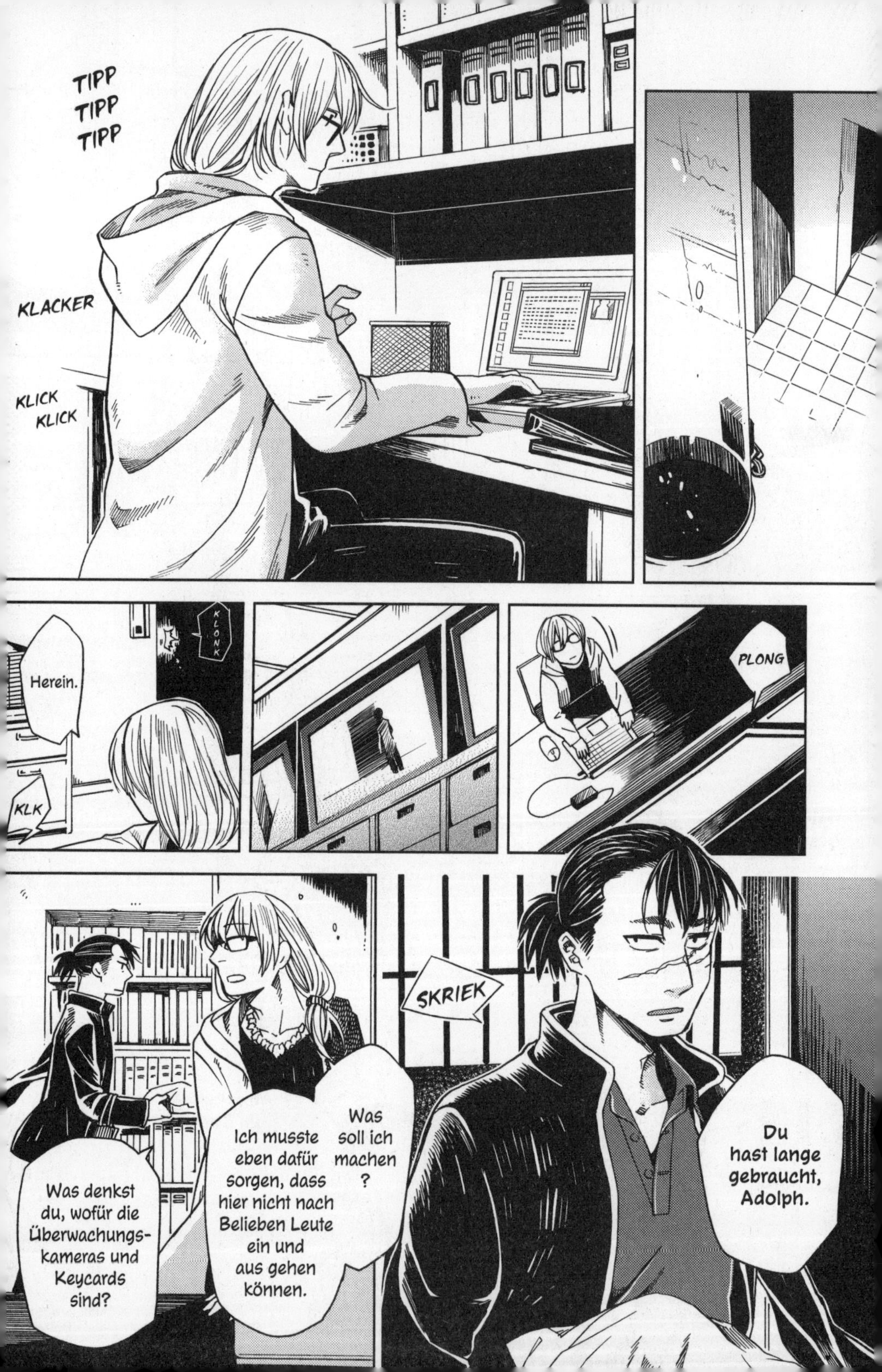
TIPP
TIPP
TIPP
KLACKER
KLICK
KLICK
PLONG
KLONK
Herein.
KLK
SKRIEK
Du hast lange gebraucht, Adolph.
...
Was soll ich machen?
Ich musste eben dafür sorgen, dass hier nicht nach Belieben Leute ein und aus gehen können.
Was denkst du, wofür die Überwachungs-kameras und Keycards sind?

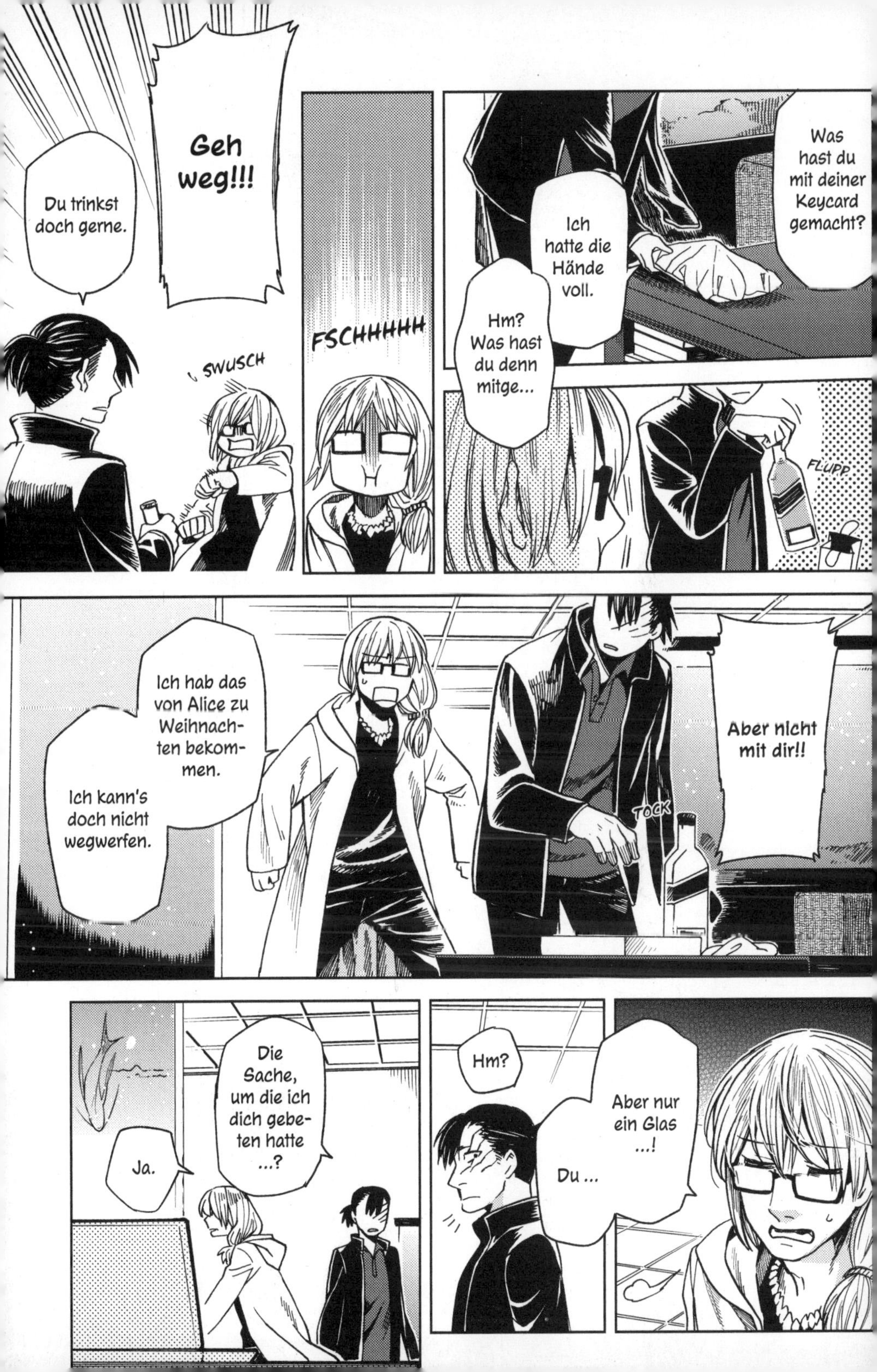

Was hast du mit deiner Keycard gemacht?
Ich hatte die Hände voll.
Hm? Was hast du denn mitge...
FLUPP
FSCHHHHH
Geh weg!!!
Du trinkst doch gerne.
SWUSCH
Aber nicht mit dir!!
TOCK
Ich hab das von Alice zu Weihnachten bekommen.
Ich kann's doch nicht wegwerfen.
Hm?
Aber nur ein Glas ...!
Du ...
Die Sache, um die ich dich gebeten hatte ...?
Ja.

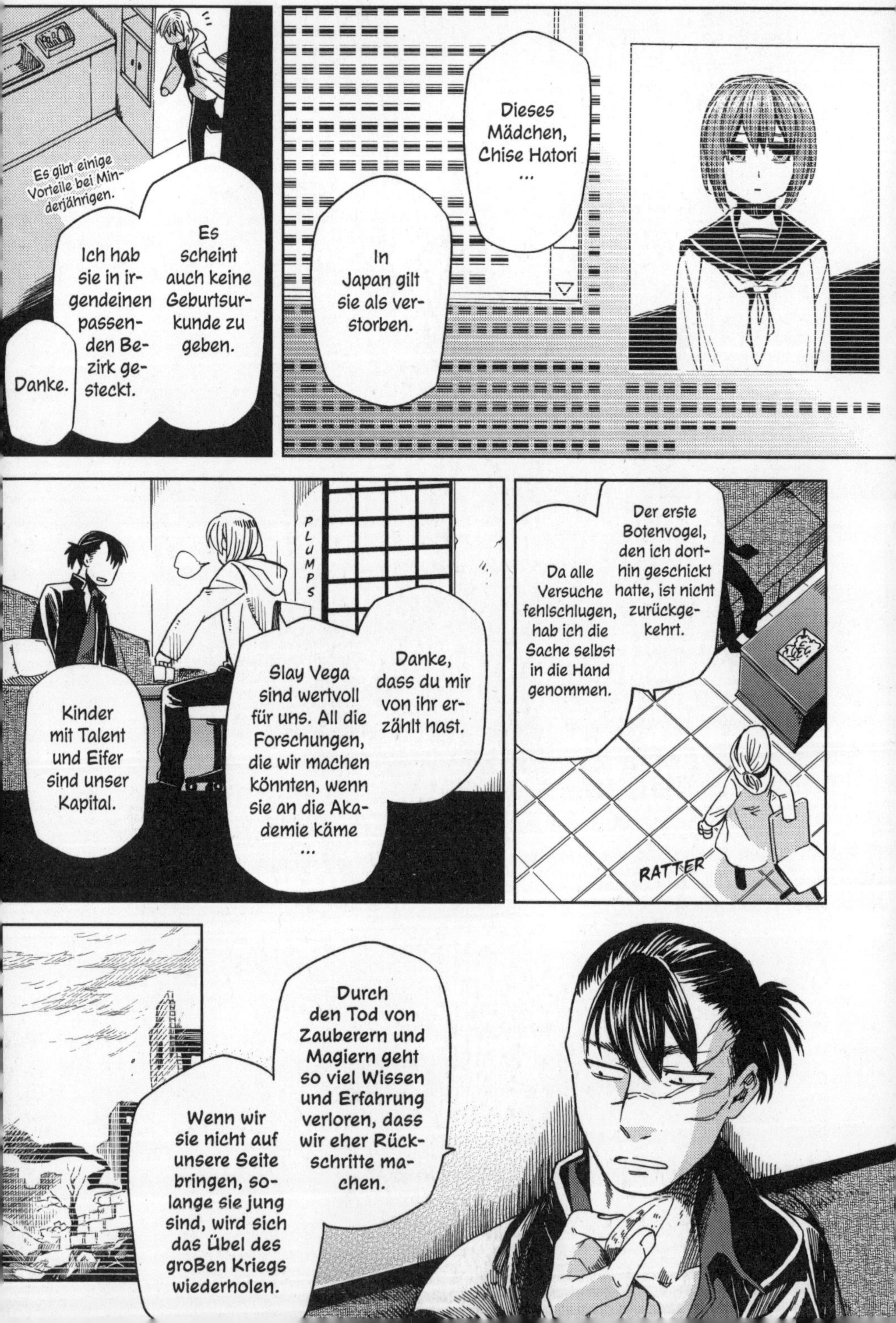

Dieses Mädchen, Chise Hatori ...
In Japan gilt sie als verstorben.
Es scheint auch keine Geburtsurkunde zu geben.
Ich hab sie in irgendeinen passenden Bezirk gesteckt.
Danke.
Es gibt einige Vorteile bei Minderjährigen.
Der erste Botenvogel, den ich dorthin geschickt hatte, ist nicht zurückgekehrt.
Da alle Versuche fehlschlugen, hab ich die Sache selbst in die Hand genommen.
RATTER
PLUMPS
Danke, dass du mir von ihr erzählt hast.
Slay Vega sind wertvoll für uns. All die Forschungen, die wir machen könnten, wenn sie an die Akademie käme ...
Kinder mit Talent und Eifer sind unser Kapital.
Durch den Tod von Zauberern und Magiern geht so viel Wissen und Erfahrung verloren, dass wir eher Rückschritte machen.
Wenn wir sie nicht auf unsere Seite bringen, solange sie jung sind, wird sich das Übel des großen Kriegs wiederholen.

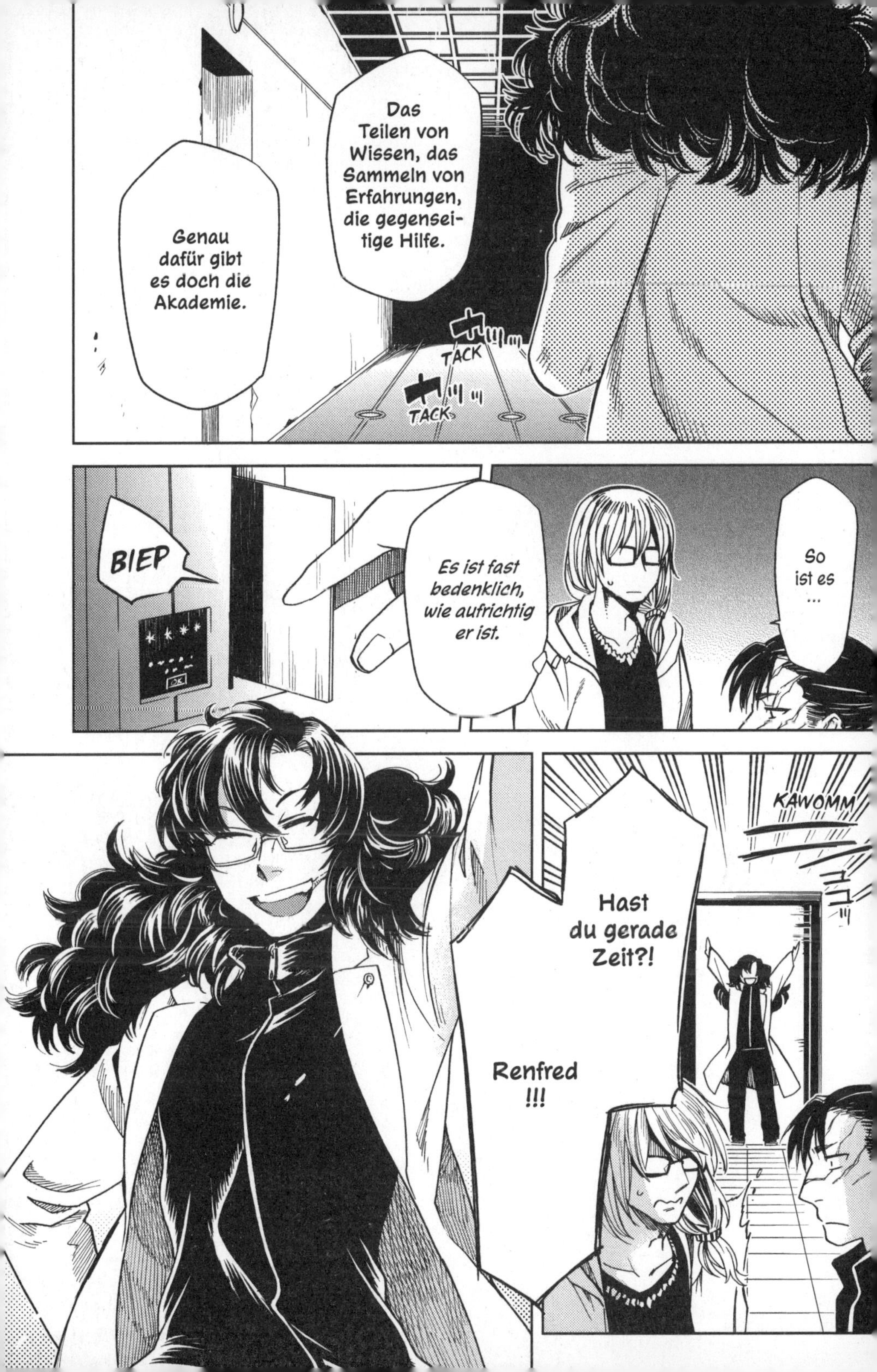

Das Teilen von Wissen, das Sammeln von Erfahrungen, die gegenseitige Hilfe.
Genau dafür gibt es doch die Akademie.
TACK
TACK
So ist es ...
Es ist fast bedenklich, wie aufrichtig er ist.
BIEP
KAWOMM
Hast du gerade Zeit?!
Renfred !!!

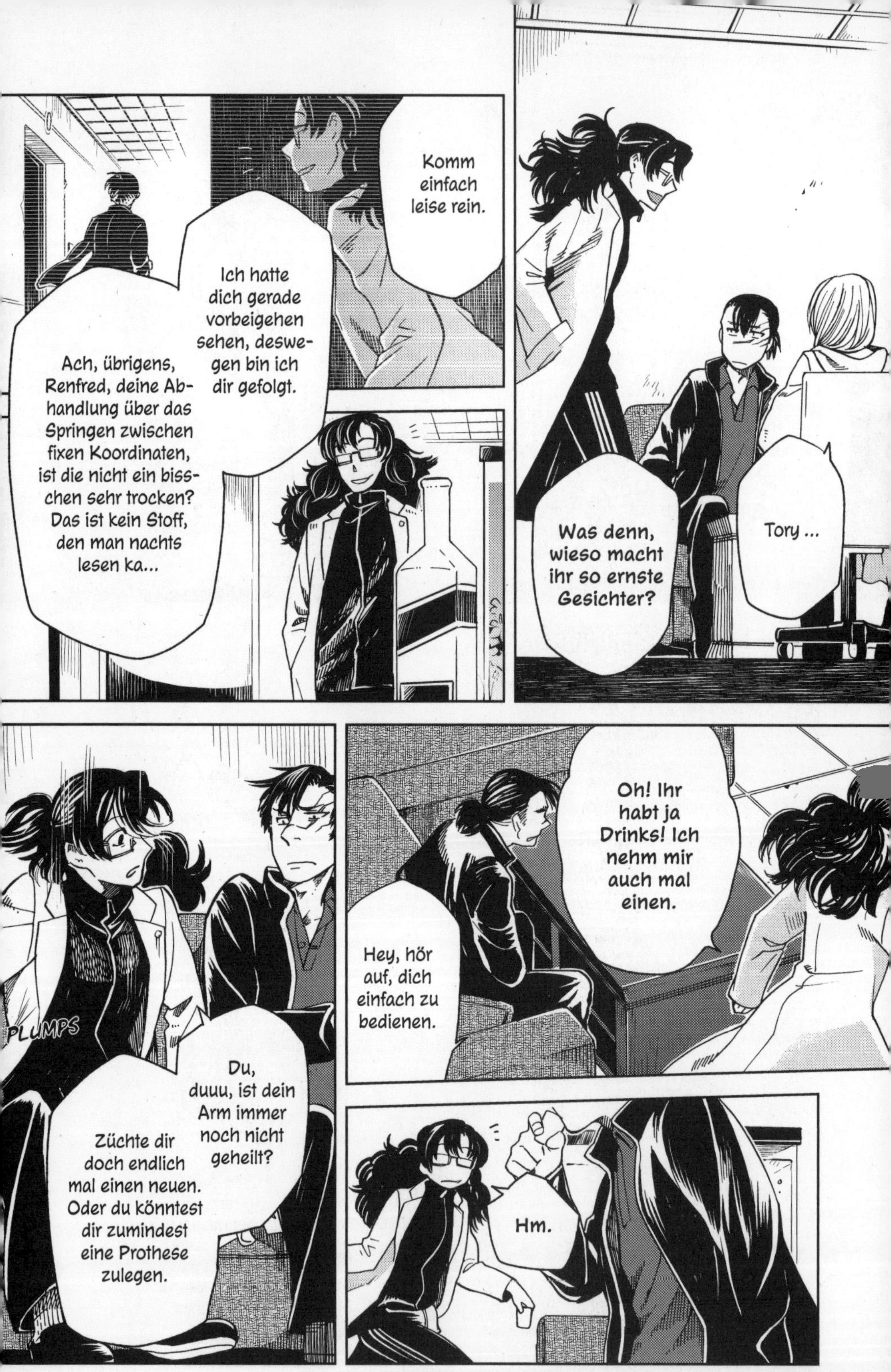
Was denn, wieso macht ihr so ernste Gesichter?
Tory ...
Komm einfach leise rein.
Ich hatte dich gerade vorbeigehen sehen, deswegen bin ich dir gefolgt.
Ach, übrigens, Renfred, deine Abhandlung über das Springen zwischen fixen Koordinaten, ist die nicht ein bisschen sehr trocken? Das ist kein Stoff, den man nachts lesen ka...
Oh! Ihr habt ja Drinks! Ich nehm mir auch mal einen.
Hey, hör auf, dich einfach zu bedienen.
Hm.
PLUMPS
Du, duuu, ist dein Arm immer noch nicht geheilt?
Züchte dir doch endlich mal einen neuen. Oder du könntest dir zumindest eine Prothese zulegen.

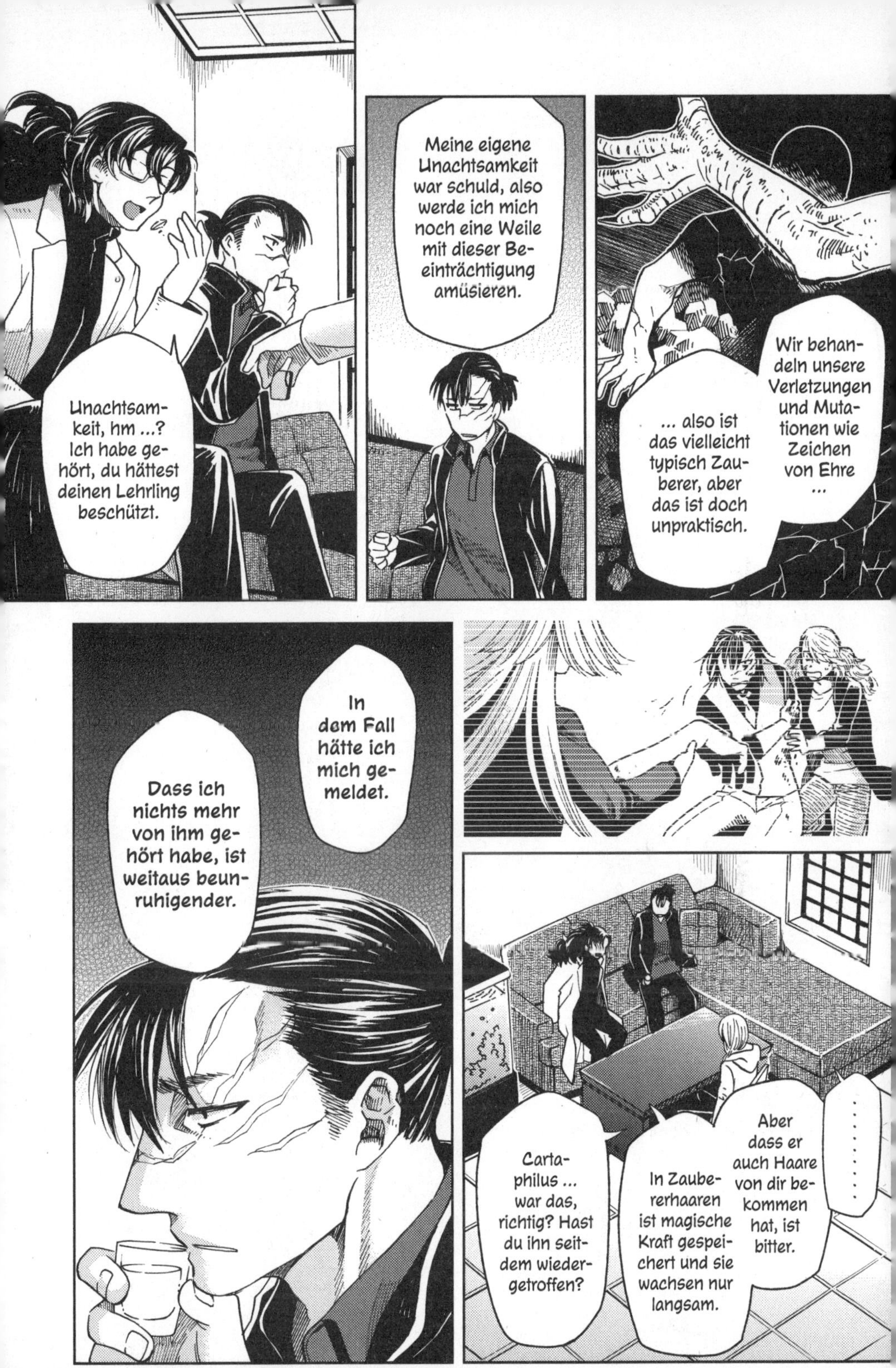
Wir behandeln unsere Verletzungen und Mutationen wie Zeichen von Ehre …
… also ist das vielleicht typisch Zauberer, aber das ist doch unpraktisch.
Meine eigene Unachtsamkeit war schuld, also werde ich mich noch eine Weile mit dieser Beeinträchtigung amüsieren.
Unachtsamkeit, hm …? Ich habe gehört, du hättest deinen Lehrling beschützt.
……
Aber dass er auch Haare von dir bekommen hat, ist bitter.
In Zauberhaaren ist magische Kraft gespeichert und sie wachsen nur langsam.
Cartaphilus … war das, richtig? Hast du ihn seitdem wiedergetroffen?
In dem Fall hätte ich mich gemeldet.
Dass ich nichts mehr von ihm gehört habe, ist weitaus beunruhigender.

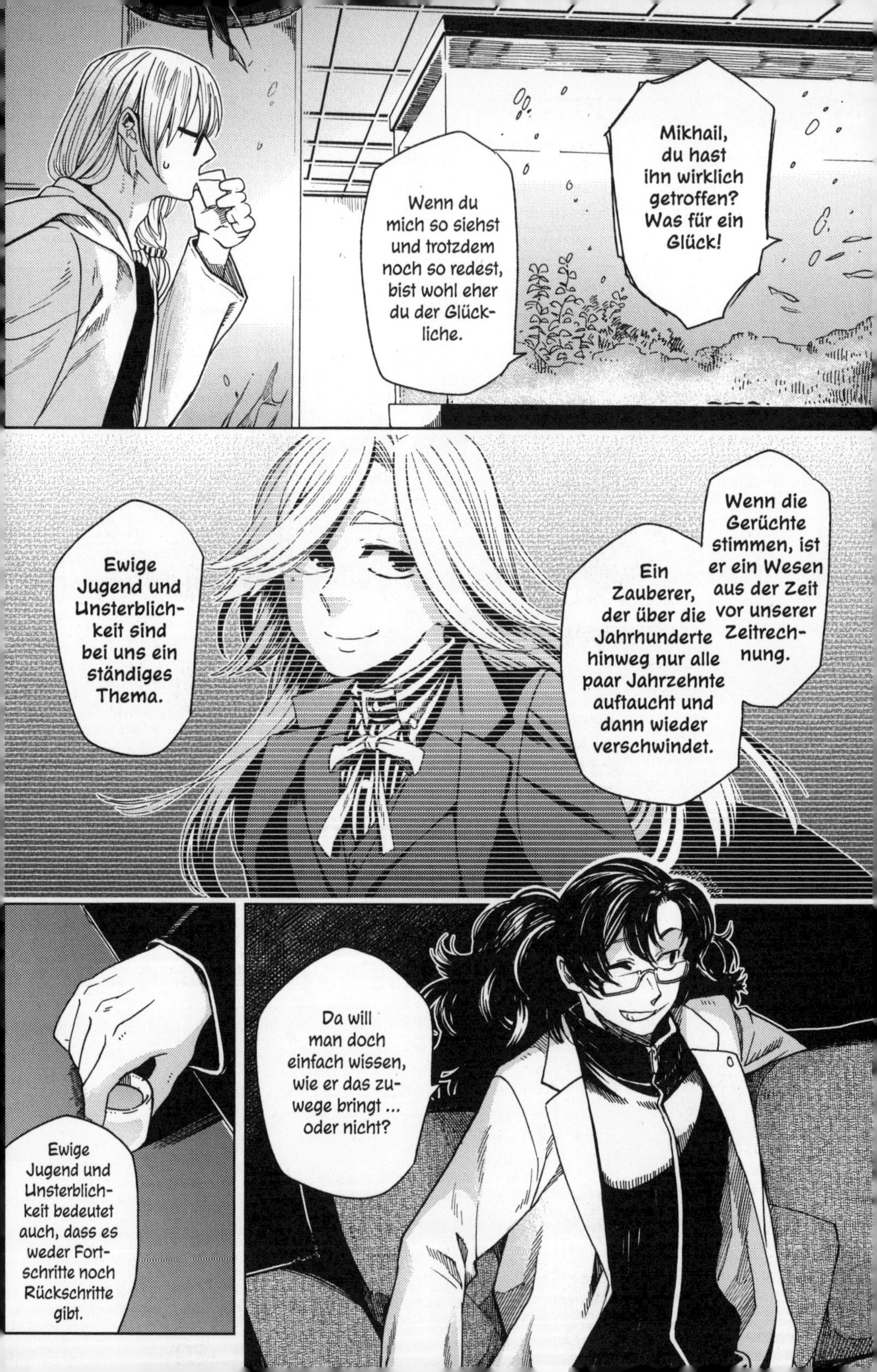

Mikhail, du hast ihn wirklich getroffen? Was für ein Glück!
Wenn du mich so siehst und trotzdem noch so redest, bist wohl eher du der Glückliche.
Wenn die Gerüchte stimmen, ist er ein Wesen aus der Zeit vor unserer Zeitrechnung.
Ein Zauberer, der über die Jahrhunderte hinweg nur alle paar Jahrzehnte auftaucht und dann wieder verschwindet.
Ewige Jugend und Unsterblichkeit sind bei uns ein ständiges Thema.
Da will man doch einfach wissen, wie er das zuwege bringt … oder nicht?
Ewige Jugend und Unsterblichkeit bedeutet auch, dass es weder Fortschritte noch Rückschritte gibt.

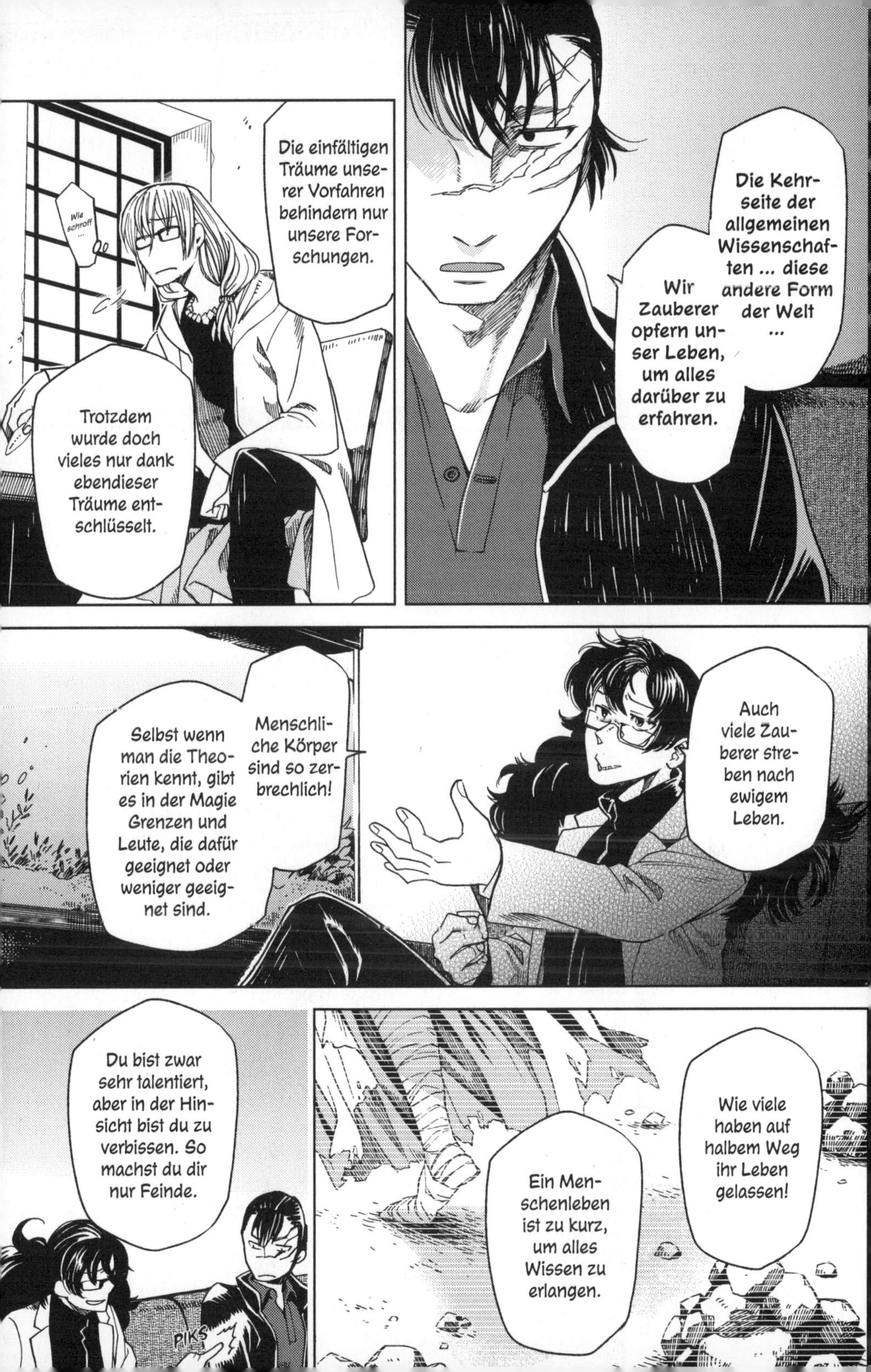

Die Kehrseite der allgemeinen Wissenschaften ... diese andere Form der Welt ...
Wir Zauberer opfern unser Leben, um alles darüber zu erfahren.
Die einfältigen Träume unserer Vorfahren behindern nur unsere Forschungen.
Wie schroff ...
Trotzdem wurde doch vieles nur dank ebendieser Träume entschlüsselt.
Auch viele Zauberer streben nach ewigem Leben.
Menschliche Körper sind so zerbrechlich!
Selbst wenn man die Theorien kennt, gibt es in der Magie Grenzen und Leute, die dafür geeignet oder weniger geeignet sind.
Wie viele haben auf halbem Weg ihr Leben gelassen!
Ein Menschenleben ist zu kurz, um alles Wissen zu erlangen.
Du bist zwar sehr talentiert, aber in der Hinsicht bist du zu verbissen. So machst du dir nur Feinde.
PIKS

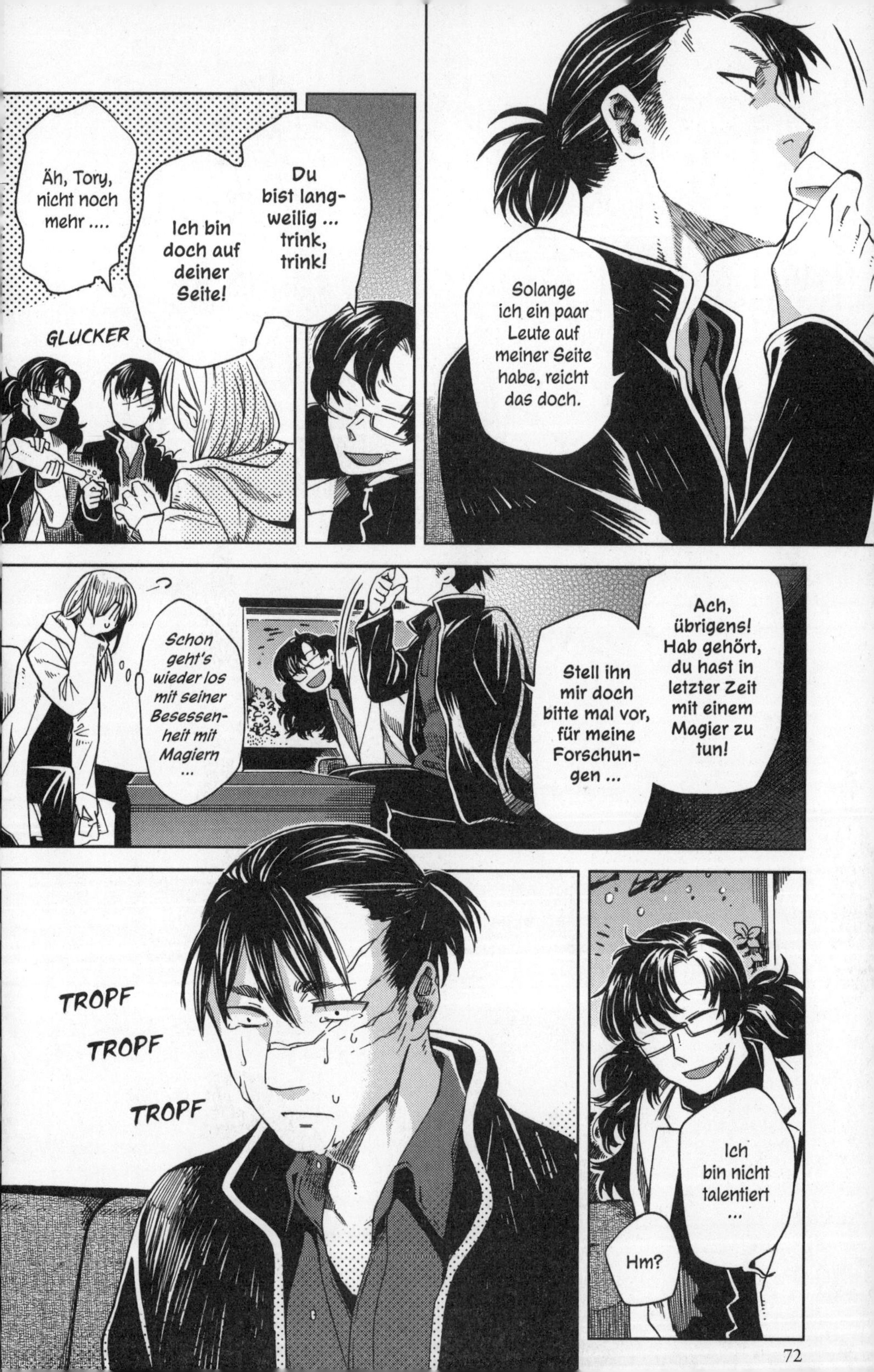
Solange ich ein paar Leute auf meiner Seite habe, reicht das doch.
Du bist langweilig ... trink, trink!
Ich bin doch auf deiner Seite!
Äh, Tory, nicht noch mehr ....
GLUCKER
Ach, übrigens! Hab gehört, du hast in letzter Zeit mit einem Magier zu tun!
Stell ihn mir doch bitte mal vor, für meine Forschungen ...
Schon geht's wieder los mit seiner Besessenheit mit Magiern ...
Ich bin nicht talentiert ...
Hm?
TROPF
TROPF
TROPF

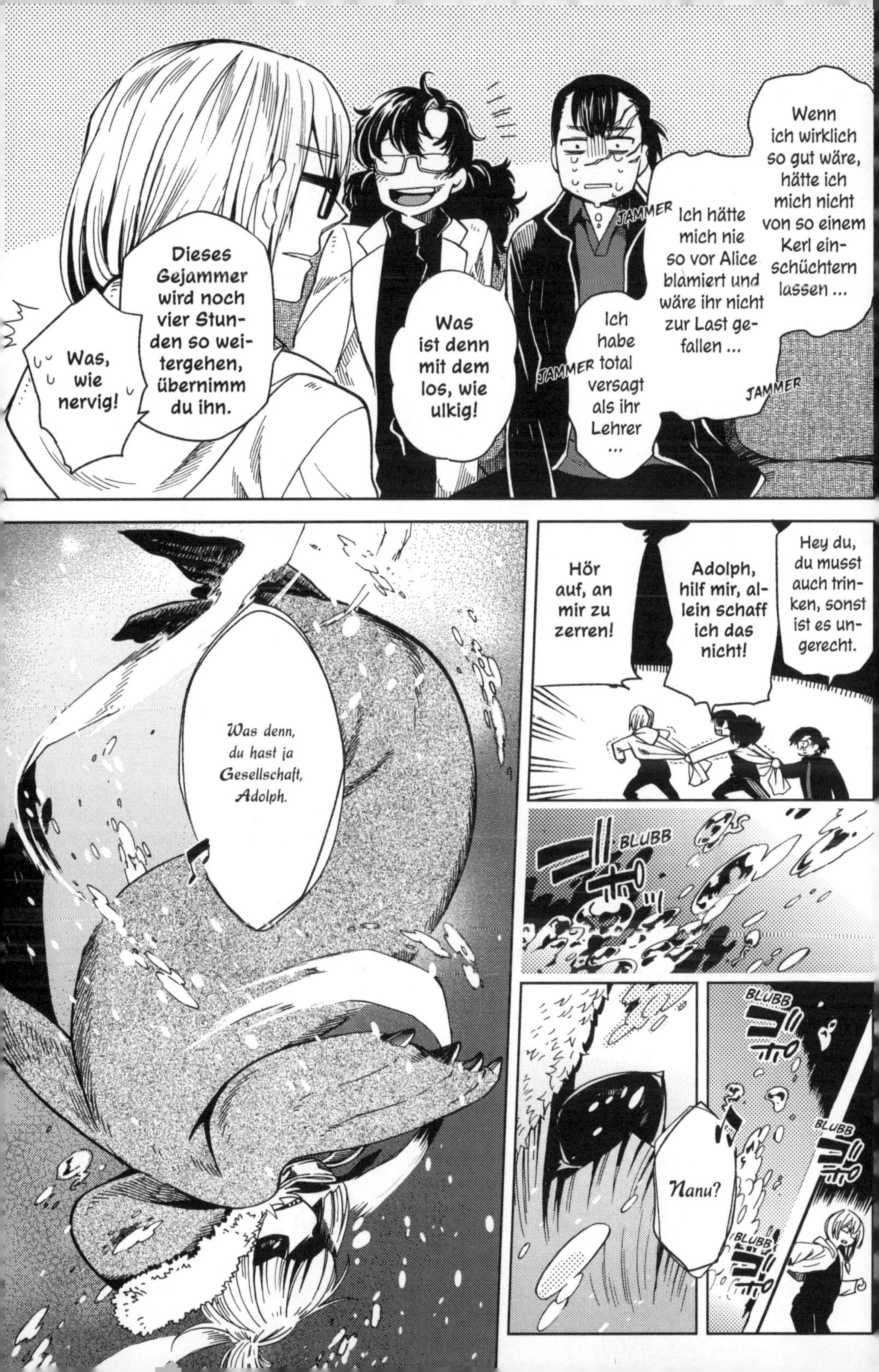
Wenn ich wirklich so gut wäre, hätte ich mich nicht von so einem Kerl einschüchtern lassen ...
JAMMER
Ich hätte mich nie so vor Alice blamiert und wäre ihr nicht zur Last gefallen ...
JAMMER
Ich habe total versagt als ihr Lehrer ...
JAMMER
Was ist denn mit dem los, wie ulkig!
Dieses Gejammer wird noch vier Stunden so weitergehen, übernimm du ihn.
Was, wie nervig!
Hey du, du musst auch trinken, sonst ist es ungerecht.
Adolph, hilf mir, allein schaff ich das nicht!
Hör auf, an mir zu zerren!
BLUBB
BLUBB
BLUBB
Nanu?
BLUBB
Was denn, du hast ja Gesellschaft, Adolph.

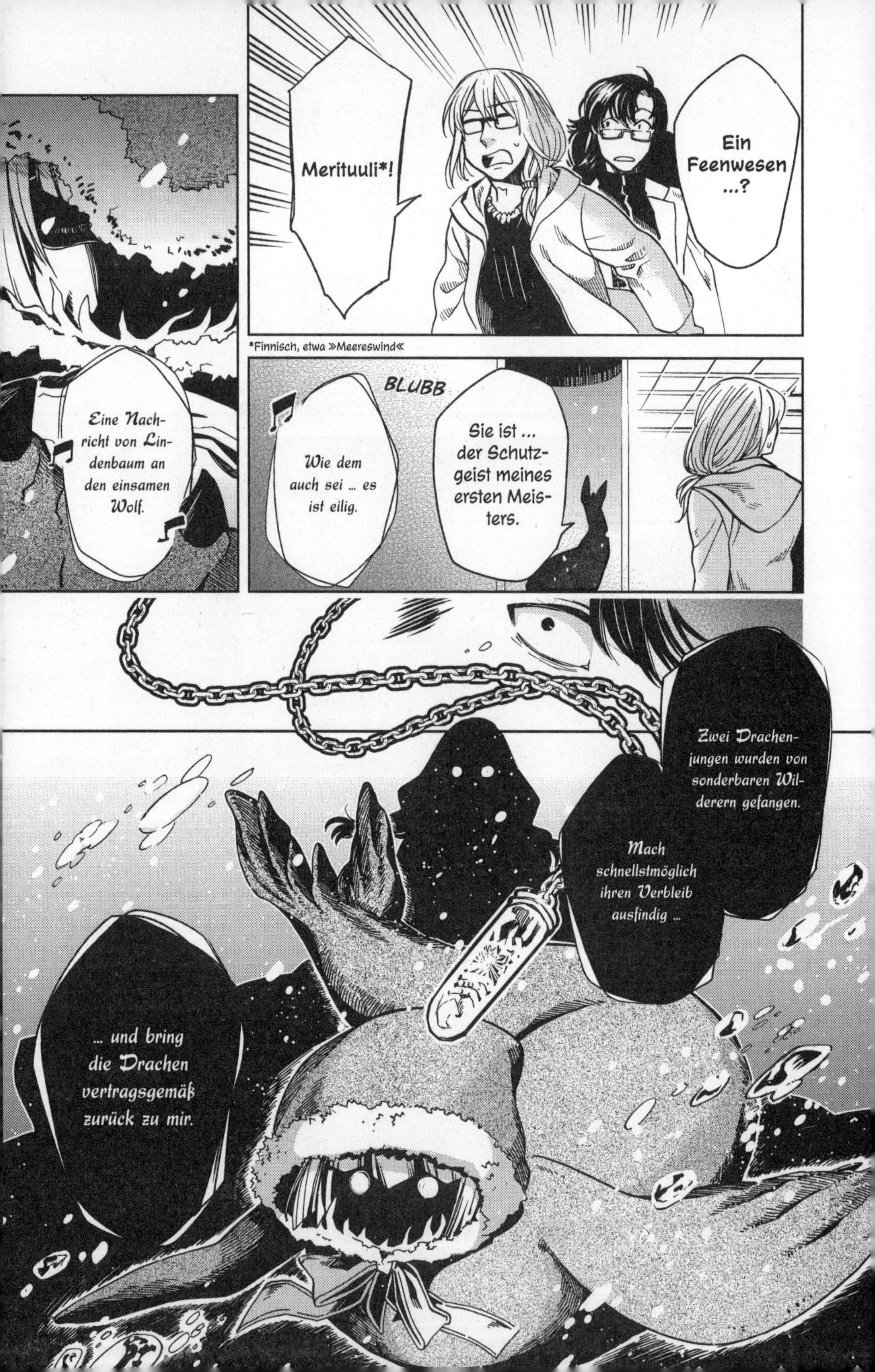


*Finnisch, etwa »Meereswind«

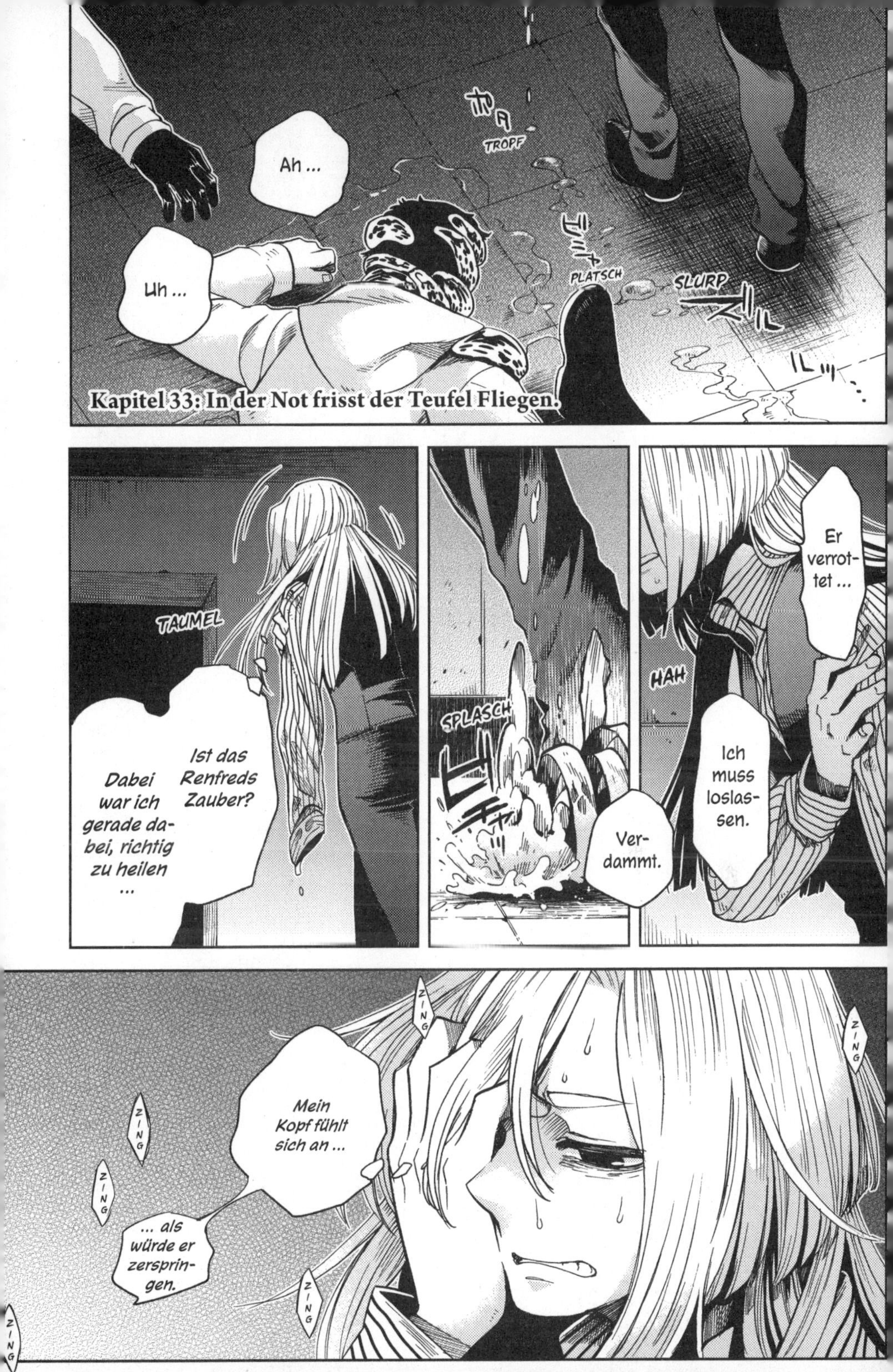
Kapitel 33: In der Not frisst der Teufel Fliegen.
TROPF
Ah ...
Uh ...
PLATSCH
SLURP
Er verrot-tet ...
HAH
Ich muss loslas-sen.
Ver-dammt.
SPLASCH
Ist das Renfreds Zauber?
TAUMEL
Dabei war ich gerade da-bei, richtig zu heilen ...
ZING
Mein Kopf fühlt sich an ...
... als würde er zerspring-gen.
ZING
ZING
ZING
ZING
ZING

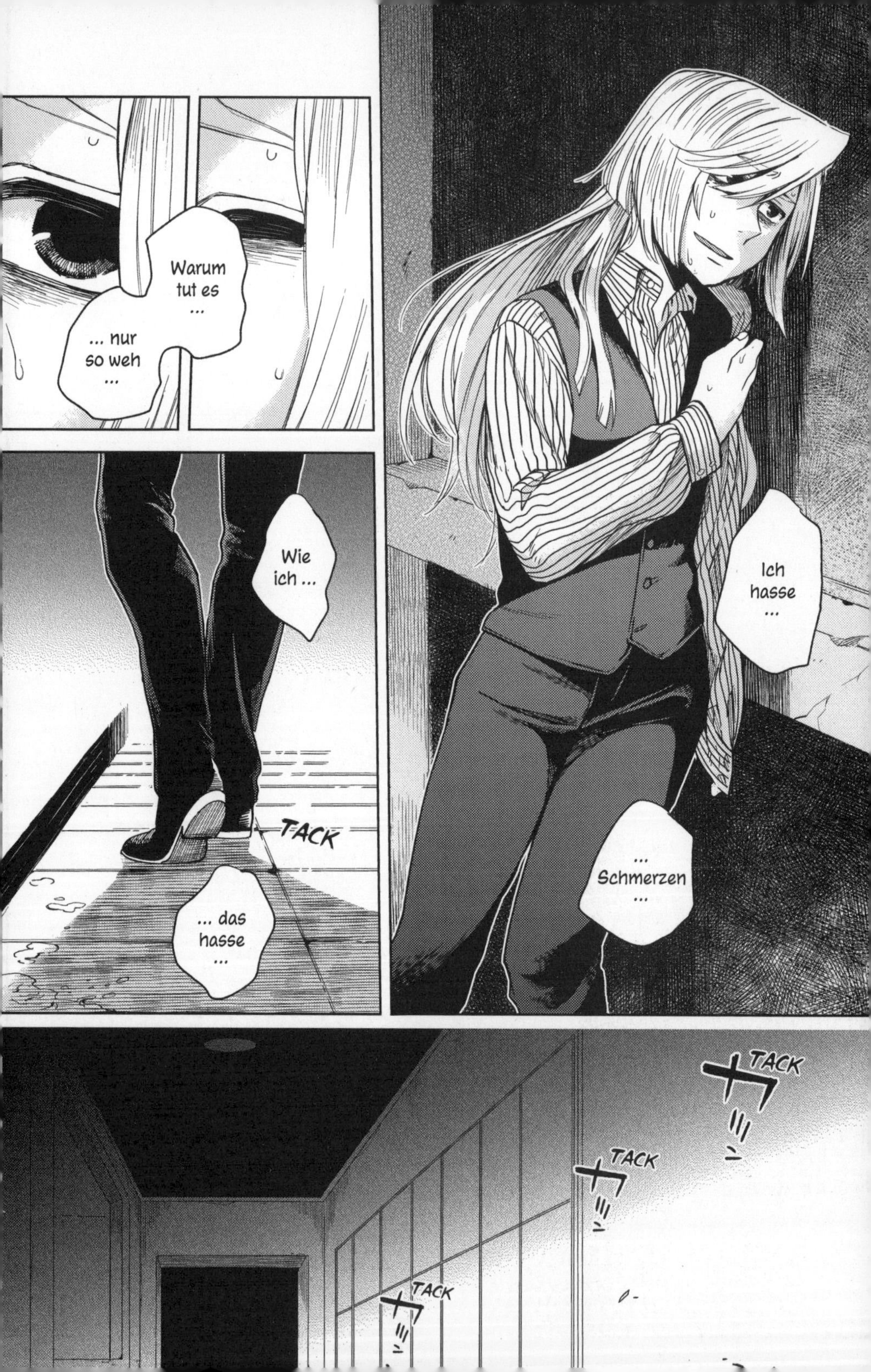

Ich hasse ...
... Schmerzen ...
Warum tut es ...
... nur so weh ...
Wie ich ...
TACK
... das hasse ...
TACK
TACK
TACK

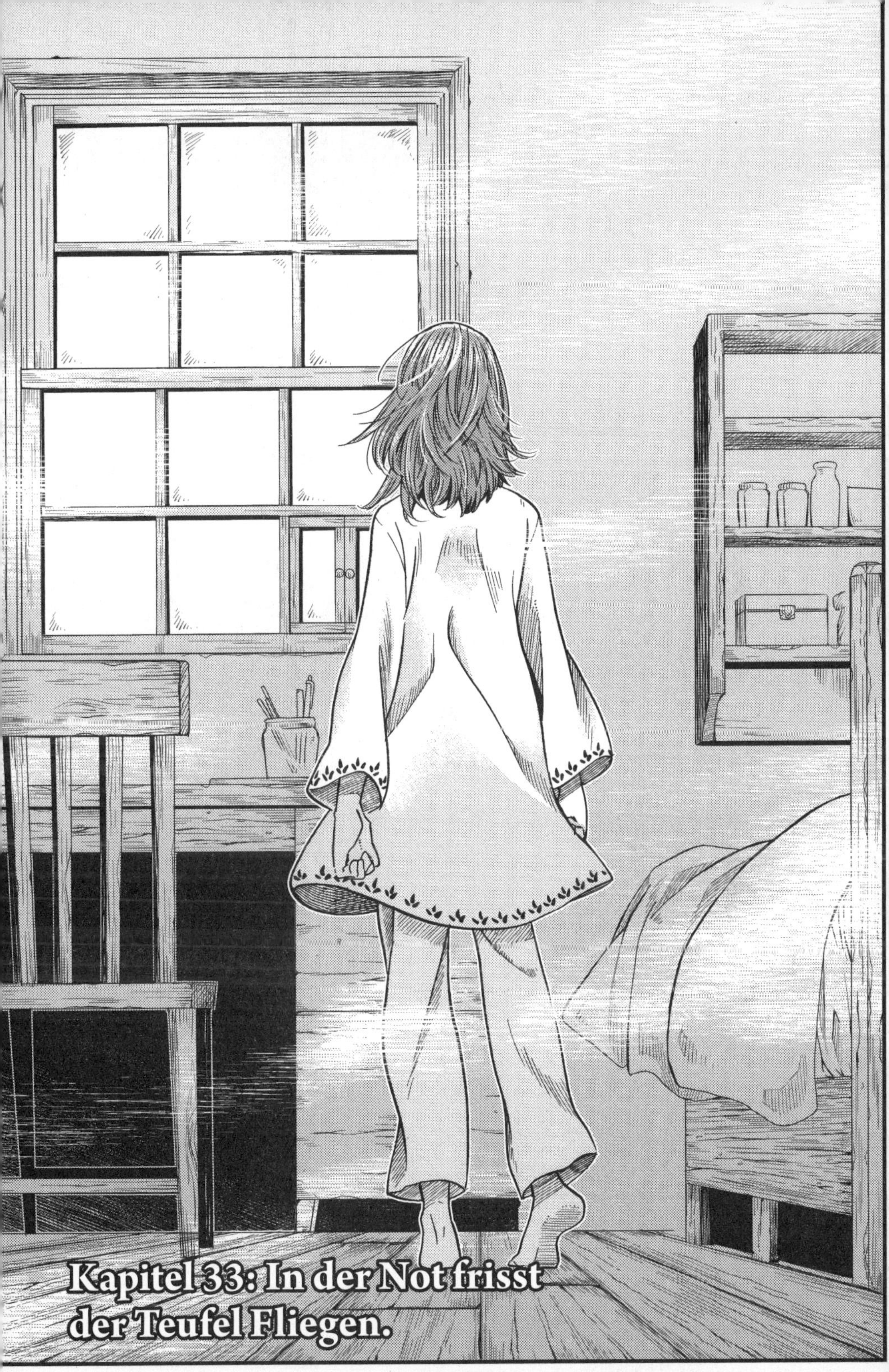
Kapitel 33: In der Not frisst der Teufel Fliegen.

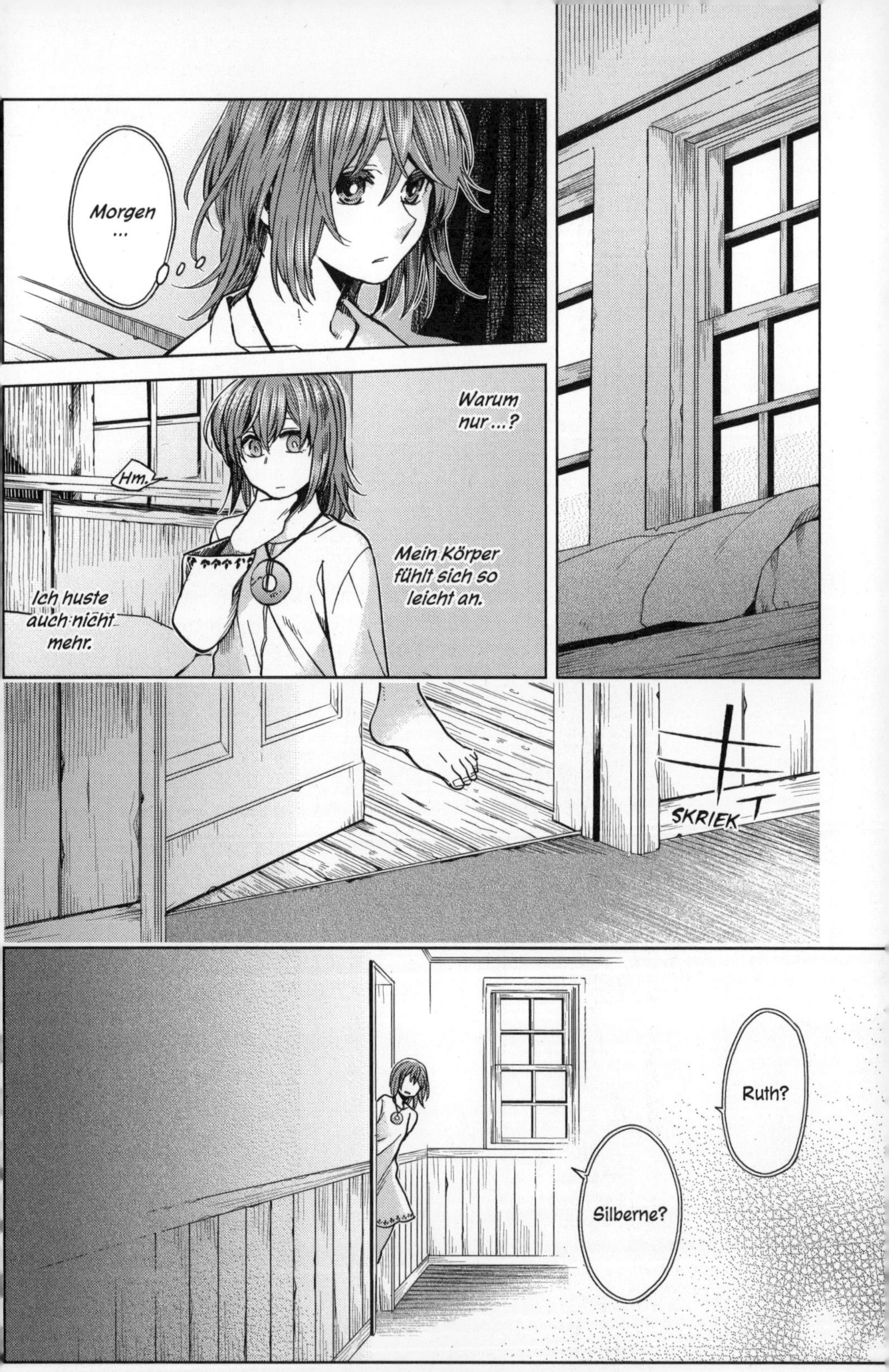
Morgen …
Warum nur …?
Hm.
Mein Körper fühlt sich so leicht an.
Ich huste auch nicht mehr.
SKRIEK
Ruth?
Silberne?

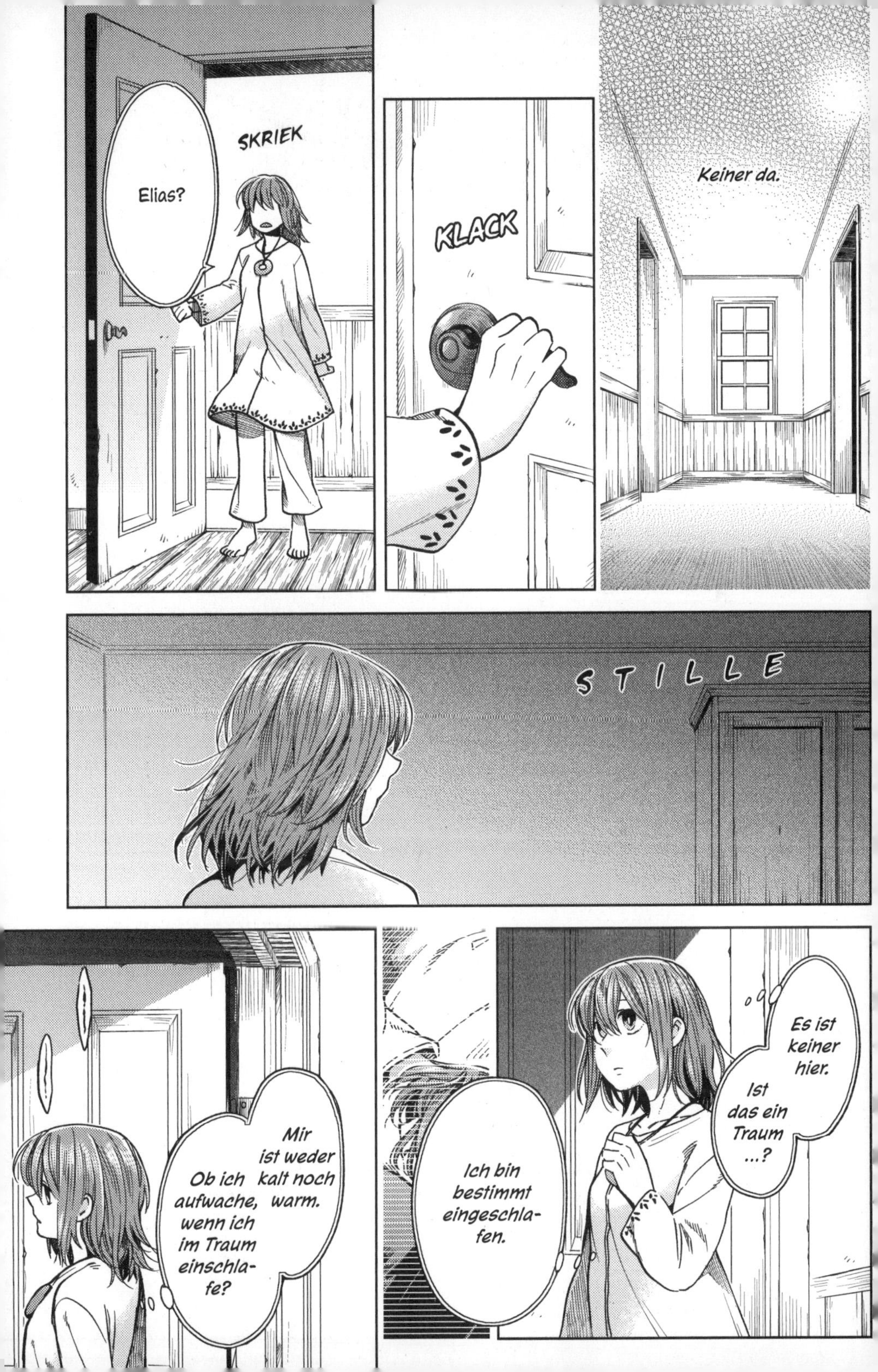
Keiner da.
KLACK
SKRIEK
Elias?
STILLE
Es ist keiner hier.
Ist das ein Traum ...?
Ich bin bestimmt eingeschla-fen.
Mir ist weder kalt noch warm.
Ob ich aufwache, wenn ich im Traum einschla-fe?

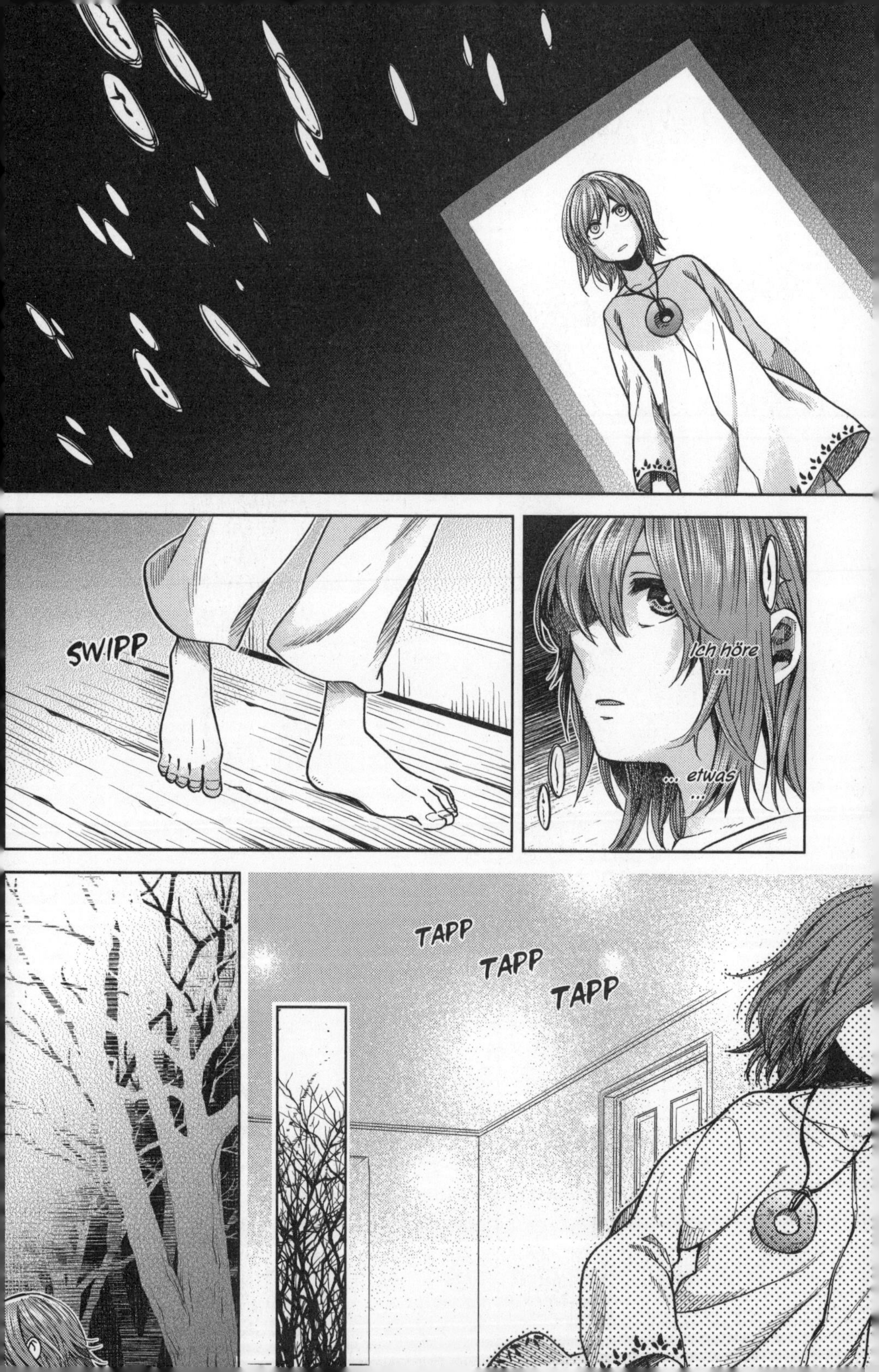
SWIPP
Ich höre ...
... etwas ...
TAPP
TAPP
TAPP

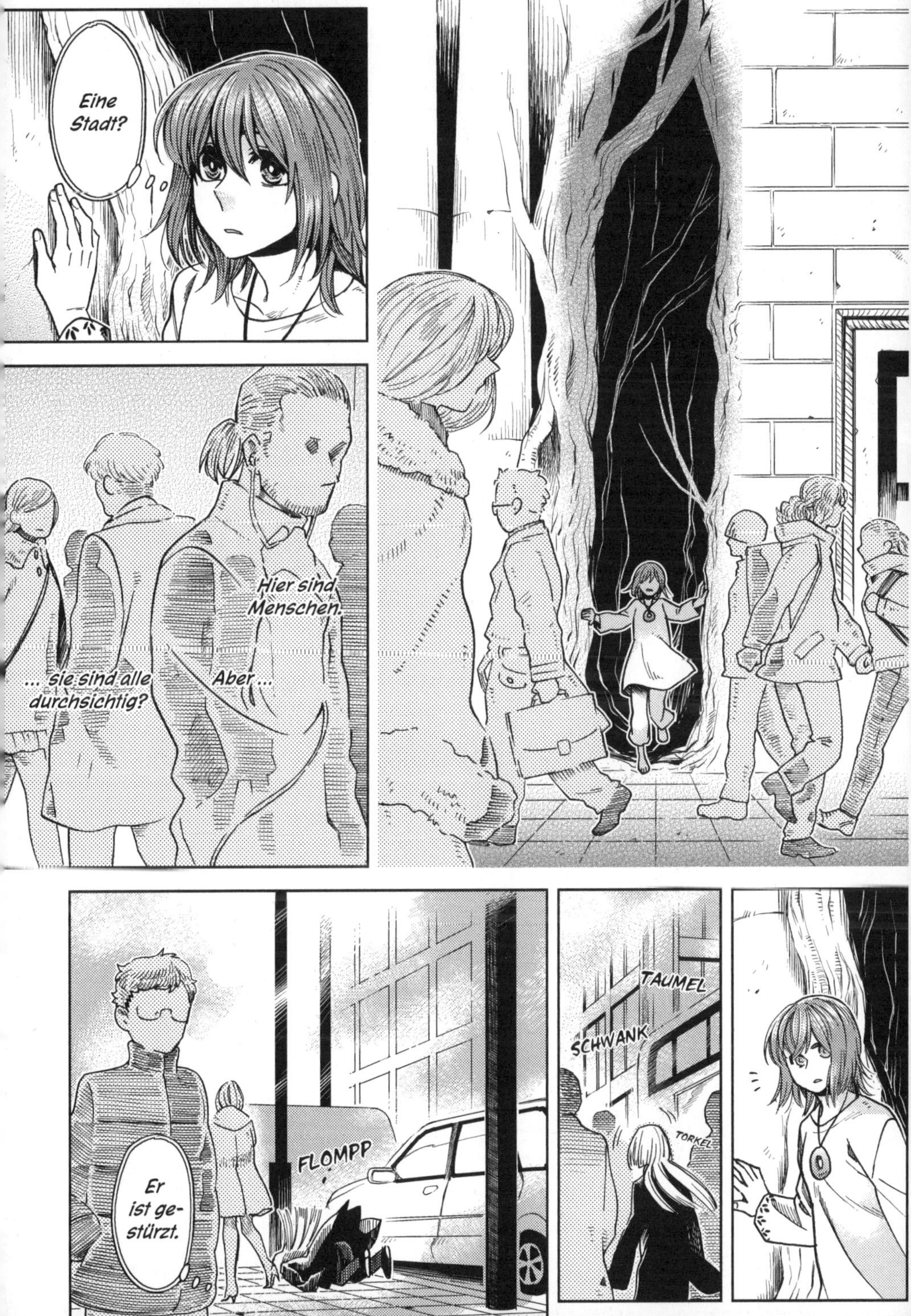
Eine Stadt?
Hier sind Menschen.
Aber ...
... sie sind alle durchsichtig?
TAUMEL
SCHWANK
TORKEL
FLOMPP
Er ist gestürzt.

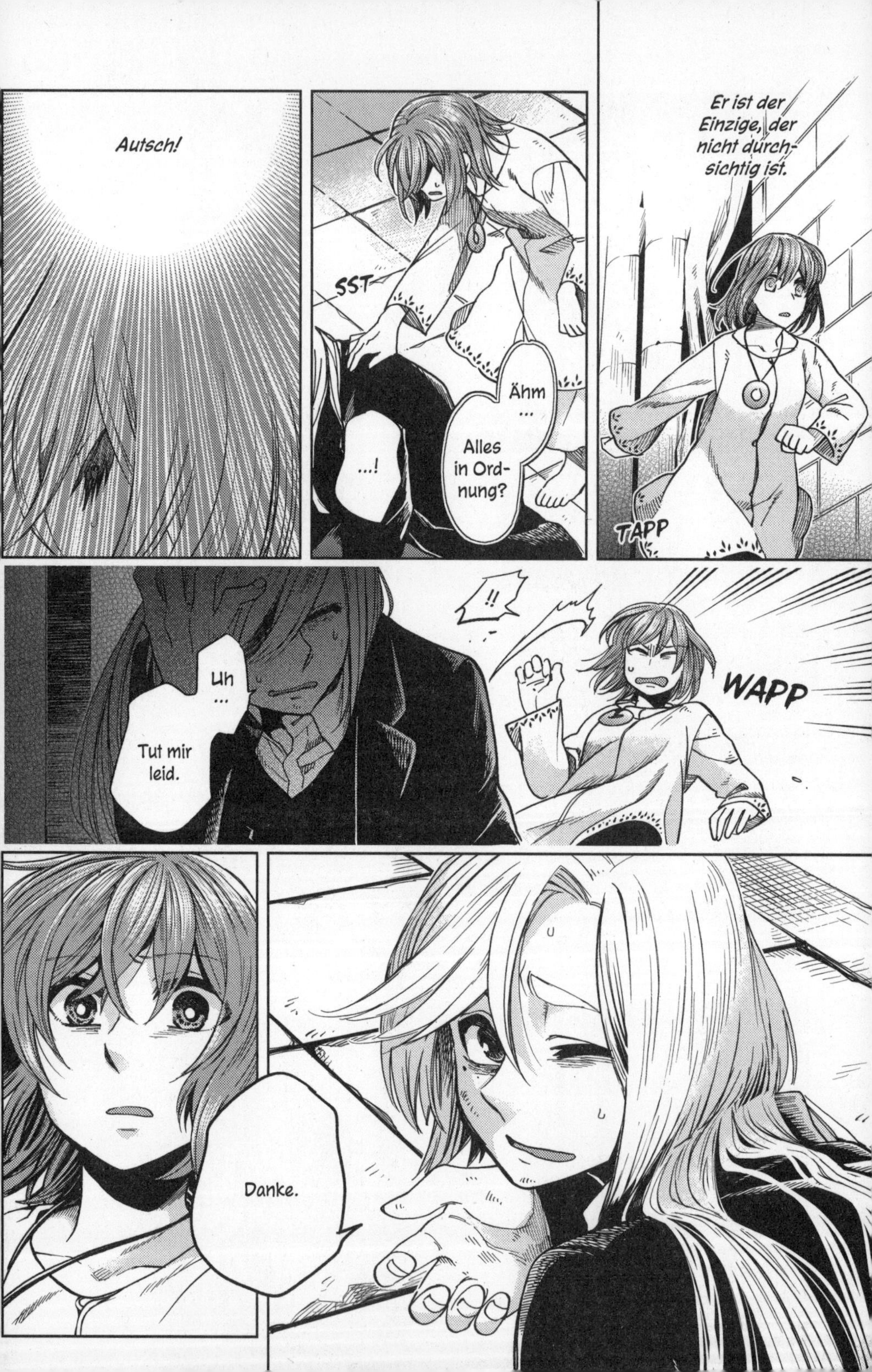

Er ist der Einzige, der nicht durchsichtig ist.
TAPP
SST
Ähm ...
Alles in Ordnung?
...!
Autsch!
!!
WAPP
Uh ...
Tut mir leid.
Danke.

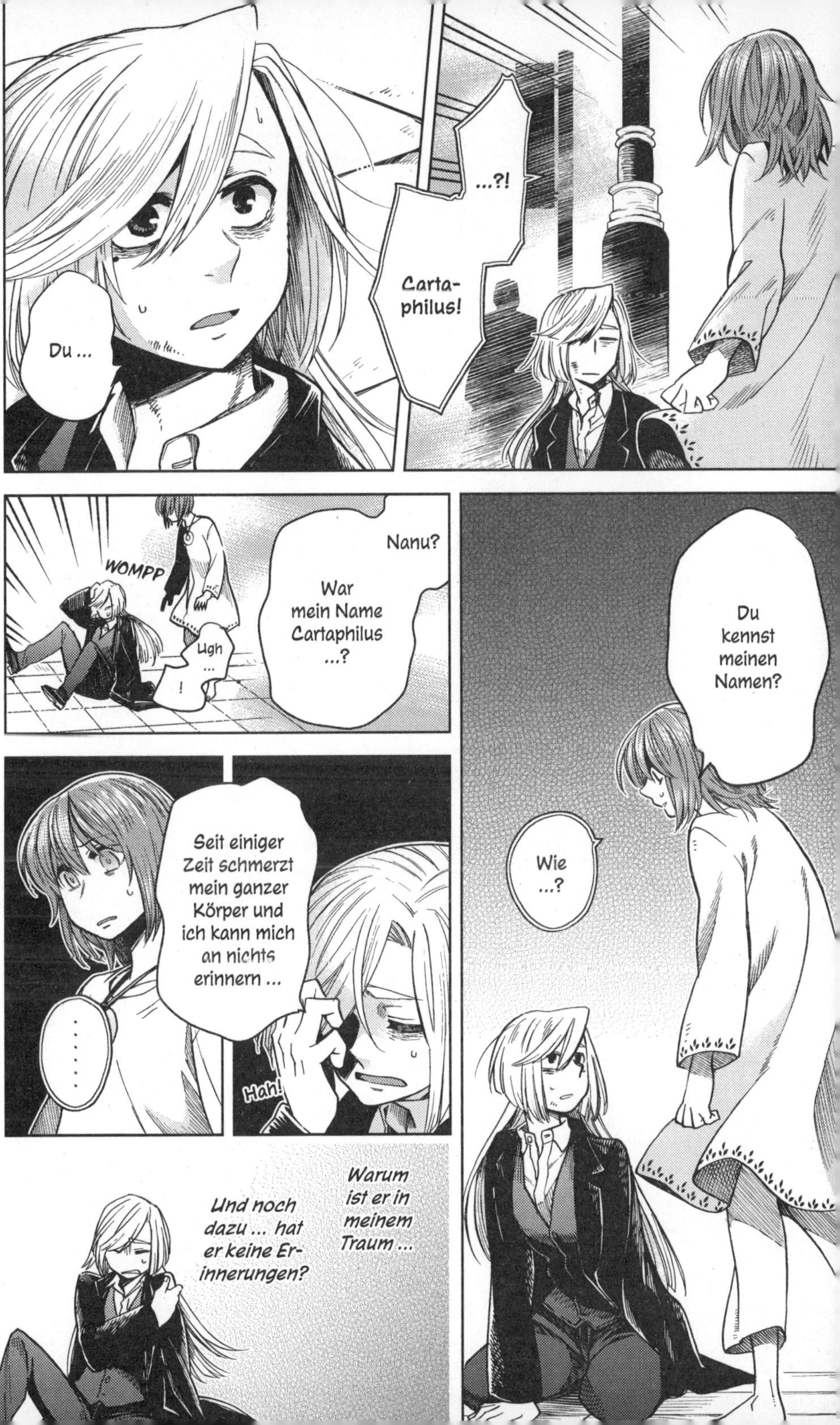
...?!
Carta-
philus!
Du ...
Du
kennst
meinen
Namen?
Wie
...?
Nanu?
War
mein Name
Cartaphilus
...?
WOMPP
Ugh
...
!
Seit einiger
Zeit schmerzt
mein ganzer
Körper und
ich kann mich
an nichts
erinnern ...
Hah!
......
Warum
ist er in
meinem
Traum ...
Und noch
dazu ... hat
er keine Er-
innerungen?

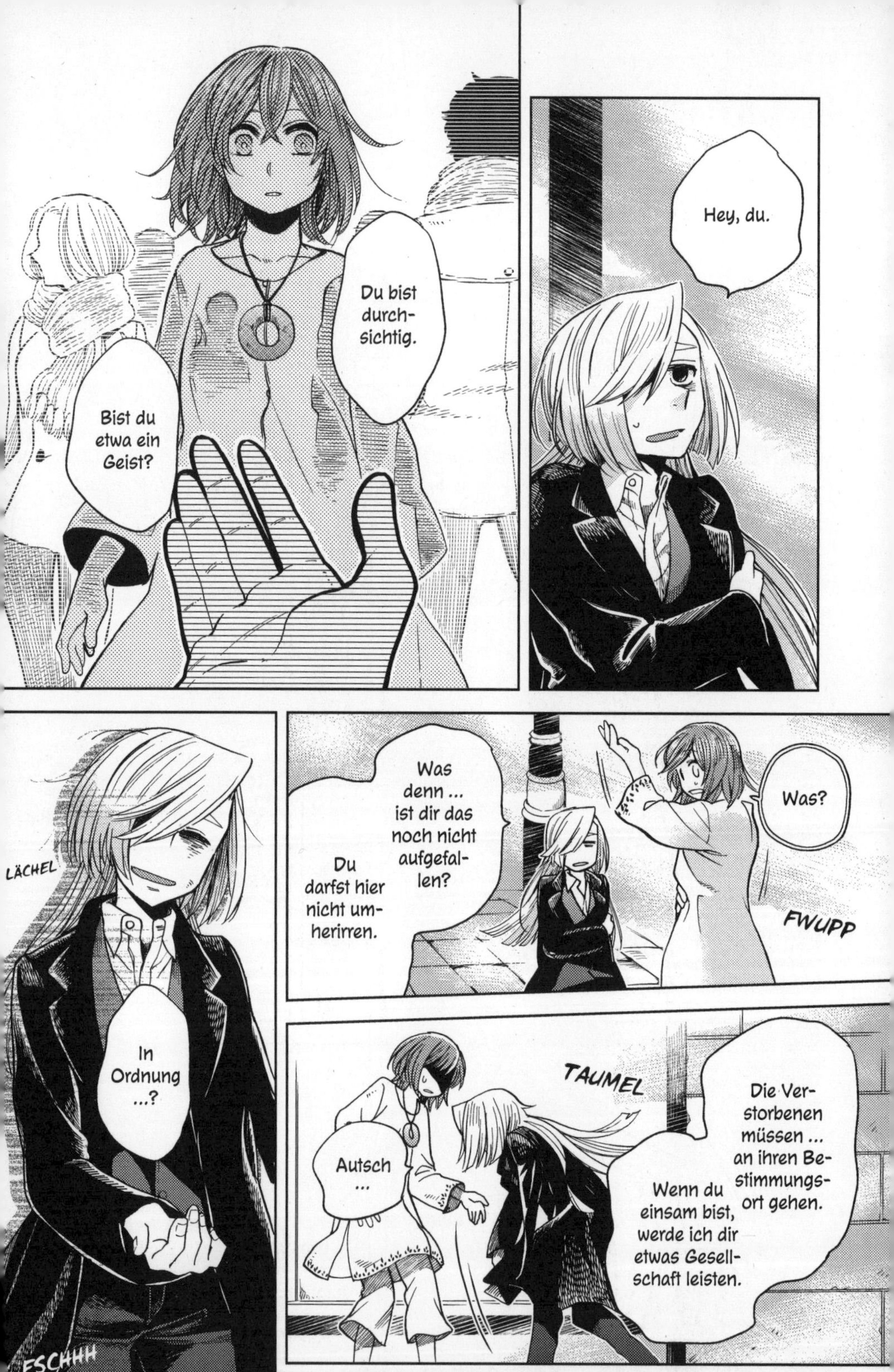

Hey, du.
Du bist durchsichtig.
Bist du etwa ein Geist?
Was?
FWUPP
Was denn ... ist dir das noch nicht aufgefallen?
Du darfst hier nicht umherirren.
TAUMEL
Die Verstorbenen müssen ... an ihren Bestimmungsort gehen.
Wenn du einsam bist, werde ich dir etwas Gesellschaft leisten.
Autsch ...
LÄCHEL
In Ordnung ...?
FSCHHH

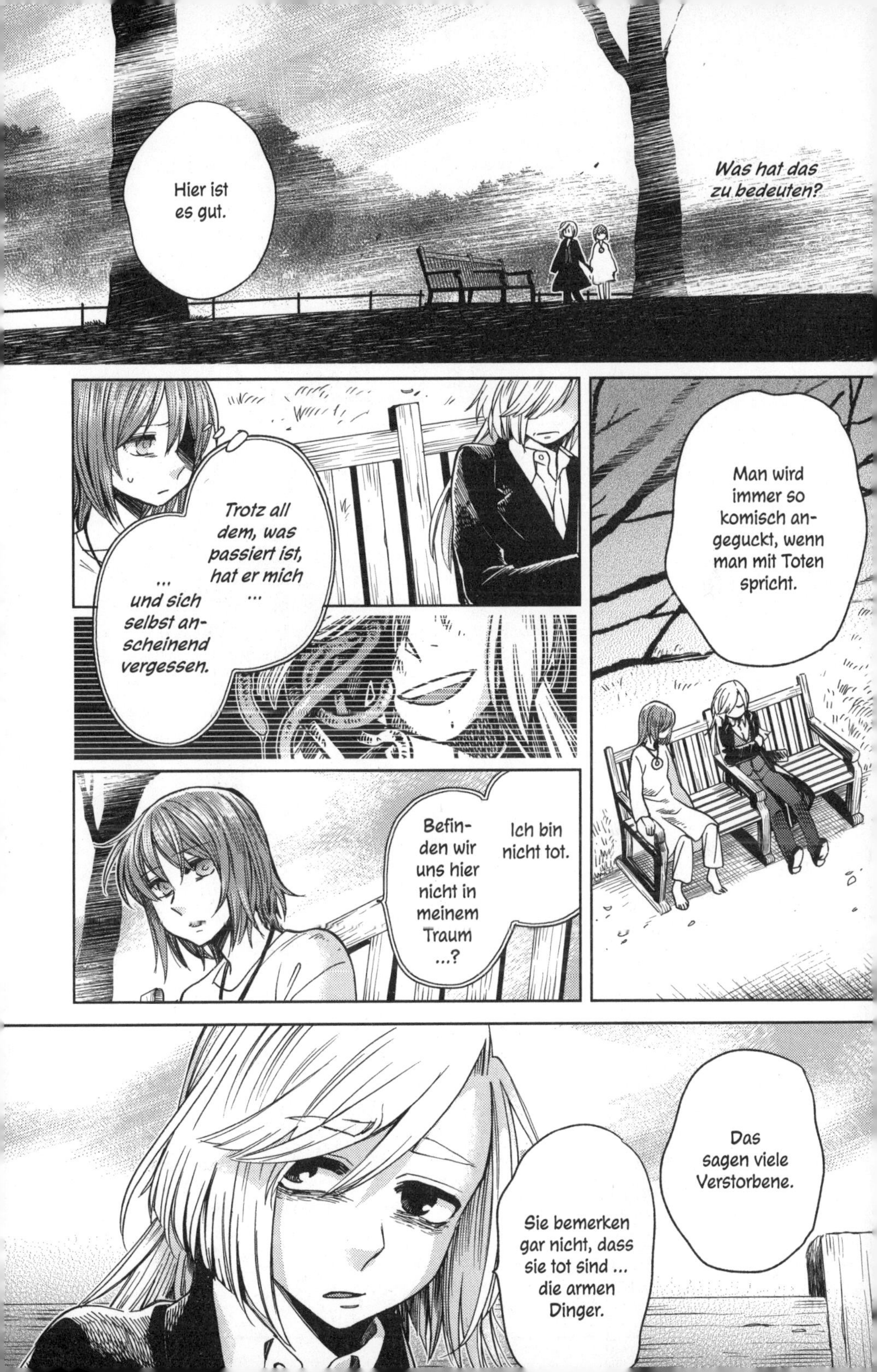

Was hat das zu bedeuten?
Hier ist es gut.
Man wird immer so komisch angeguckt, wenn man mit Toten spricht.
Trotz all dem, was passiert ist, hat er mich ...
... und sich selbst anscheinend vergessen.
Ich bin nicht tot.
Befinden wir uns hier nicht in meinem Traum ...?
Das sagen viele Verstorbene.
Sie bemerken gar nicht, dass sie tot sind ... die armen Dinger.

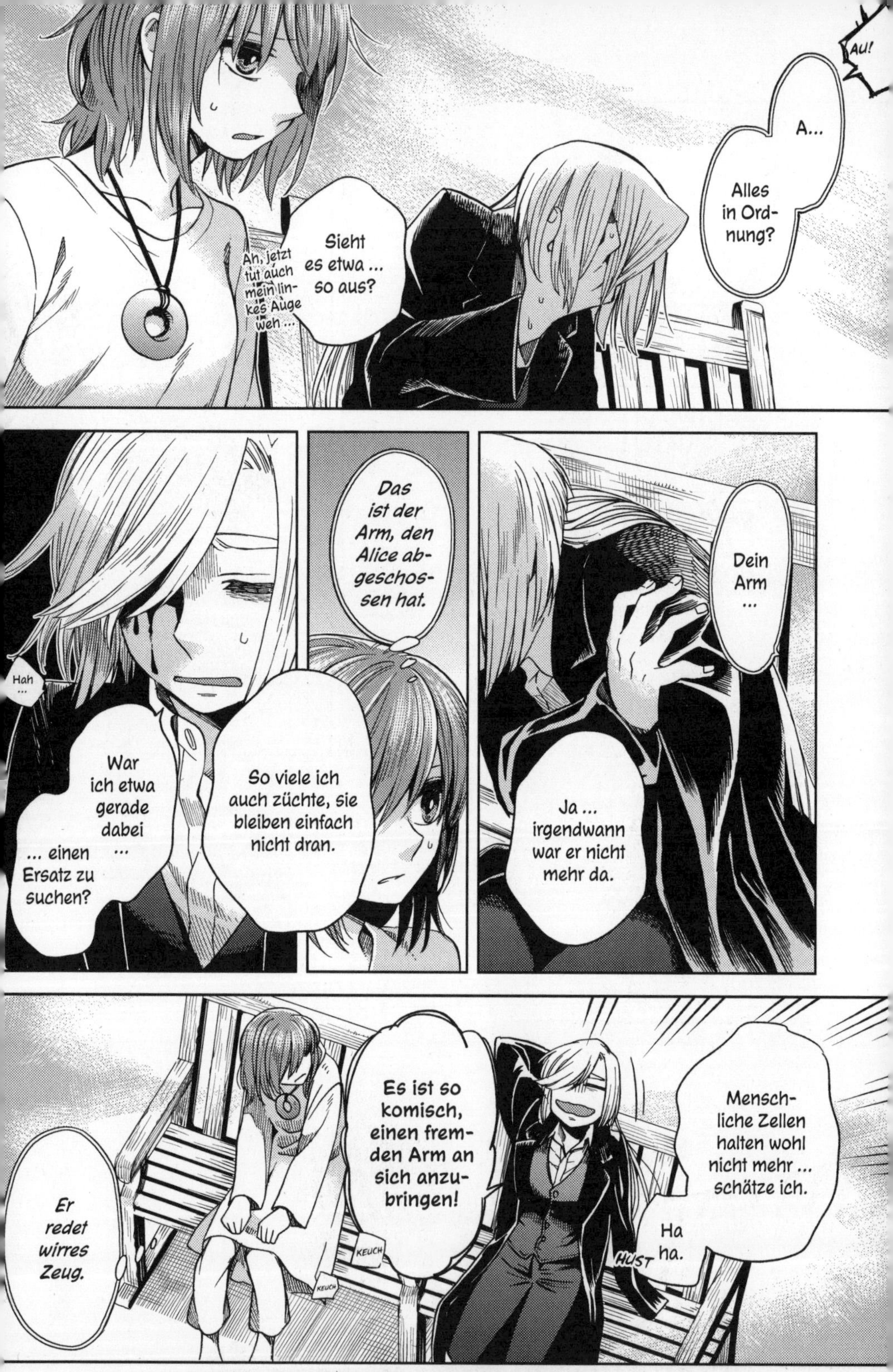
AU!
A...
Alles in Ordnung?
Sieht es etwa ... so aus?
Ah, jetzt tut auch mein linkes Auge weh ...
Dein Arm ...
Ja ... irgendwann war er nicht mehr da.
Das ist der Arm, den Alice abgeschossen hat.
So viele ich auch züchte, sie bleiben einfach nicht dran.
Hah ...
War ich etwa gerade dabei ...
... einen Ersatz zu suchen?
Menschliche Zellen halten wohl nicht mehr ... schätze ich.
Ha ha.
HUST
Es ist so komisch, einen fremden Arm an sich anzubringen!
KEUCH
KEUCH
Er redet wirres Zeug.

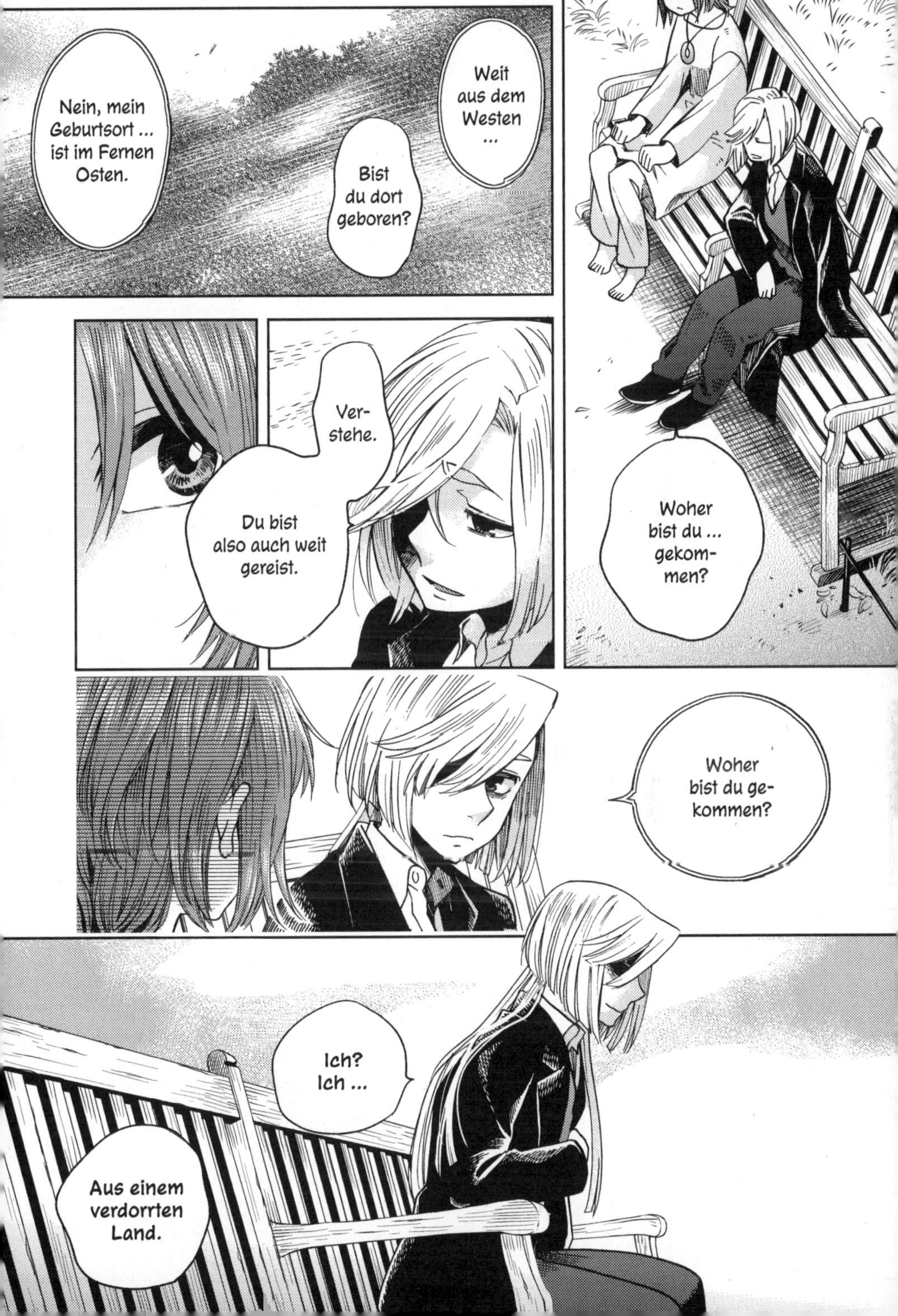

Woher bist du … gekommen?
Weit aus dem Westen …
Bist du dort geboren?
Nein, mein Geburtsort … ist im Fernen Osten.
Verstehe.
Du bist also auch weit gereist.
Woher bist du gekommen?
Ich? Ich …
Aus einem verdorrten Land.

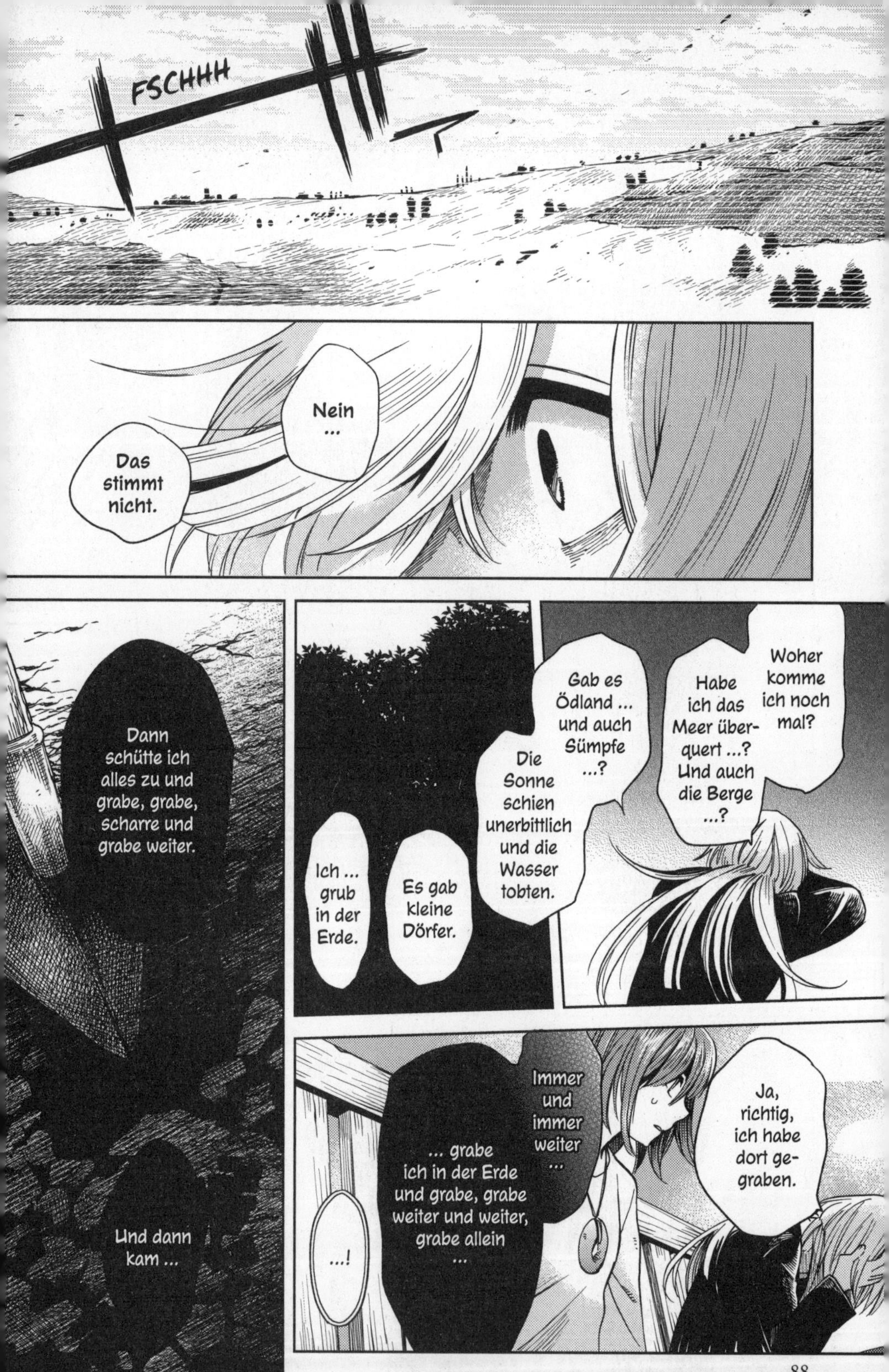
FSCHHH
Nein ...
Das stimmt nicht.
Woher komme ich noch mal?
Habe ich das Meer über-quert ...? Und auch die Berge ...?
Gab es Ödland ... und auch Sümpfe ...?
Die Sonne schien unerbittlich und die Wasser tobten.
Es gab kleine Dörfer.
Ich ... grub in der Erde.
Ja, richtig, ich habe dort ge-graben.
Immer und immer weiter ...
... grabe ich in der Erde und grabe, grabe weiter und weiter, grabe allein ...
...!
Dann schütte ich alles zu und grabe, grabe, scharre und grabe weiter.
Und dann kam ...

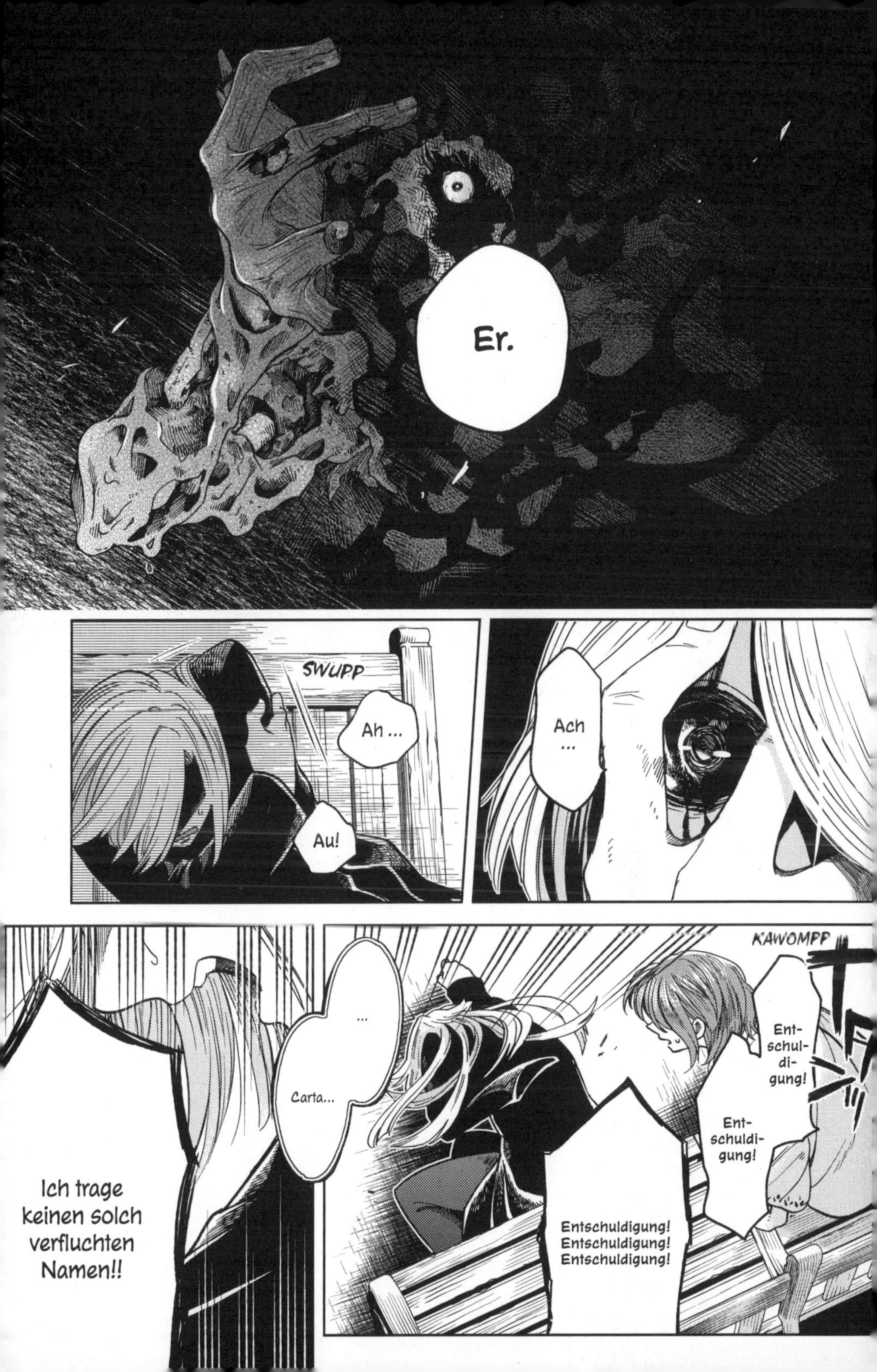
Er.
Ach ...
SWUPP
Ah ...
Au!
KAWOMPF
Ent-schul-di-gung!
Ent-schuldi-gung!
Entschuldigung! Entschuldigung! Entschuldigung!
...
Carta...
Ich trage keinen solch verfluchten Namen!!

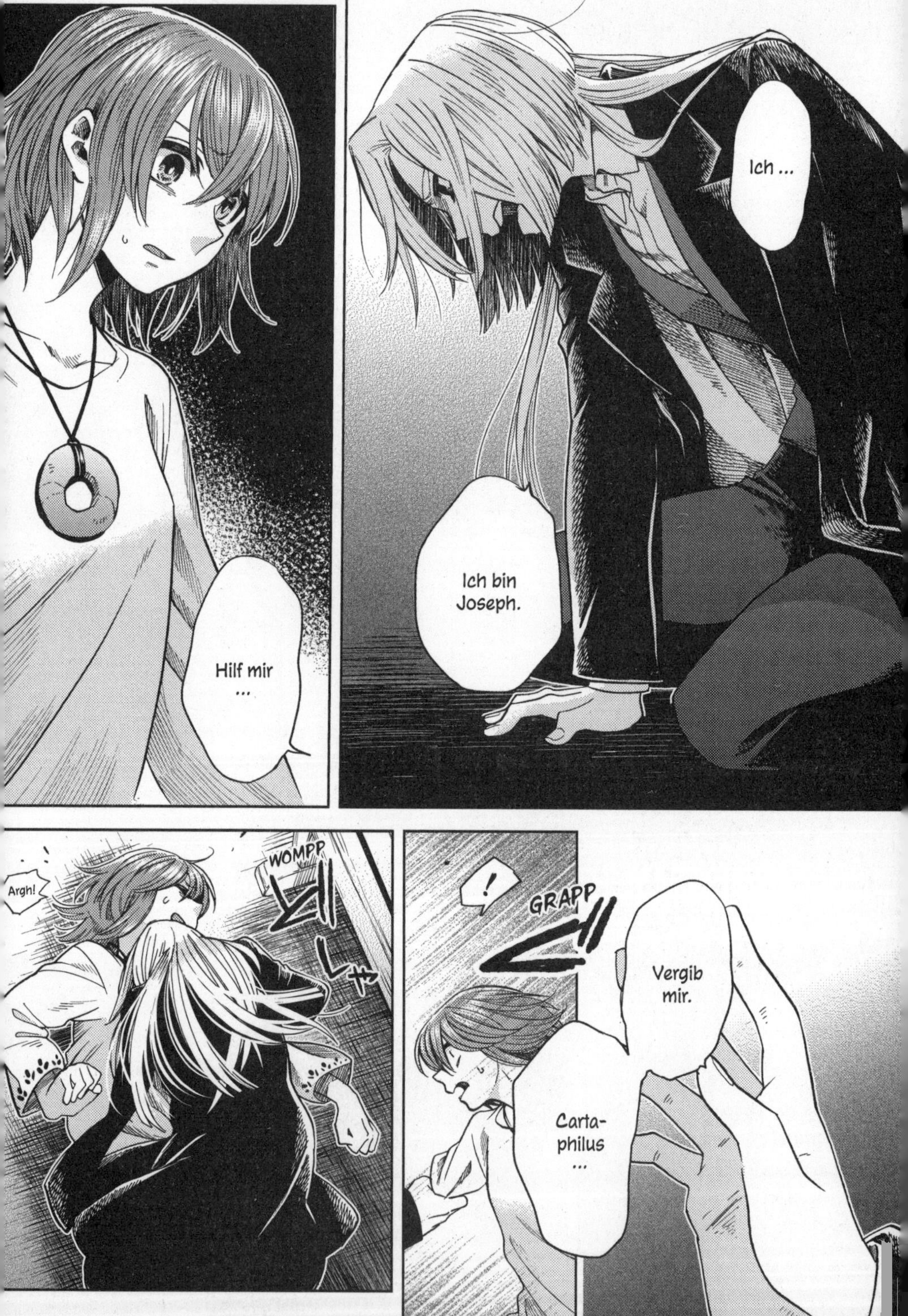
Ich ...
Ich bin Joseph.
Hilf mir ...
!
GRAPP
Vergib mir.
Carta-philus ...
WOMPP
Argh!

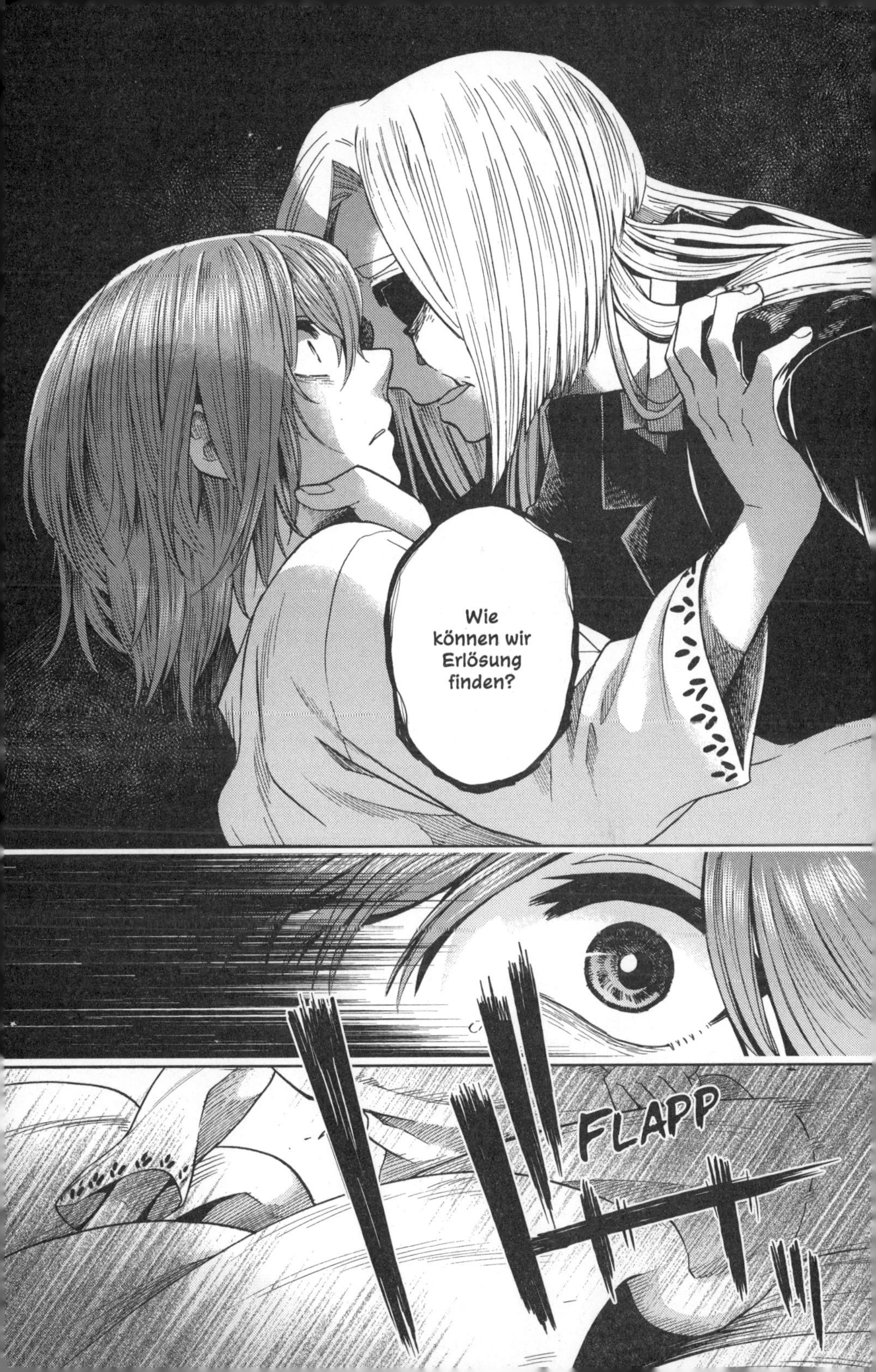
Wie können wir Erlösung finden?
FLAPP

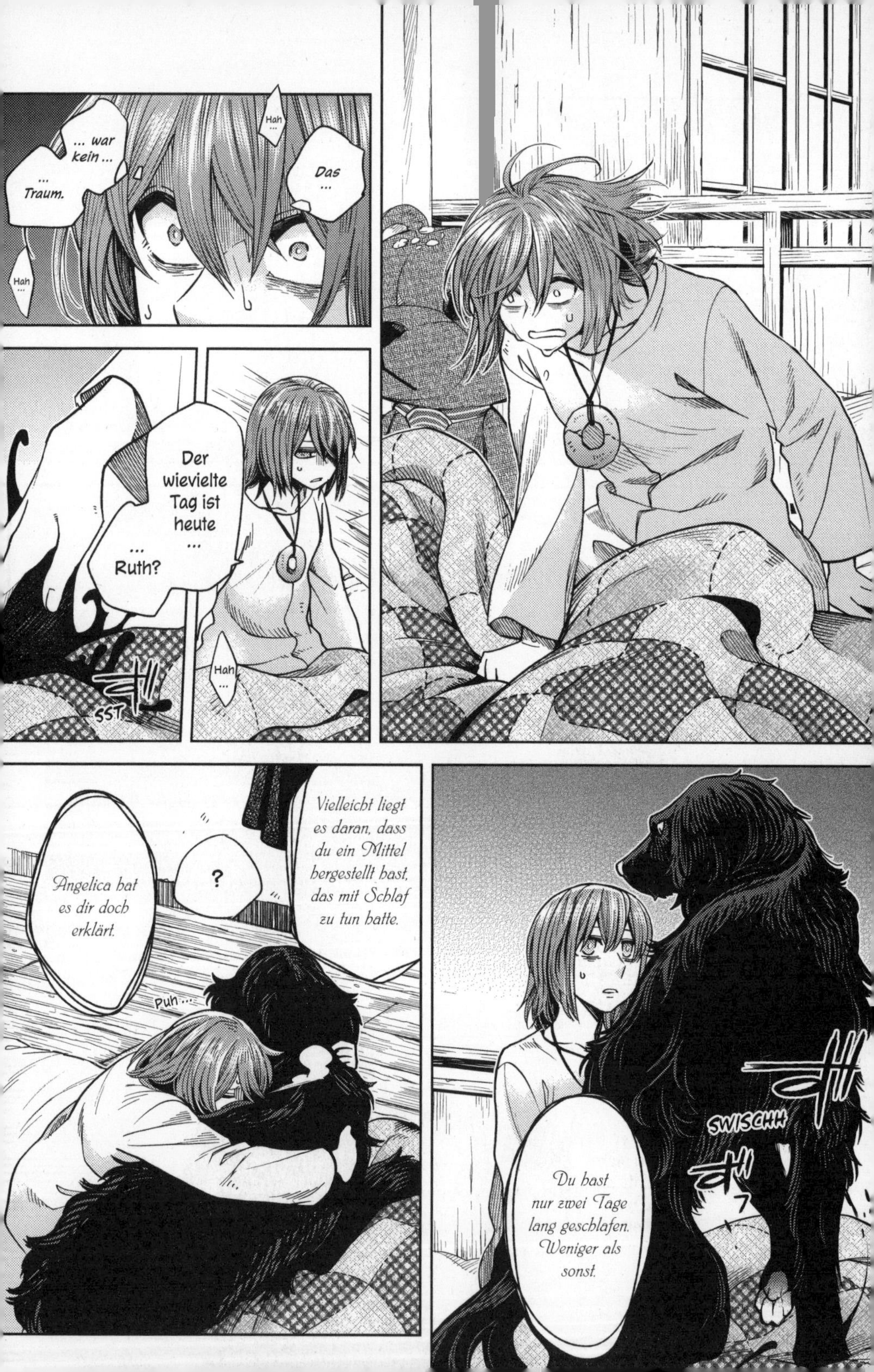
Hah ...
Das ...
... war kein ...
... Traum.
Hah ...
Der wievielte Tag ist heute ...
... Ruth?
Hah ...
SST
SWISCHH
Du hast nur zwei Tage lang geschlafen. Weniger als sonst.
Vielleicht liegt es daran, dass du ein Mittel hergestellt hast, das mit Schlaf zu tun hatte.
?
Angelica hat es dir doch erklärt.
Puh ...

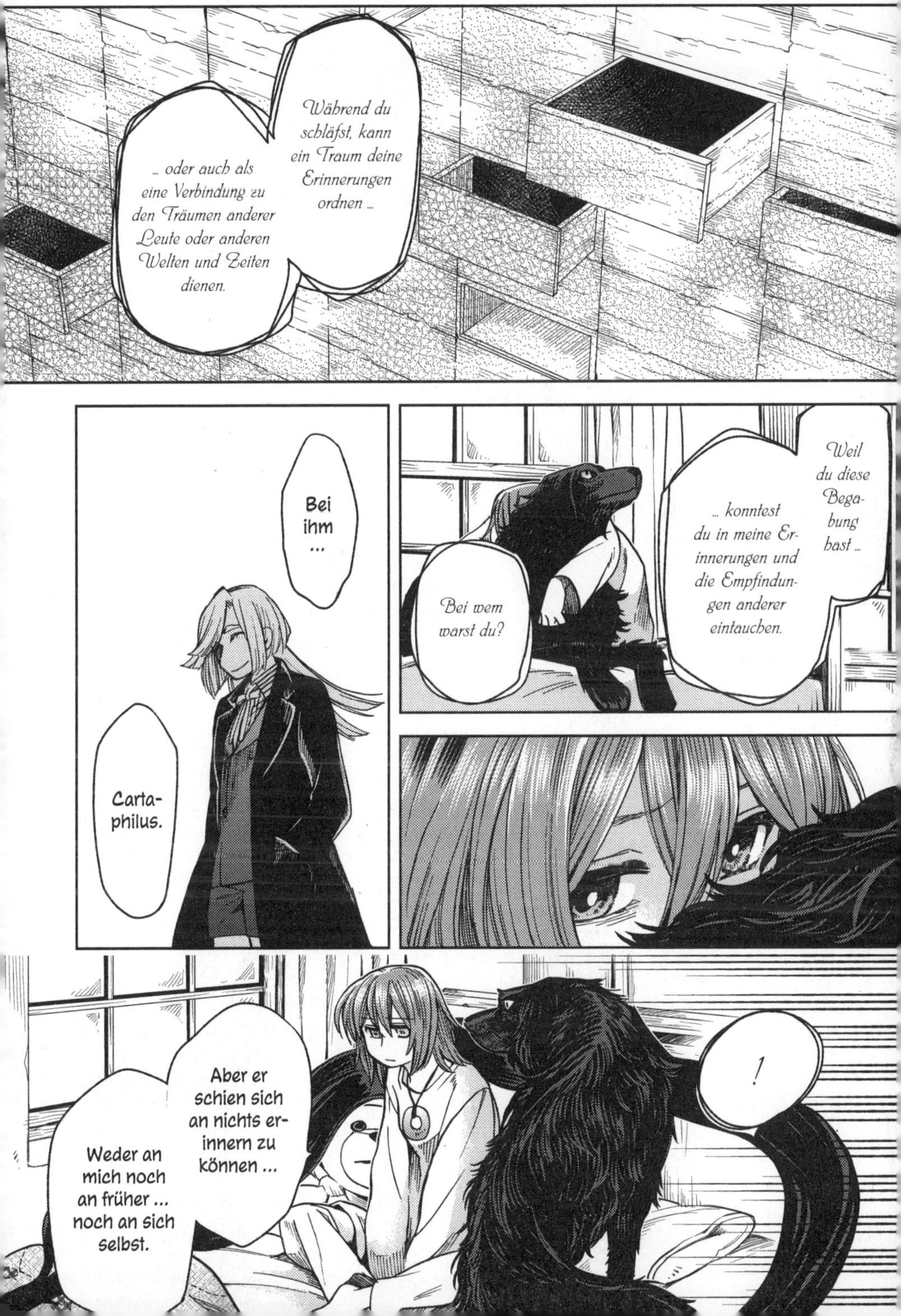
Während du schläfst, kann ein Traum deine Erinnerungen ordnen ...
... oder auch als eine Verbindung zu den Träumen anderer Leute oder anderen Welten und Zeiten dienen.
Weil du diese Begabung hast ...
... konntest du in meine Erinnerungen und die Empfindungen anderer eintauchen.
Bei wem warst du?
Bei ihm ...
Carta-philus.
!
Aber er schien sich an nichts erinnern zu können ...
Weder an mich noch an früher ... noch an sich selbst.

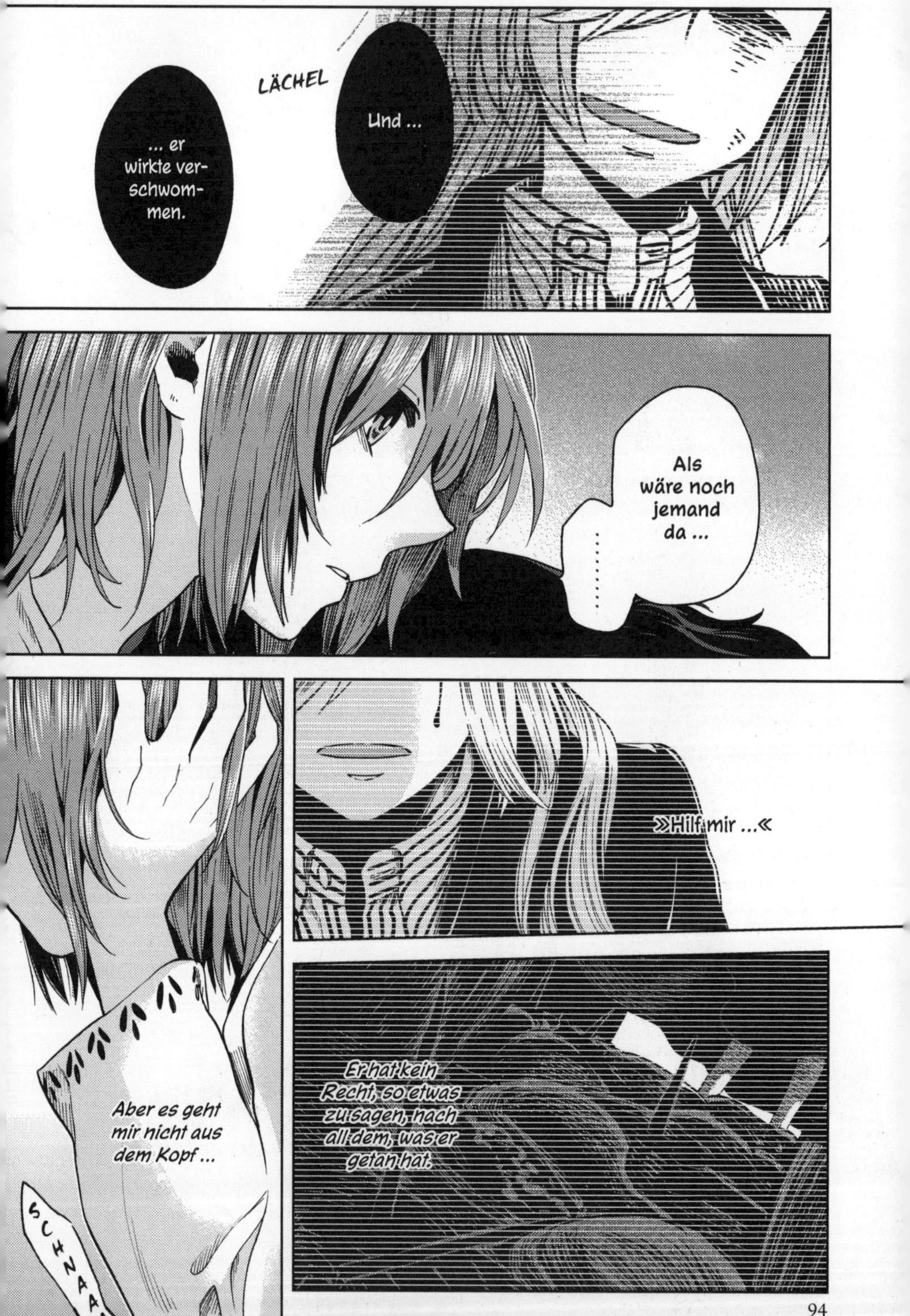
Und ...
LÄCHEL
... er wirkte verschwommen.
Als wäre noch jemand da ...
......
»Hilf mir ...«
Aber es geht mir nicht aus dem Kopf ...
SCHNAAA
Er hat kein Recht, so etwas zu sagen, nach all dem, was er getan hat.

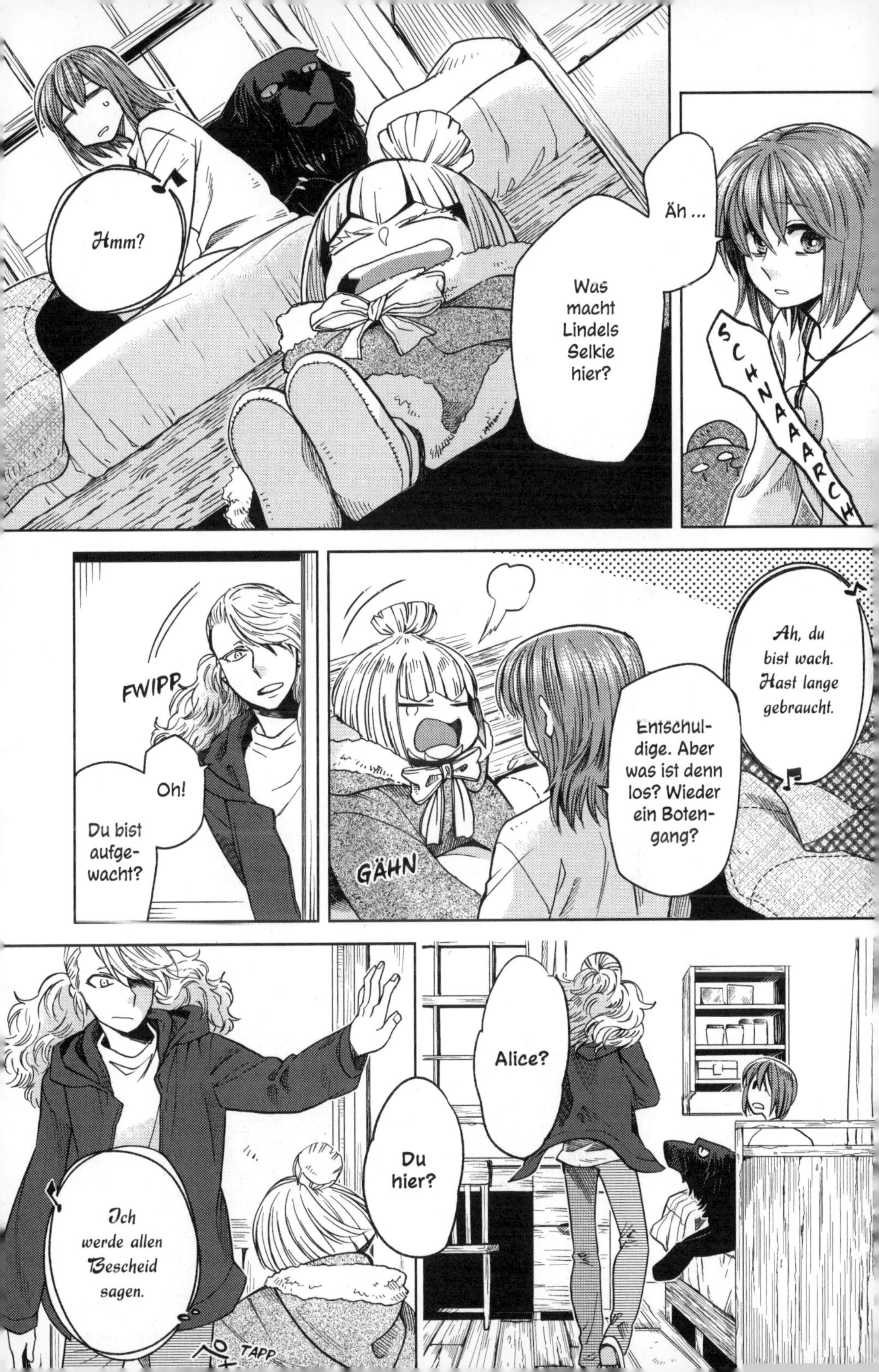

Äh ...
Was macht Lindels Selkie hier?
SCHNAAAARCH
Hmm?
Ah, du bist wach. Hast lange gebraucht.
Entschuldige. Aber was ist denn los? Wieder ein Botengang?
GÄHN
FWIPP
Oh!
Du bist aufgewacht?
Alice?
Du hier?
Ich werde allen Bescheid sagen.
TAPP

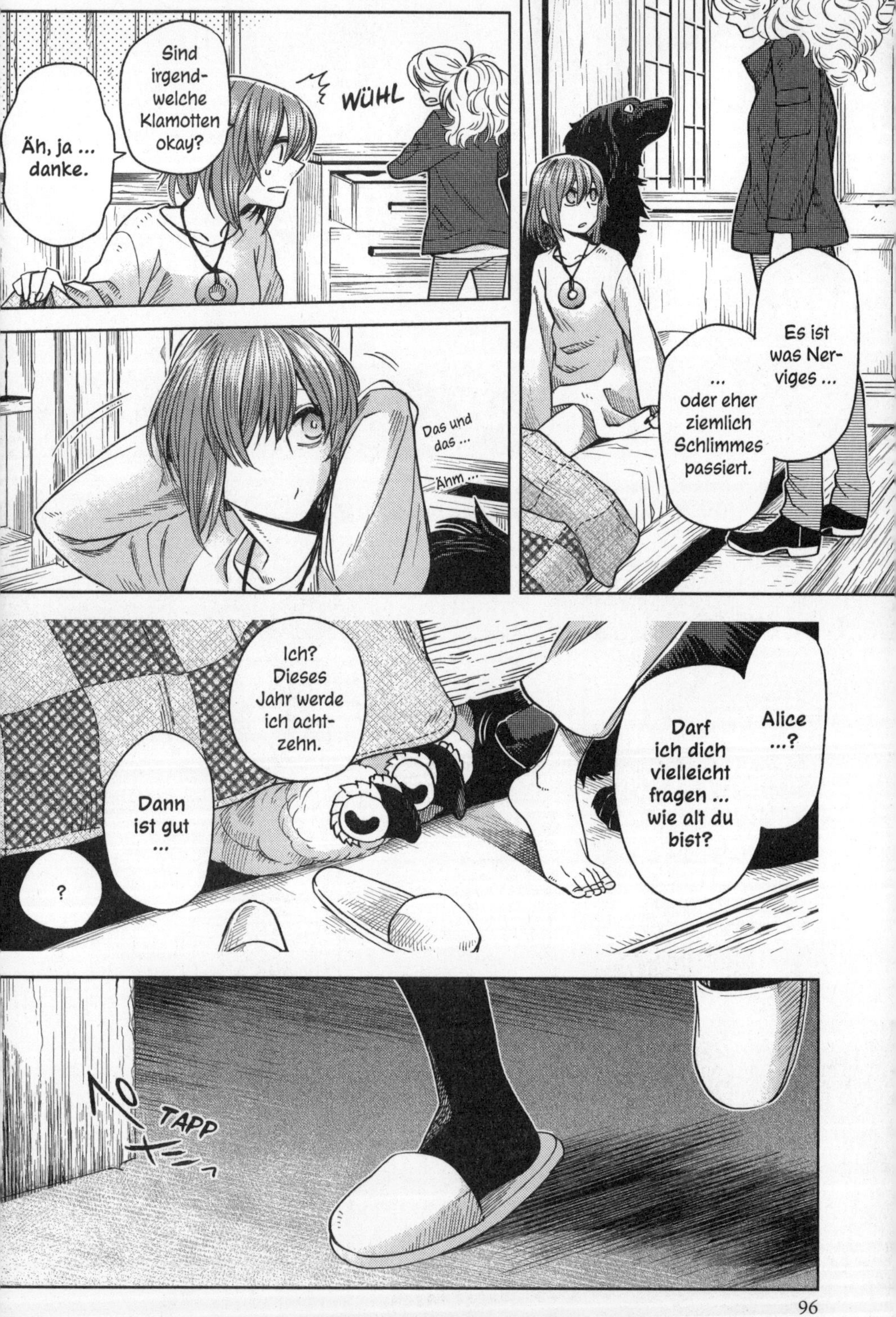
Es ist was Nerviges ...
... oder eher ziemlich Schlimmes passiert.
Sind irgendwelche Klamotten okay?
WÜHL
Äh, ja ... danke.
Das und das ...
Ähm ...
Alice ...?
Darf ich dich vielleicht fragen ... wie alt du bist?
Ich? Dieses Jahr werde ich achtzehn.
Dann ist gut ...
?
TAPP

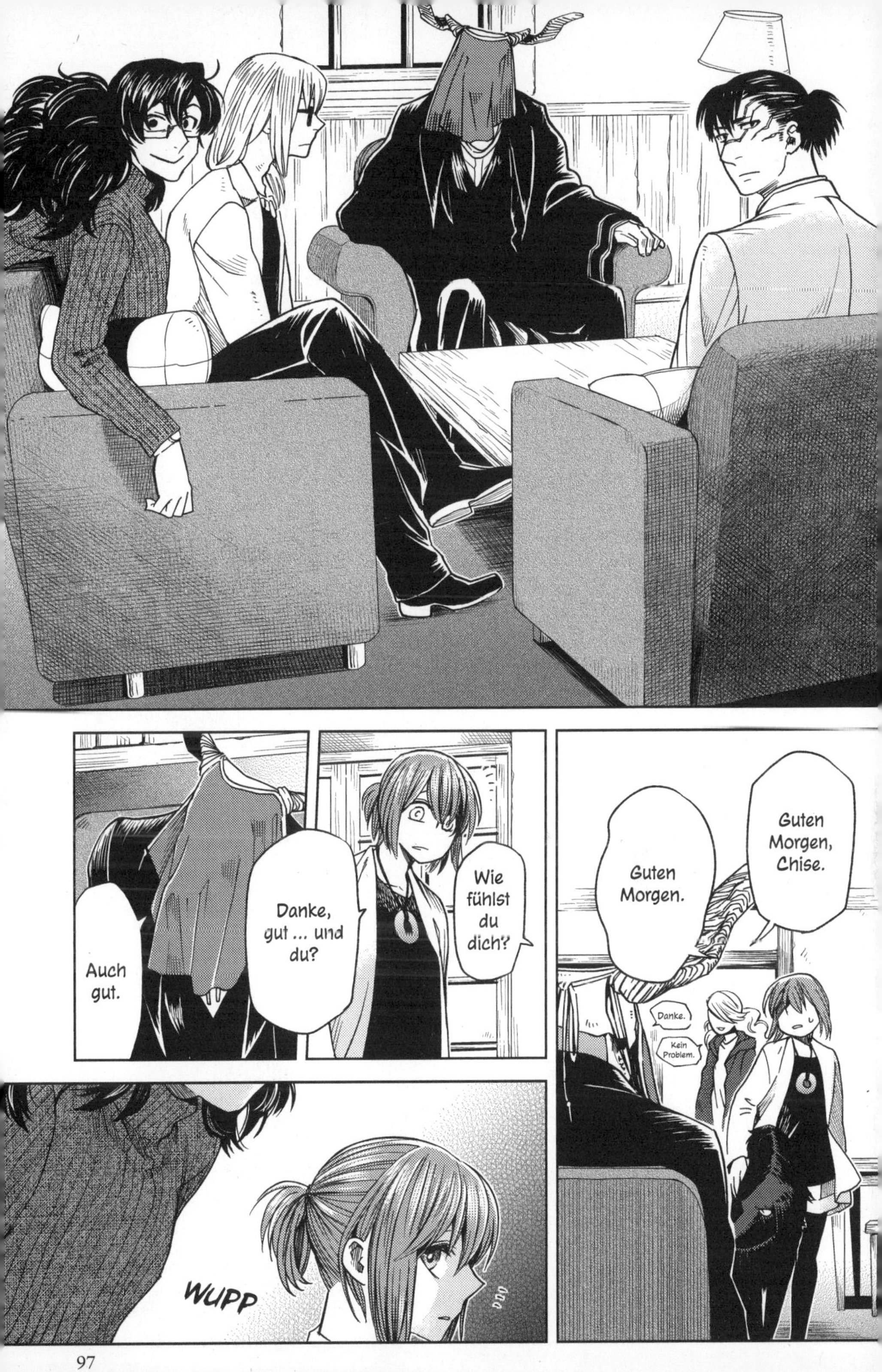
Guten Morgen, Chise.
Guten Morgen.
Danke.
Kein Problem.
Wie fühlst du dich?
Danke, gut ... und du?
Auch gut.
WUPP

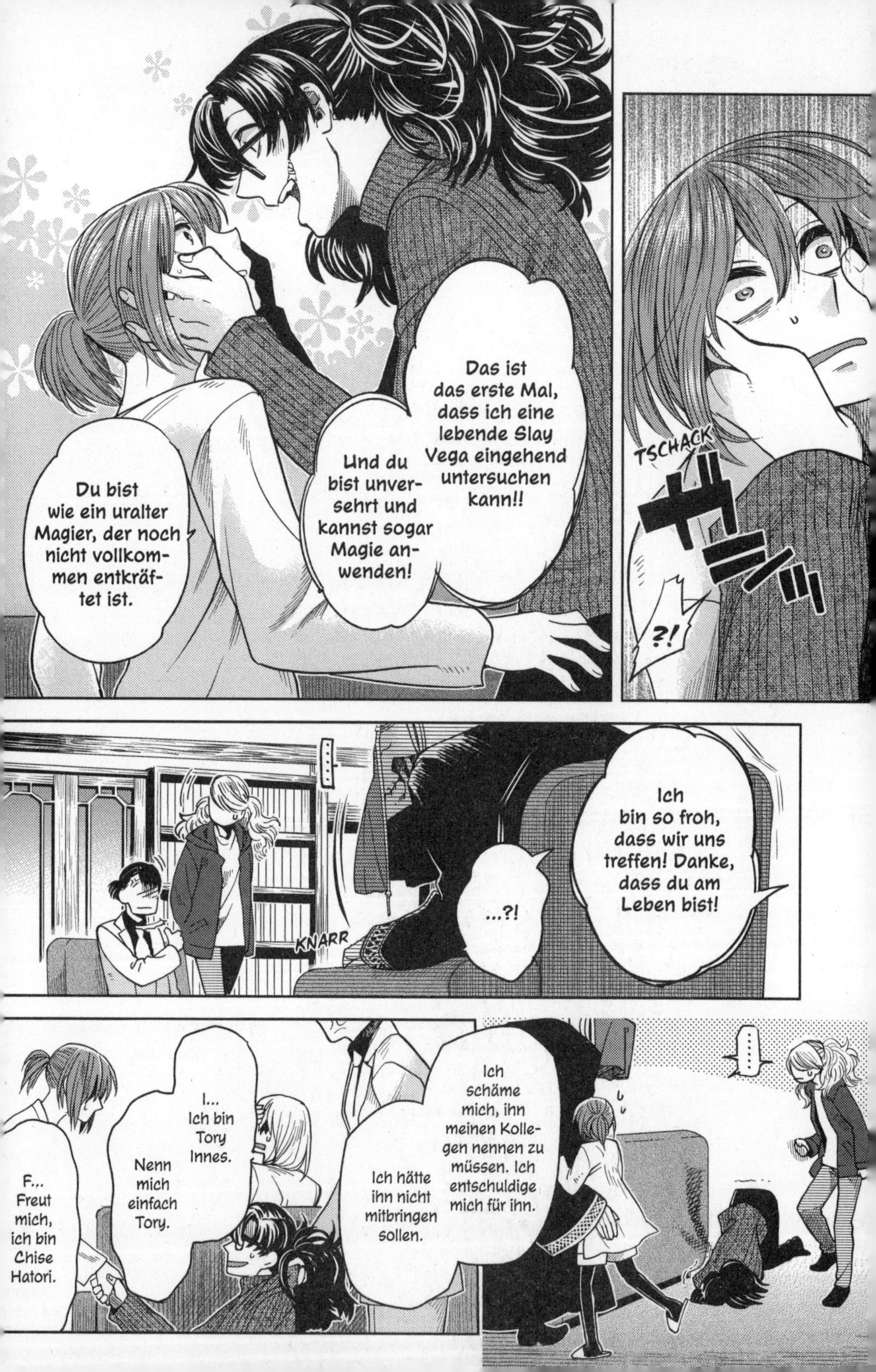

TSCHACK
?!
Das ist das erste Mal, dass ich eine lebende Slay Vega eingehend untersuchen kann!!
Und du bist unversehrt und kannst sogar Magie anwenden!
Du bist wie ein uralter Magier, der noch nicht vollkommen entkräftet ist.
Ich bin so froh, dass wir uns treffen! Danke, dass du am Leben bist!
...?!
KNARR
......
......
Ich schäme mich, ihn meinen Kollegen nennen zu müssen. Ich entschuldige mich für ihn.
Ich hätte ihn nicht mitbringen sollen.
I... Ich bin Tory Innes.
Nenn mich einfach Tory.
F... Freut mich, ich bin Chise Hatori.

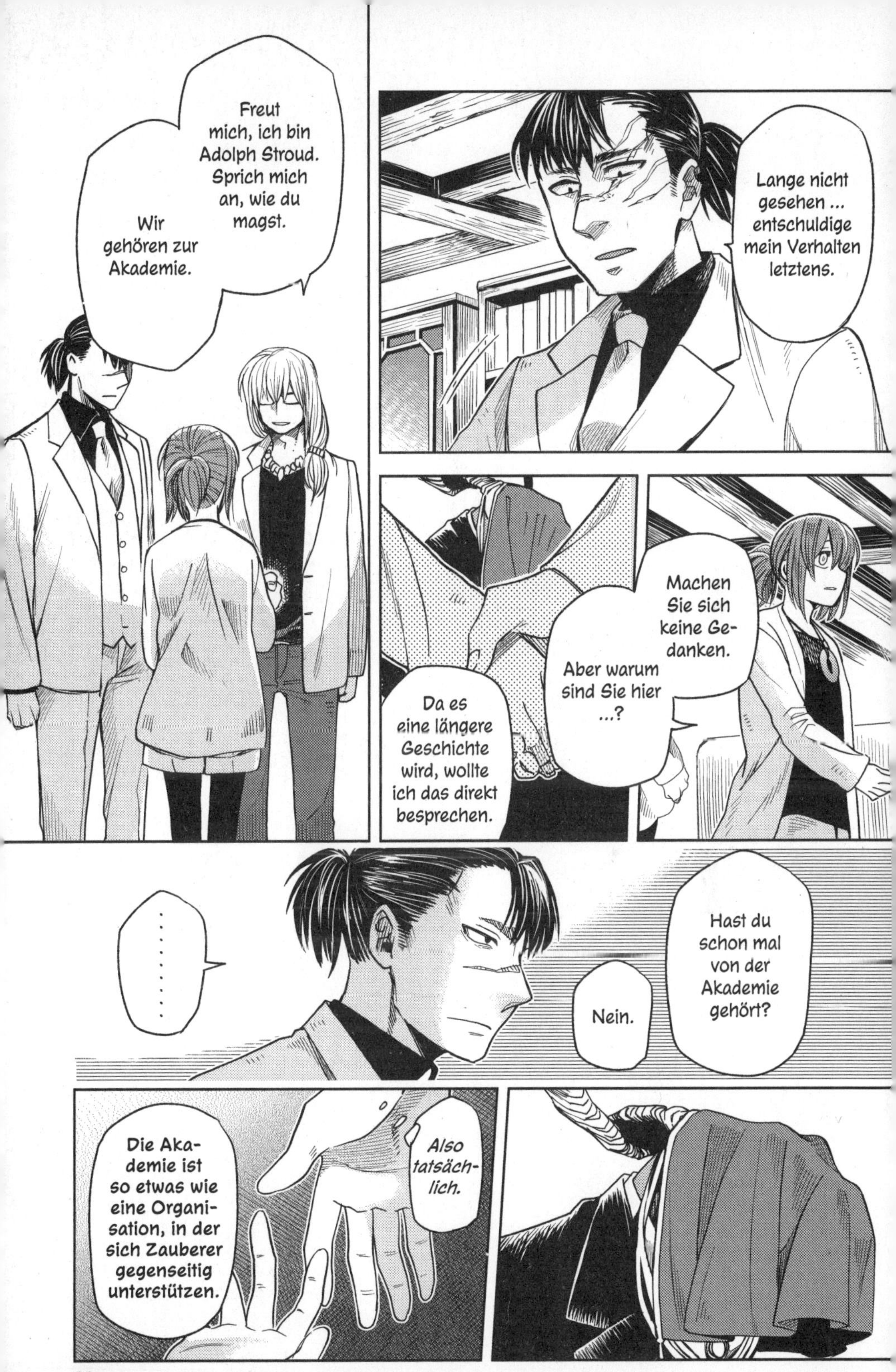
Lange nicht gesehen ... entschuldige mein Verhalten letztens.
Freut mich, ich bin Adolph Stroud. Sprich mich an, wie du magst.
Wir gehören zur Akademie.
Machen Sie sich keine Gedanken.
Aber warum sind Sie hier ...?
Da es eine längere Geschichte wird, wollte ich das direkt besprechen.
Hast du schon mal von der Akademie gehört?
Nein.
.......
Also tatsächlich.
Die Akademie ist so etwas wie eine Organisation, in der sich Zauberer gegenseitig unterstützen.

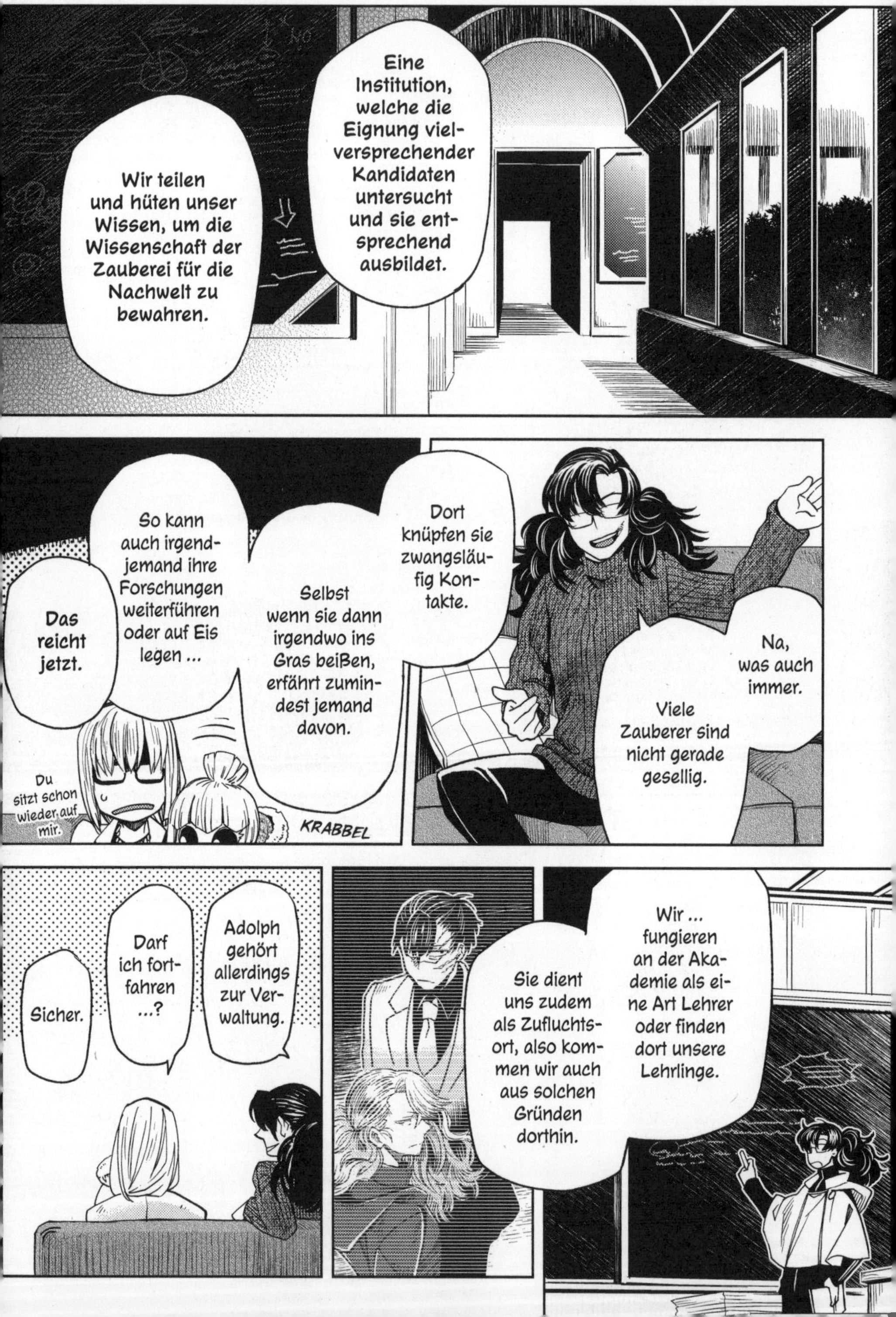
Eine Institution, welche die Eignung viel-versprechender Kandidaten untersucht und sie ent-sprechend ausbildet.
Wir teilen und hüten unser Wissen, um die Wissenschaft der Zauberei für die Nachwelt zu bewahren.
Na, was auch immer.
Viele Zauberer sind nicht gerade gesellig.
Dort knüpfen sie zwangsläu-fig Kon-takte.
Selbst wenn sie dann irgendwo ins Gras beißen, erfährt zumin-dest jemand davon.
So kann auch irgend-jemand ihre Forschungen weiterführen oder auf Eis legen ...
Das reicht jetzt.
KRABBEL
Du sitzt schon wieder auf mir.
Wir ... fungieren an der Aka-demie als ei-ne Art Lehrer oder finden dort unsere Lehrlinge.
Sie dient uns zudem als Zufluchts-ort, also kom-men wir auch aus solchen Gründen dorthin.
Adolph gehört allerdings zur Ver-waltung.
Darf ich fort-fahren ...?
Sicher.

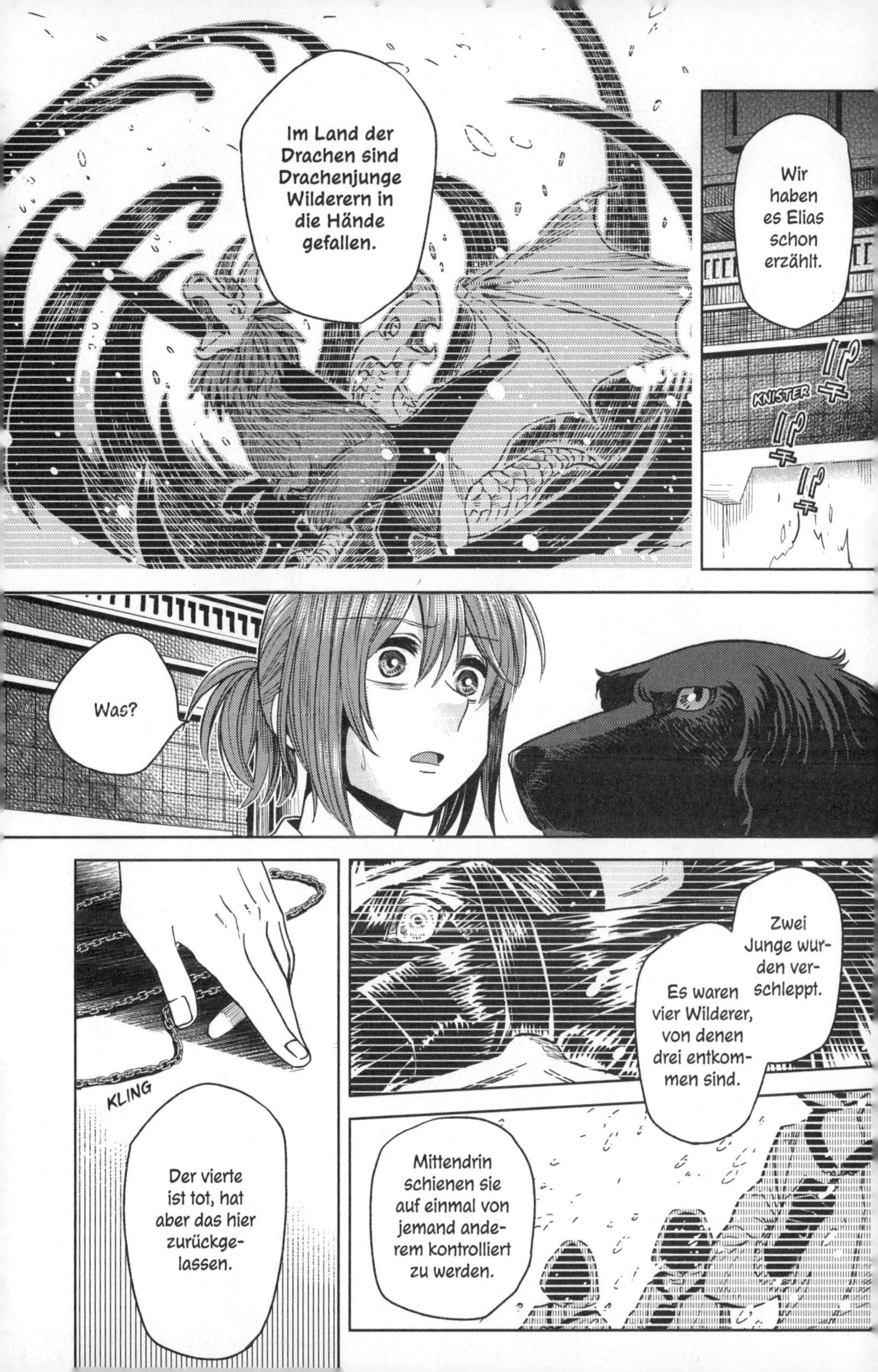
Wir haben es Elias schon erzählt.
KNISTER
Im Land der Drachen sind Drachenjunge Wilderern in die Hände gefallen.
Was?
Zwei Junge wurden verschleppt.
Es waren vier Wilderer, von denen drei entkommen sind.
Mittendrin schienen sie auf einmal von jemand anderem kontrolliert zu werden.
KLING
Der vierte ist tot, hat aber das hier zurückgelassen.

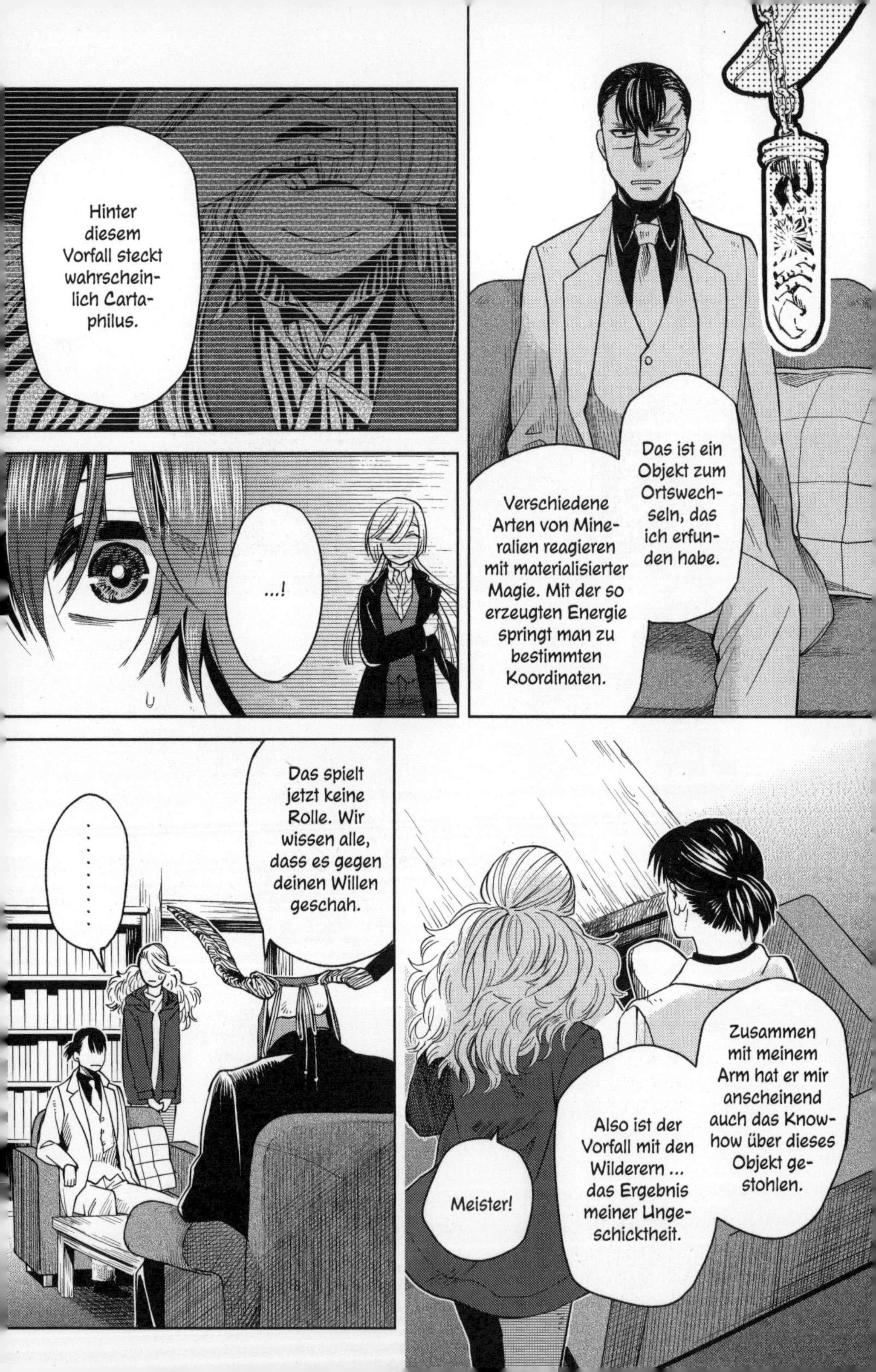
Das ist ein Objekt zum Ortswechseln, das ich erfunden habe.
Verschiedene Arten von Mineralien reagieren mit materialisierter Magie. Mit der so erzeugten Energie springt man zu bestimmten Koordinaten.
Hinter diesem Vorfall steckt wahrscheinlich Cartaphilus.
...!
Zusammen mit meinem Arm hat er mir anscheinend auch das Knowhow über dieses Objekt gestohlen.
Also ist der Vorfall mit den Wilderern ... das Ergebnis meiner Ungeschicktheit.
Meister!
Das spielt jetzt keine Rolle. Wir wissen alle, dass es gegen deinen Willen geschah.
.......

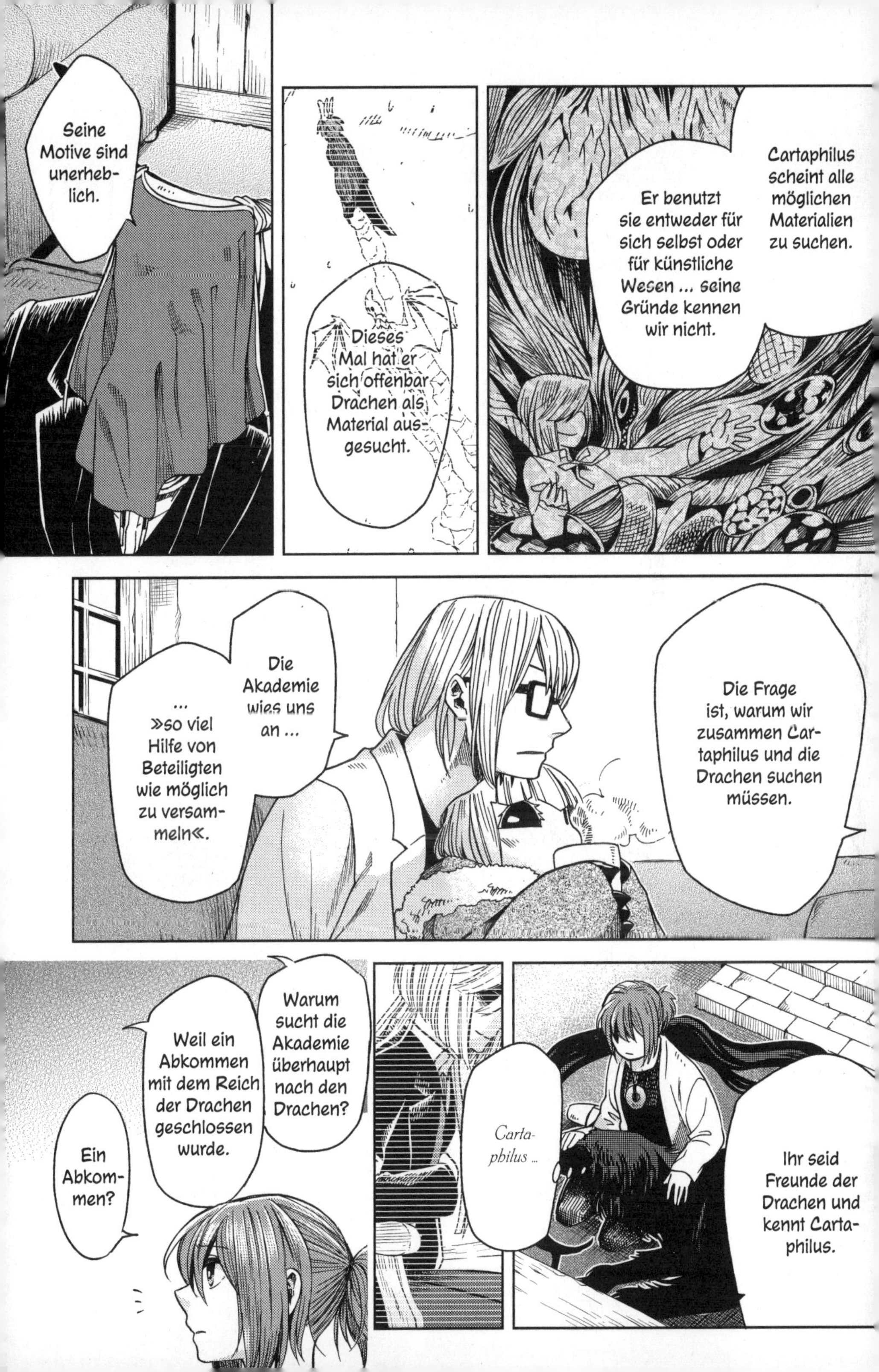
Cartaphilus scheint alle möglichen Materialien zu suchen.
Er benutzt sie entweder für sich selbst oder für künstliche Wesen ... seine Gründe kennen wir nicht.
Dieses Mal hat er sich offenbar Drachen als Material ausgesucht.
Seine Motive sind unerheblich.
Die Frage ist, warum wir zusammen Cartaphilus und die Drachen suchen müssen.
Die Akademie wies uns an ...
... »so viel Hilfe von Beteiligten wie möglich zu versammeln«.
Ihr seid Freunde der Drachen und kennt Cartaphilus.
Cartaphilus ...
Warum sucht die Akademie überhaupt nach den Drachen?
Weil ein Abkommen mit dem Reich der Drachen geschlossen wurde.
Ein Abkommen?

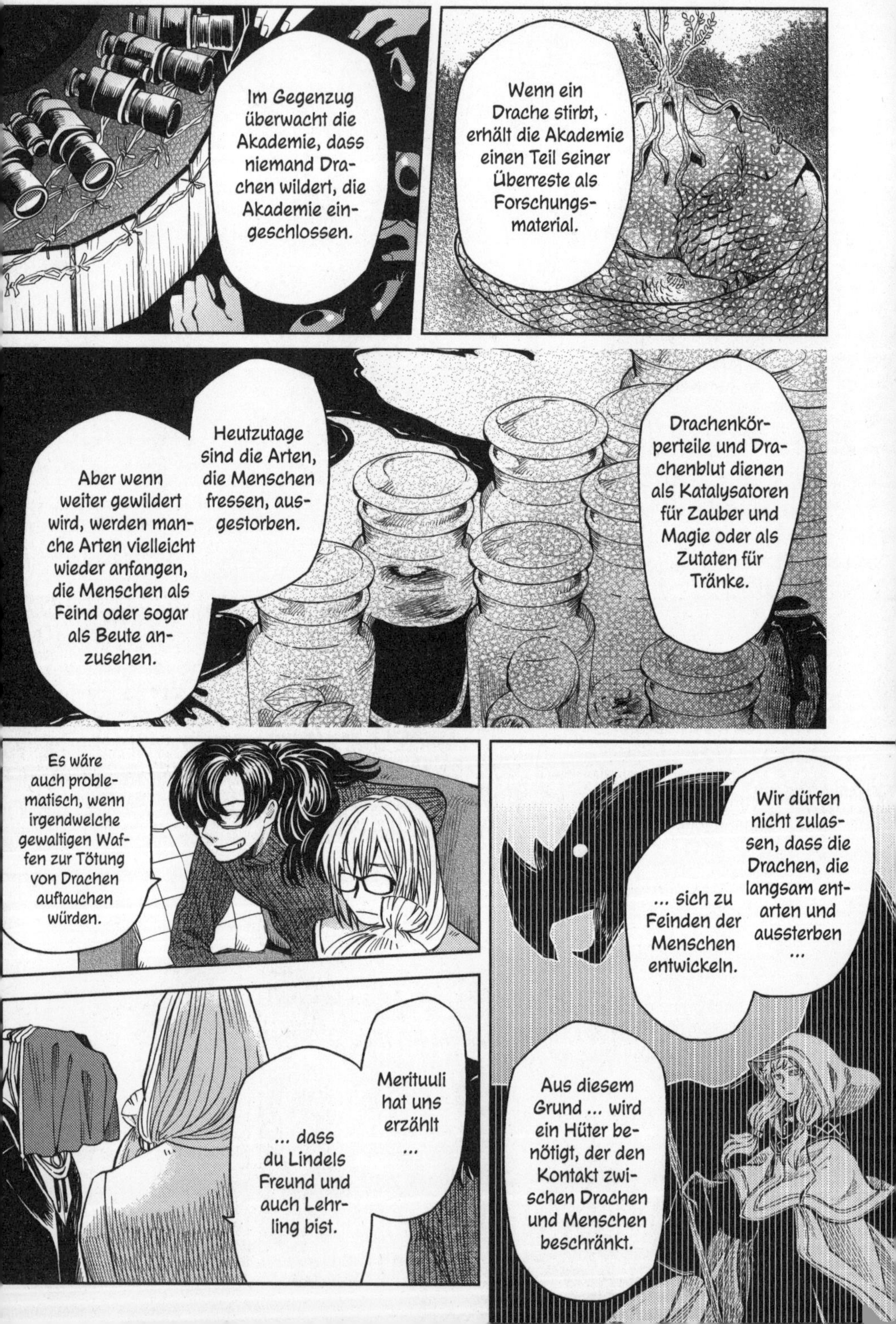
Wenn ein Drache stirbt, erhält die Akademie einen Teil seiner Überreste als Forschungsmaterial.
Im Gegenzug überwacht die Akademie, dass niemand Drachen wildert, die Akademie eingeschlossen.
Drachenkörperteile und Drachenblut dienen als Katalysatoren für Zauber und Magie oder als Zutaten für Tränke.
Heutzutage sind die Arten, die Menschen fressen, ausgestorben.
Aber wenn weiter gewildert wird, werden manche Arten vielleicht wieder anfangen, die Menschen als Feind oder sogar als Beute anzusehen.
Es wäre auch problematisch, wenn irgendwelche gewaltigen Waffen zur Tötung von Drachen auftauchen würden.
Wir dürfen nicht zulassen, dass die Drachen, die langsam entarten und aussterben ...
... sich zu Feinden der Menschen entwickeln.
Aus diesem Grund ... wird ein Hüter benötigt, der den Kontakt zwischen Drachen und Menschen beschränkt.
Merituuli hat uns erzählt ...
... dass du Lindels Freund und auch Lehrling bist.

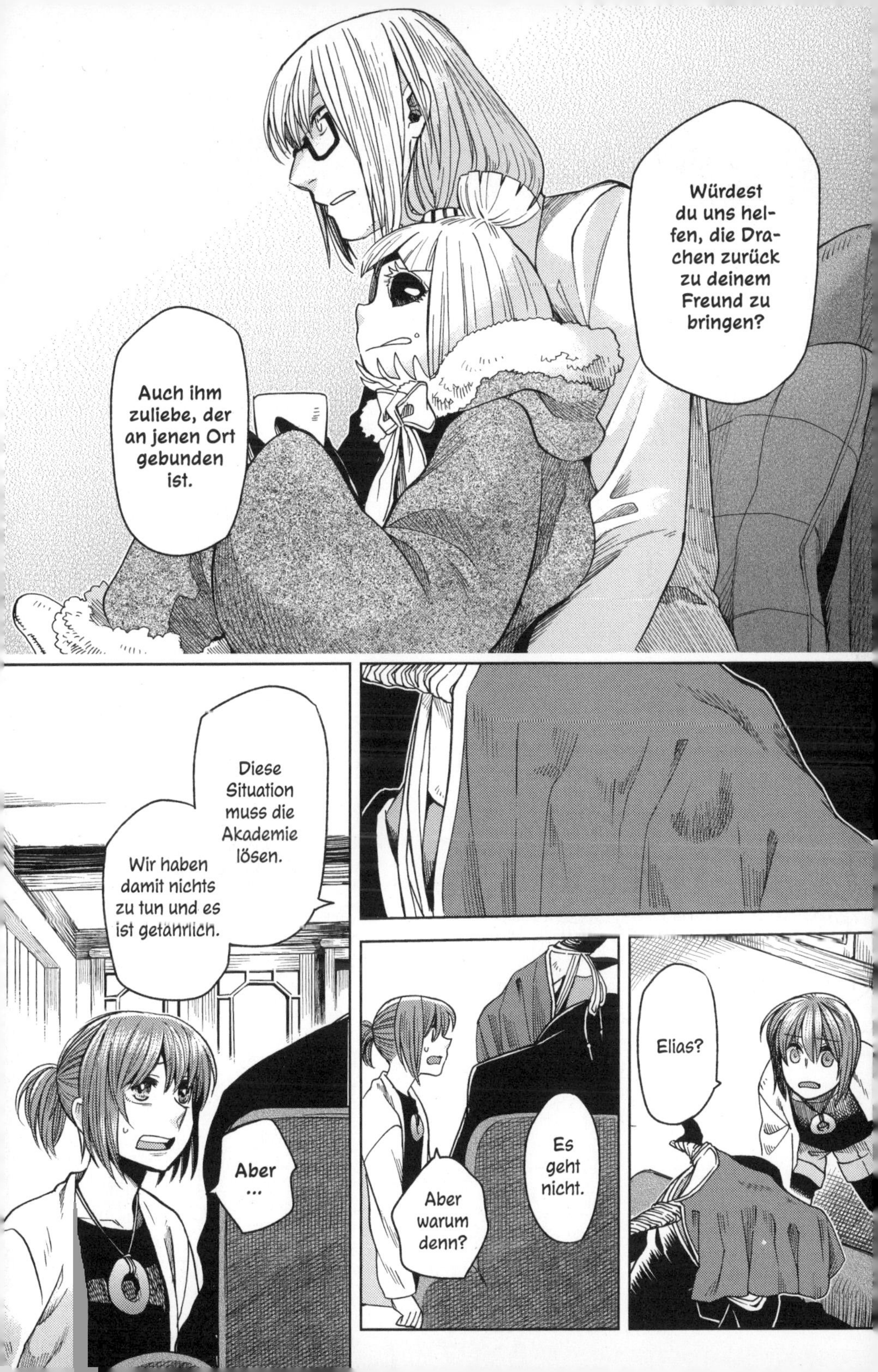
Würdest du uns helfen, die Drachen zurück zu deinem Freund zu bringen?
Auch ihm zuliebe, der an jenen Ort gebunden ist.
Elias?
Es geht nicht.
Aber warum denn?
Diese Situation muss die Akademie lösen.
Wir haben damit nichts zu tun und es ist gefährlich.
Aber ...

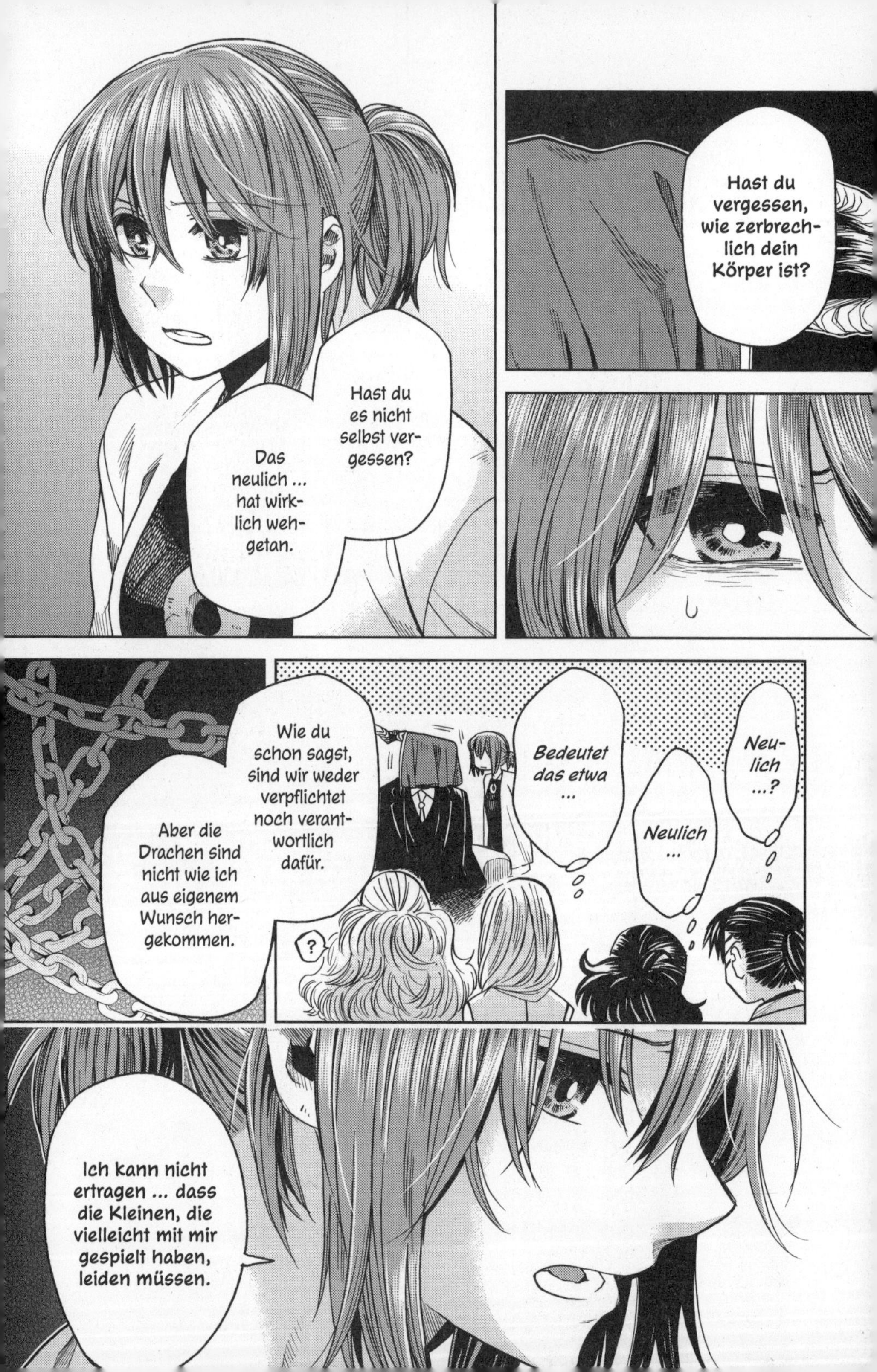

Hast du vergessen, wie zerbrechlich dein Körper ist?
Hast du es nicht selbst vergessen?
Das neulich ... hat wirklich wehgetan.
Neulich ...?
Neulich ...
Bedeutet das etwa ...
?
Wie du schon sagst, sind wir weder verpflichtet noch verantwortlich dafür.
Aber die Drachen sind nicht wie ich aus eigenem Wunsch hergekommen.
Ich kann nicht ertragen ... dass die Kleinen, die vielleicht mit mir gespielt haben, leiden müssen.

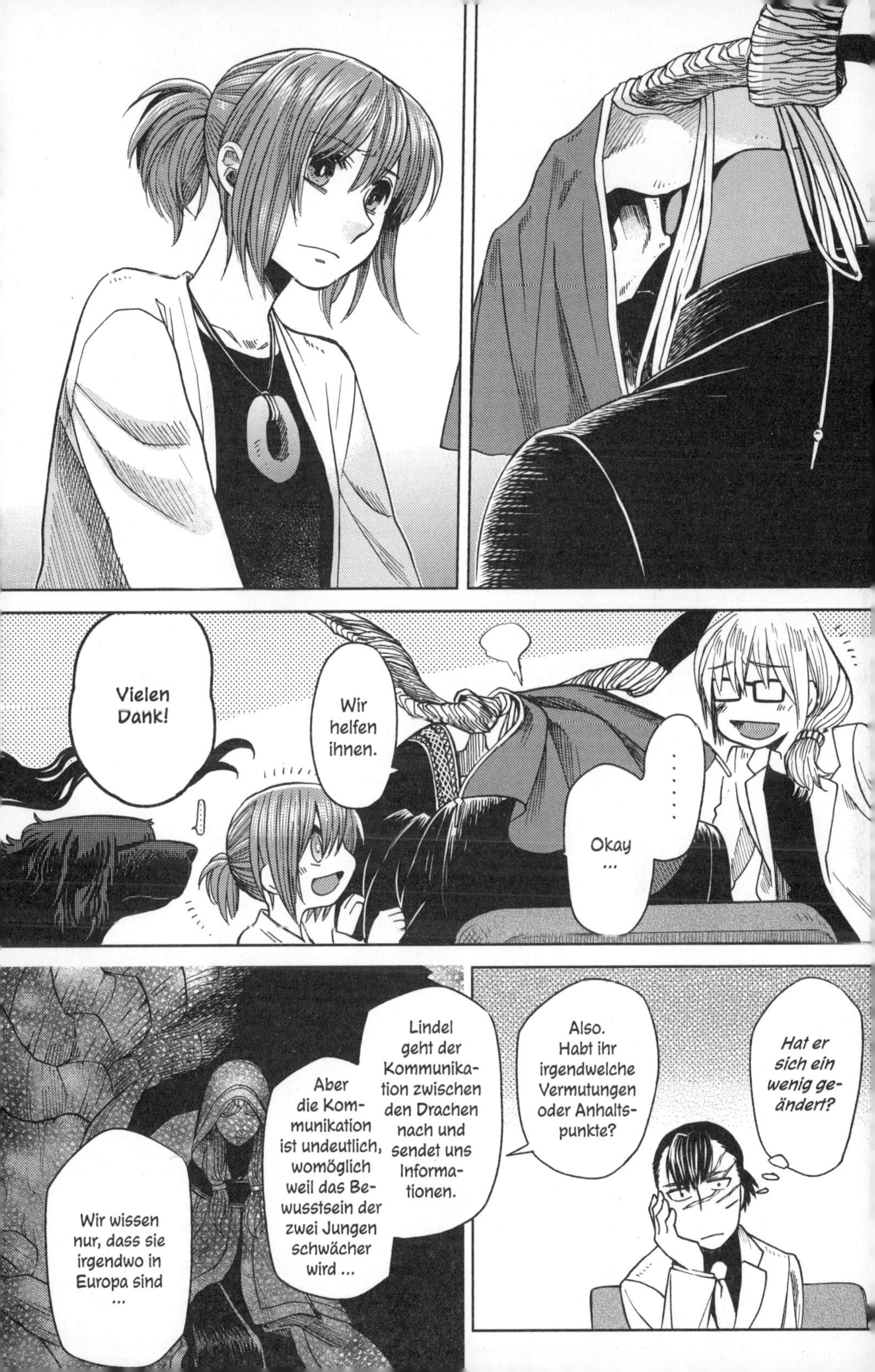

......
Okay ...
Wir helfen ihnen.
Vielen Dank!
Hat er sich ein wenig geändert?
Also. Habt ihr irgendwelche Vermutungen oder Anhaltspunkte?
Lindel geht der Kommunikation zwischen den Drachen nach und sendet uns Informationen.
Aber die Kommunikation ist undeutlich, womöglich weil das Bewusstsein der zwei Jungen schwächer wird ...
Wir wissen nur, dass sie irgendwo in Europa sind ...

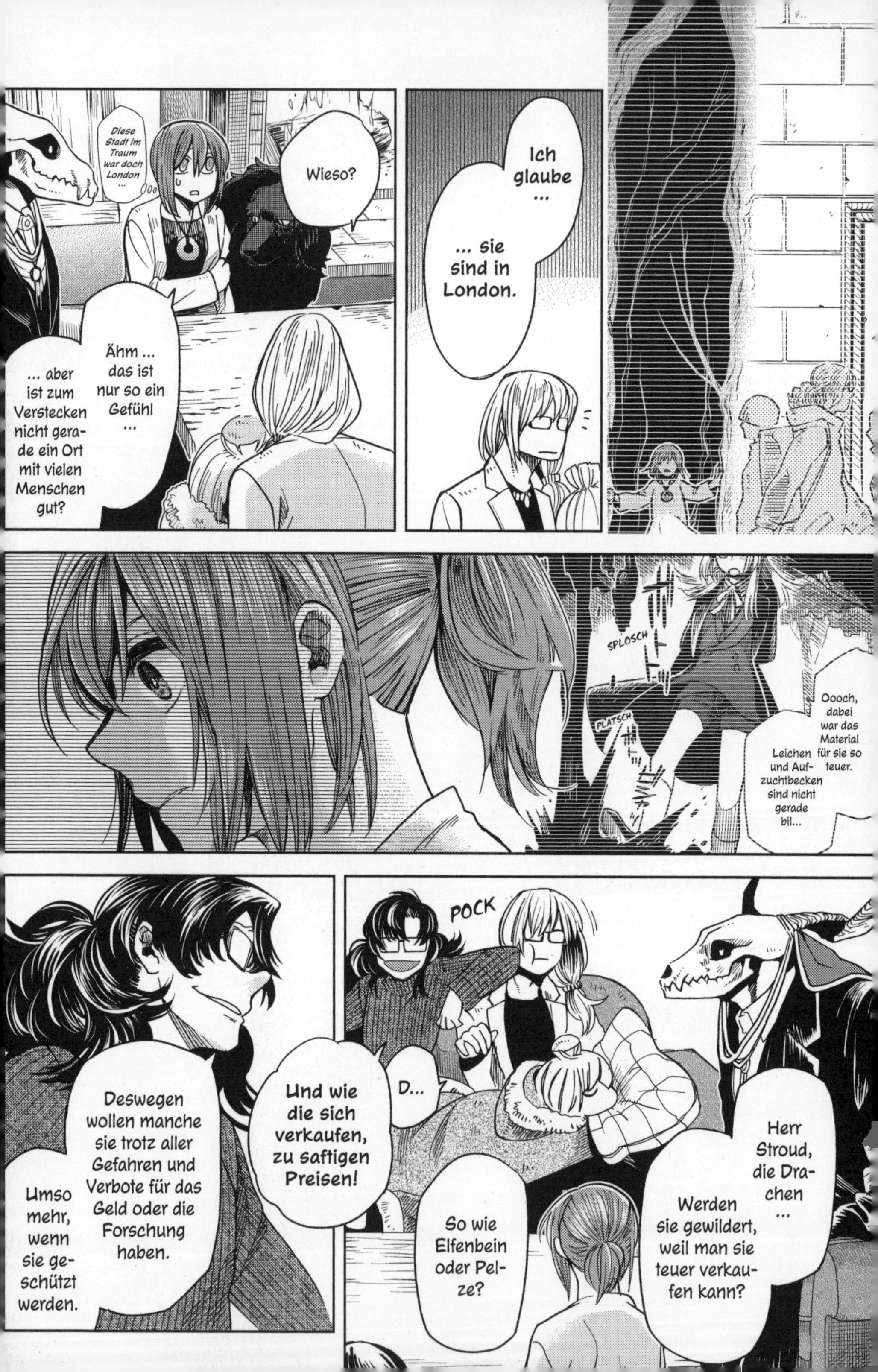
Ich glaube ...
... sie sind in London.
Wieso?
Ähm ... das ist nur so ein Gefühl ...
Diese Stadt im Traum war doch London ...
... aber ist zum Verstecken nicht gerade ein Ort mit vielen Menschen gut?
SPLOSCH
PLATSCH
Oooch, dabei war das Material für sie so teuer.
Leichen und Aufzuchtbecken sind nicht gerade bil...
Herr Stroud, die Drachen ...
Werden sie gewildert, weil man sie teuer verkaufen kann?
So wie Elfenbein oder Pelze?
POCK
D...
Und wie die sich verkaufen, zu saftigen Preisen!
Deswegen wollen manche sie trotz aller Gefahren und Verbote für das Geld oder die Forschung haben.
Umso mehr, wenn sie geschützt werden.

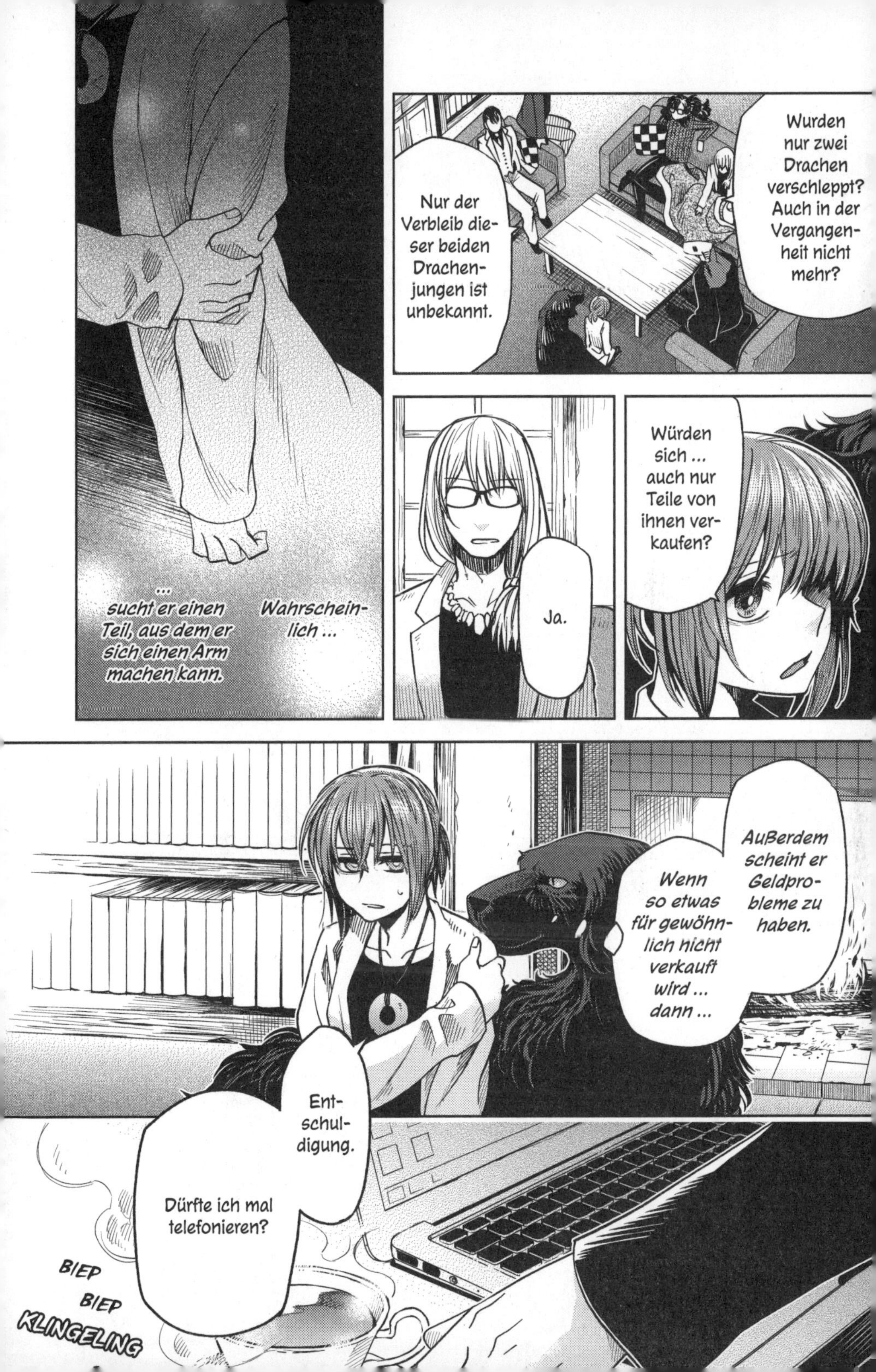

Wurden nur zwei Drachen verschleppt? Auch in der Vergangenheit nicht mehr?
Nur der Verbleib dieser beiden Drachenjungen ist unbekannt.
Würden sich ... auch nur Teile von ihnen verkaufen?
Ja.
Wahrscheinlich ...
... sucht er einen Teil, aus dem er sich einen Arm machen kann.
Außerdem scheint er Geldprobleme zu haben.
Wenn so etwas für gewöhnlich nicht verkauft wird ... dann ...
Entschuldigung.
Dürfte ich mal telefonieren?
BIEP
BIEP
KLINGELING

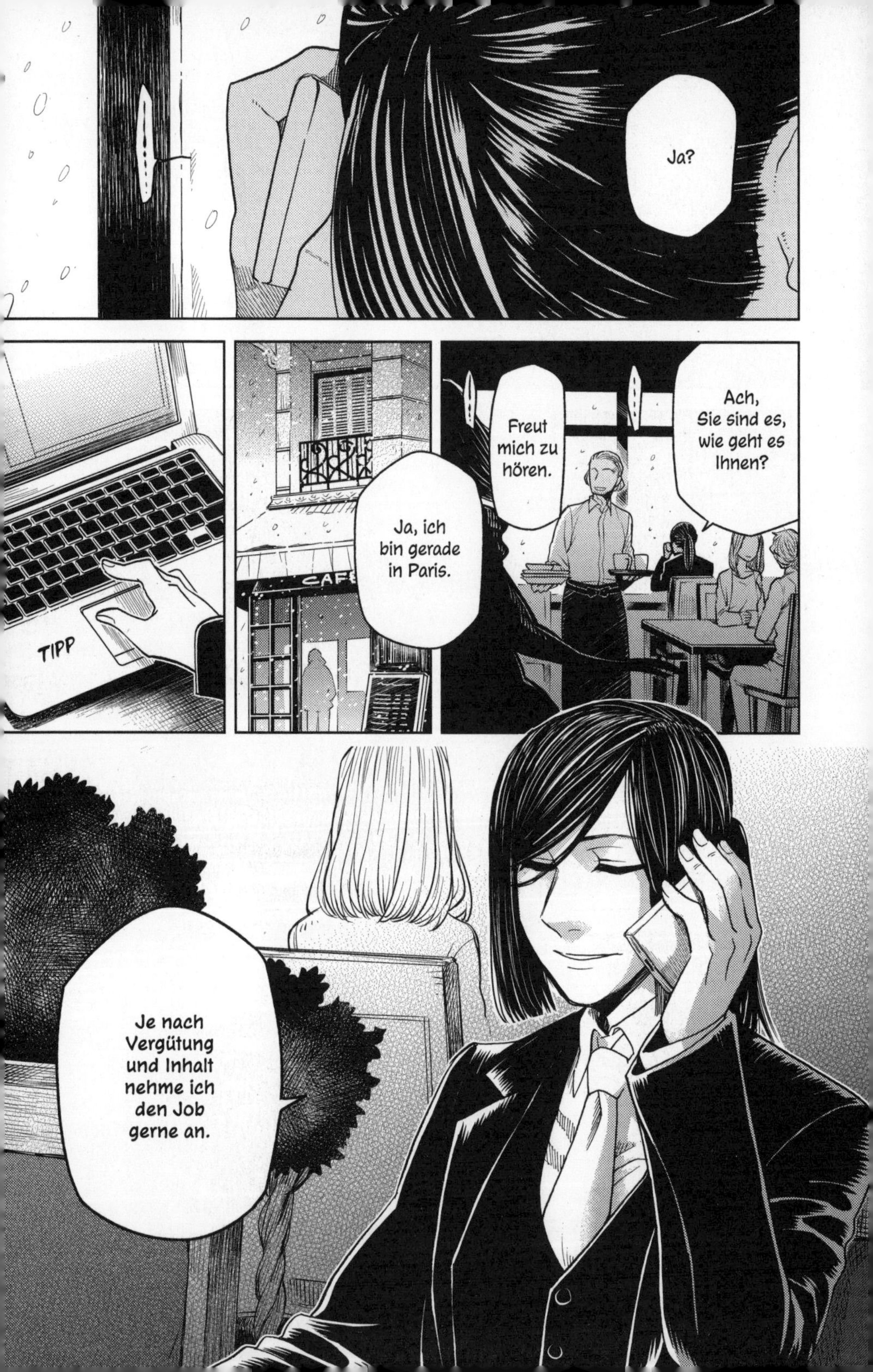
Ja?
Ach, Sie sind es, wie geht es Ihnen?
Freut mich zu hören.
Ja, ich bin gerade in Paris.
CAFE
TIPP
Je nach Vergütung und Inhalt nehme ich den Job gerne an.

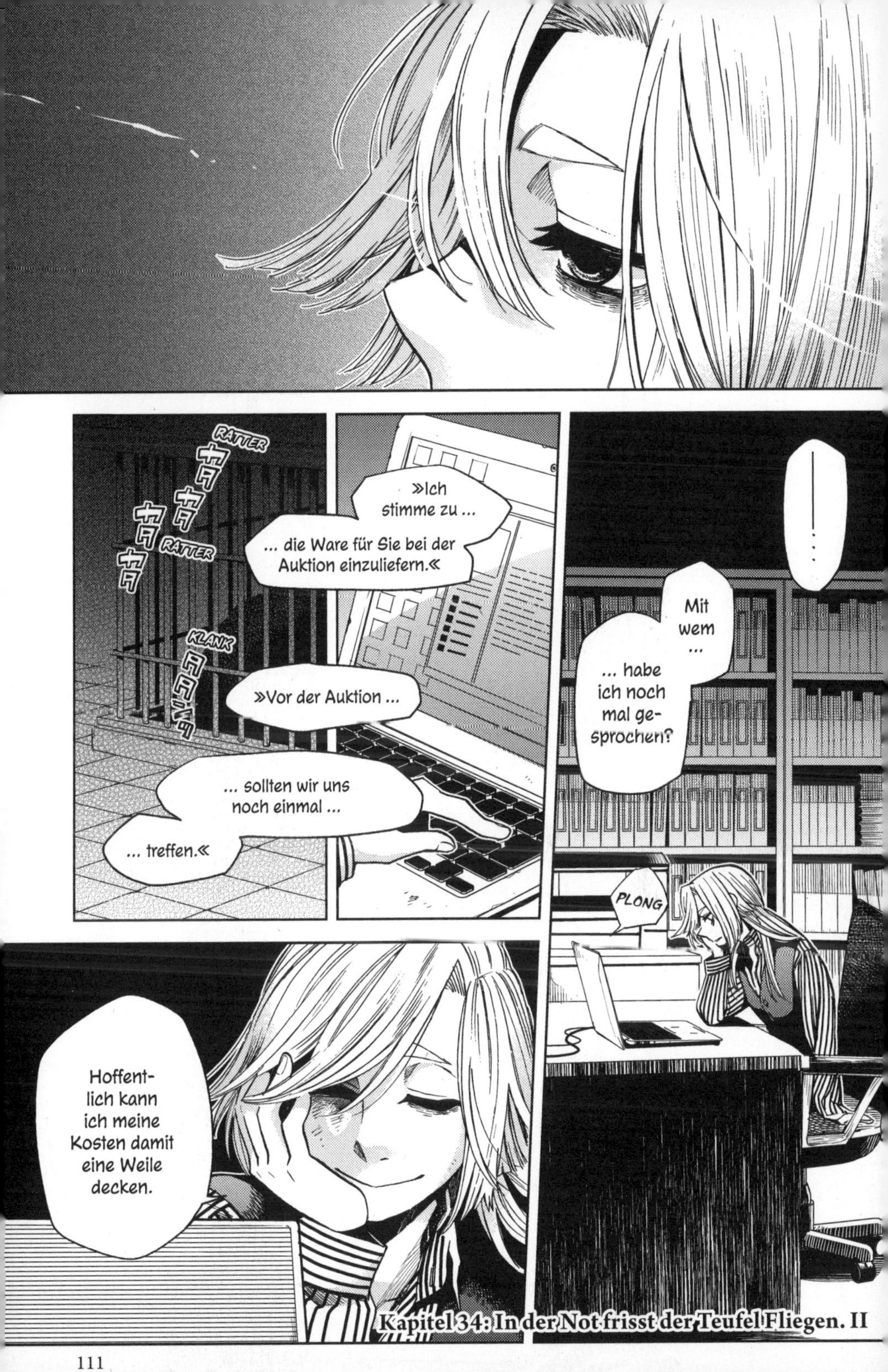
—!…
Mit wem ...
... habe ich noch mal gesprochen?
PLONG
»Ich stimme zu ...
... die Ware für Sie bei der Auktion einzuliefern.«
»Vor der Auktion ...
... sollten wir uns noch einmal ...
... treffen.«
RATTER
RATTER
KLANK
Hoffentlich kann ich meine Kosten damit eine Weile decken.
Kapitel 34: In der Not frisst der Teufel Fliegen. II

# Kapitel 34: In der Not frisst der Teufel Fliegen. II

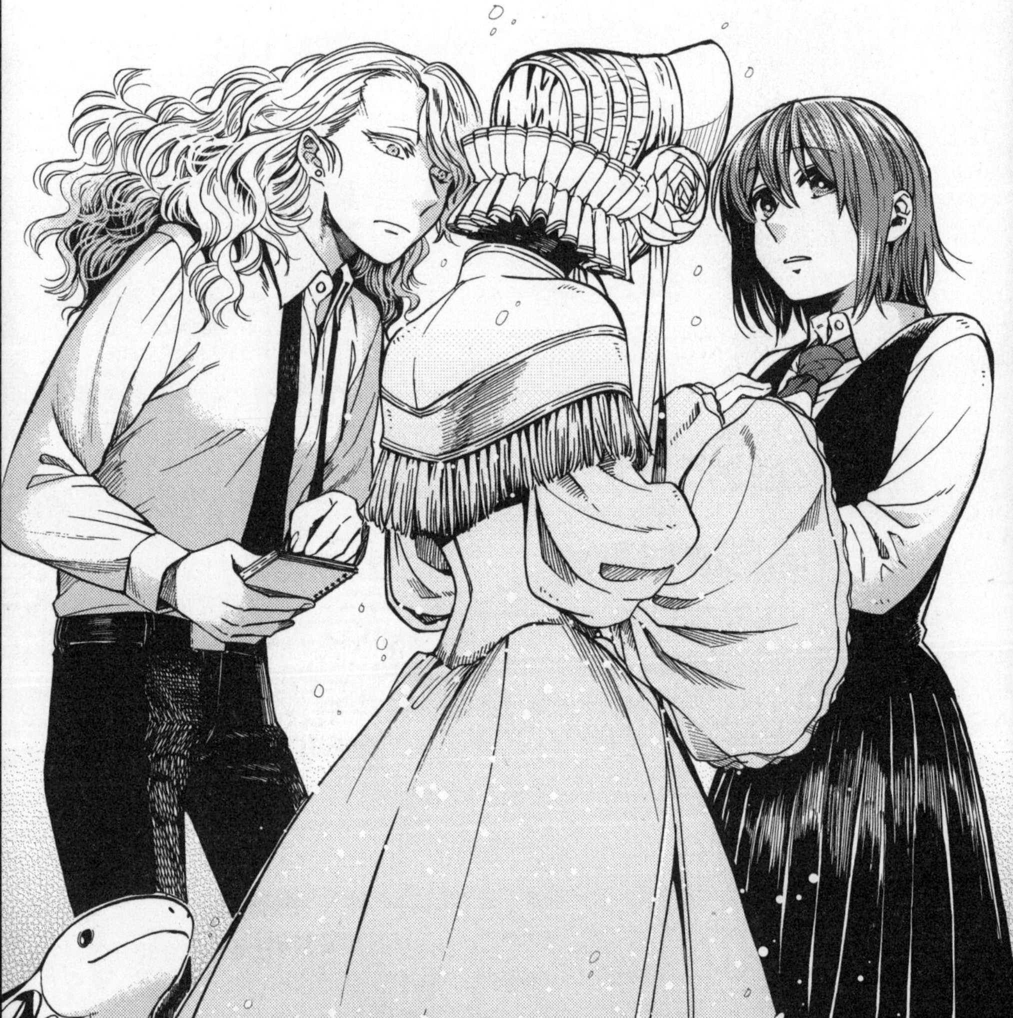

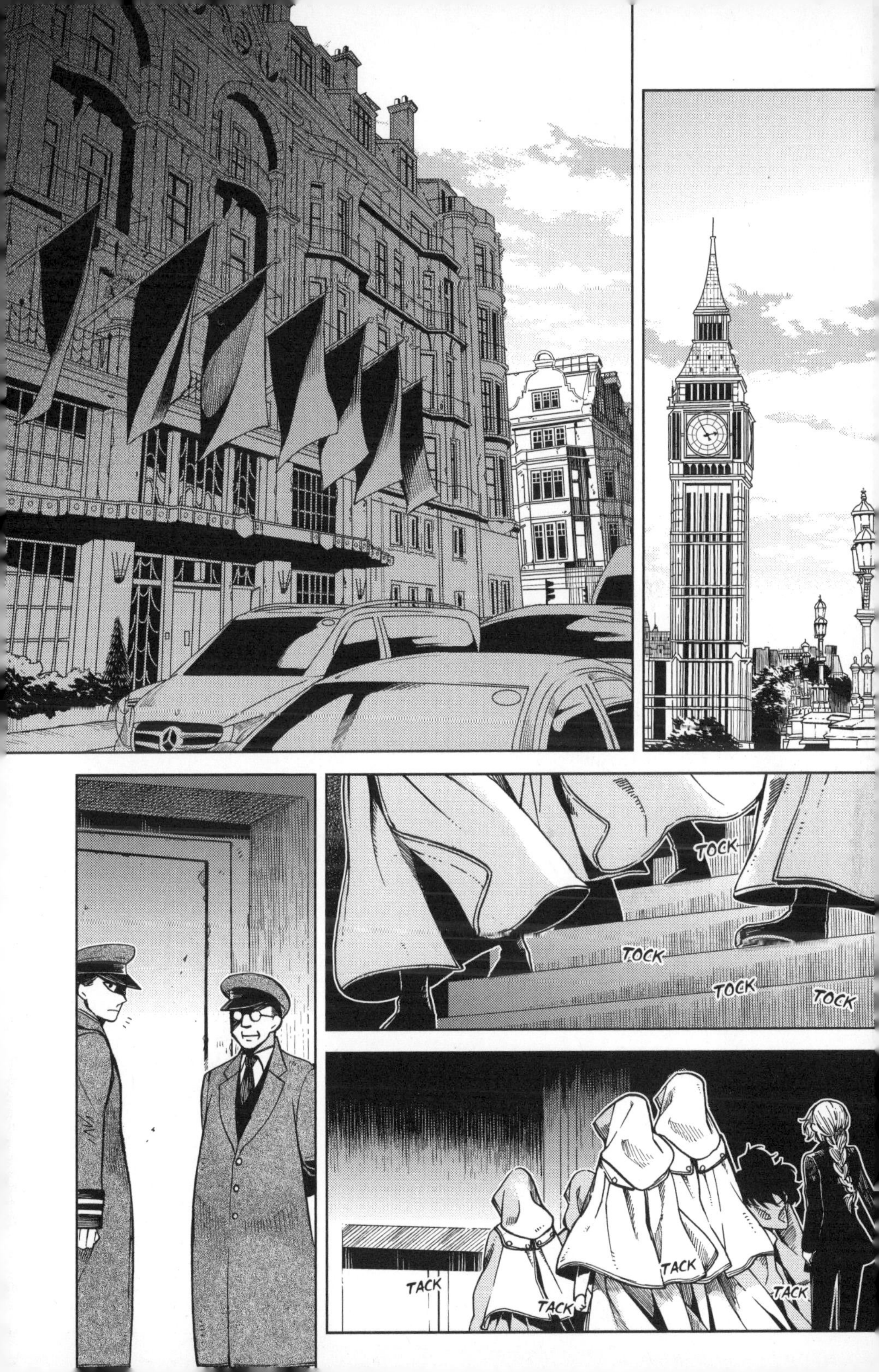
TOCK
TOCK
TOCK
TOCK
TACK
TACK
TACK
TACK

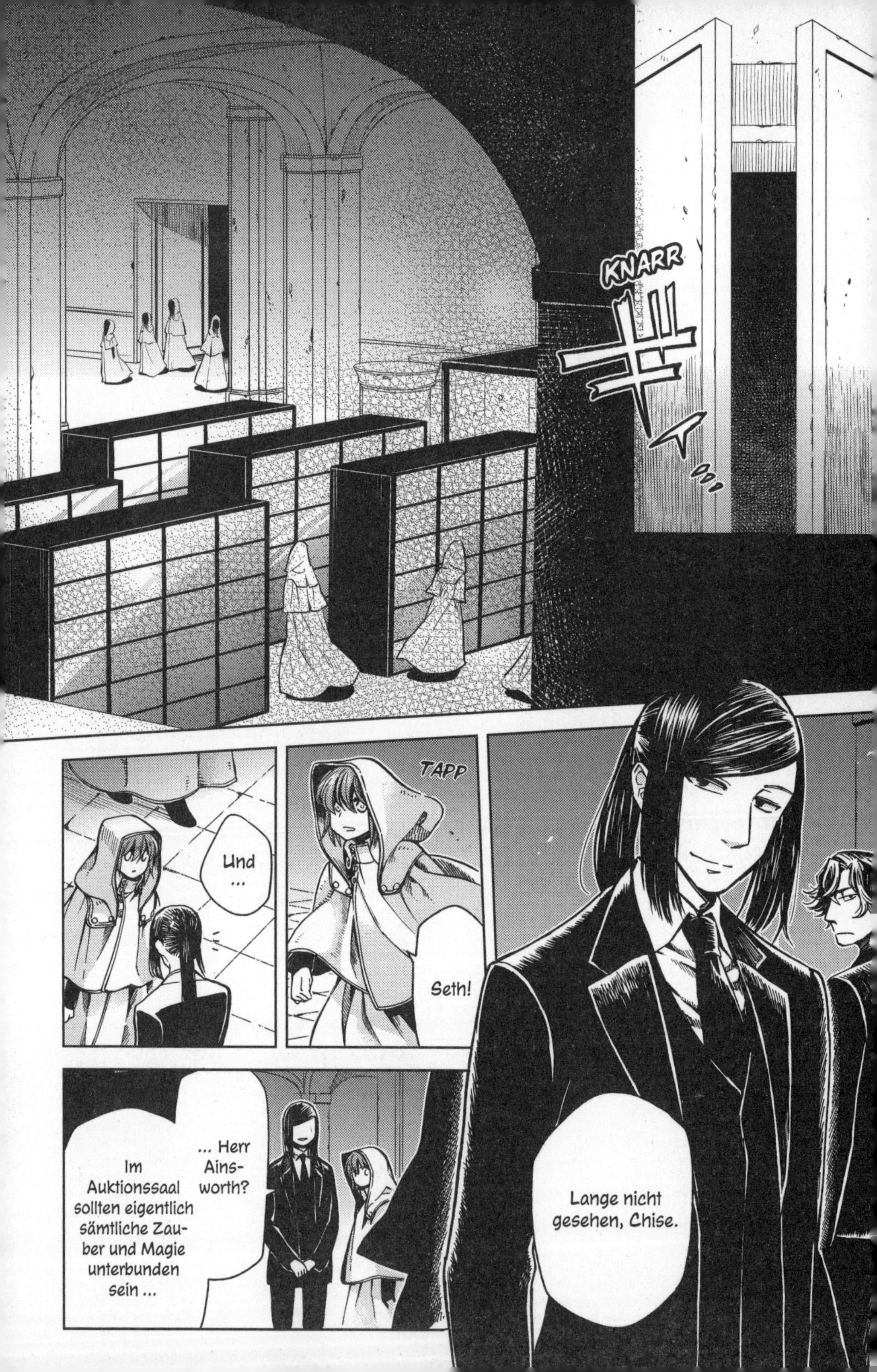
KNARR
ギィ…
TAPP
Seth!
Und …
Lange nicht gesehen, Chise.
… Herr Ains-worth?
Im Auktionssaal sollten eigentlich sämtliche Zau-ber und Magie unterbunden sein …

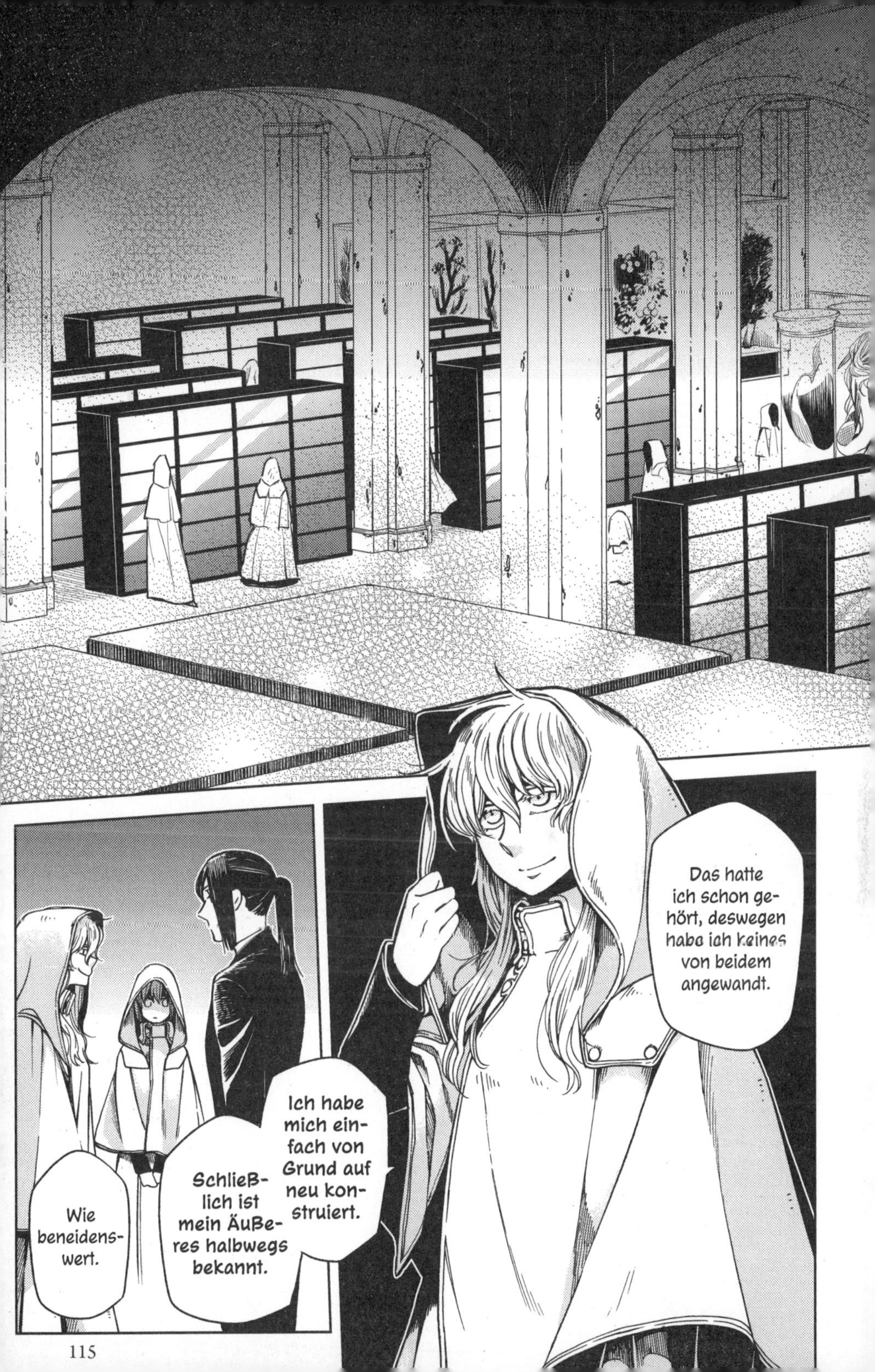
Das hatte ich schon gehört, deswegen habe ich keines von beidem angewandt.
Ich habe mich einfach von Grund auf neu konstruiert.
Schließlich ist mein Äußeres halbwegs bekannt.
Wie beneidenswert.

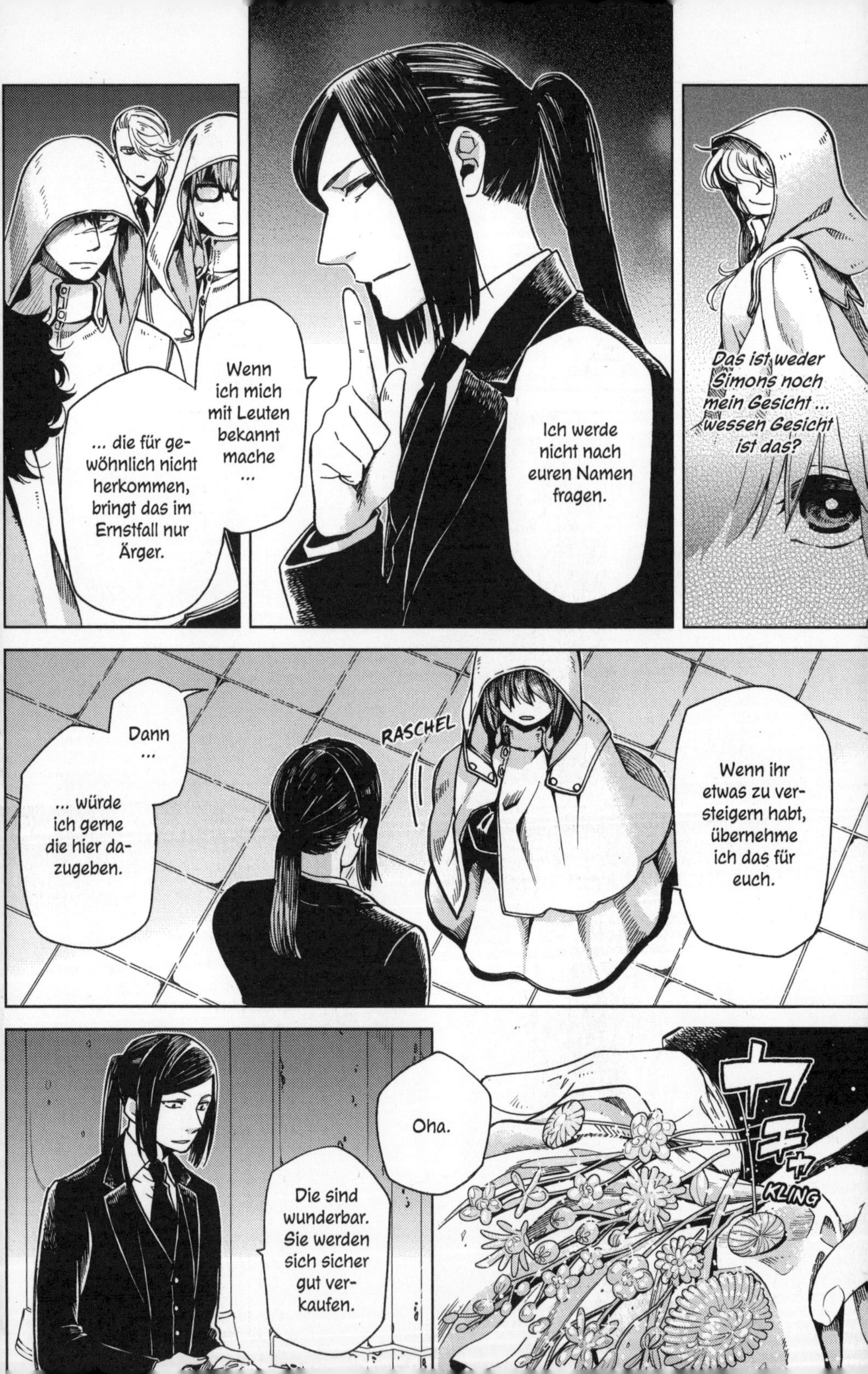

Das ist weder Simons noch mein Gesicht ... wessen Gesicht ist das?
Ich werde nicht nach euren Namen fragen.
Wenn ich mich mit Leuten bekannt mache ...
... die für gewöhnlich nicht herkommen, bringt das im Ernstfall nur Ärger.
Wenn ihr etwas zu versteigern habt, übernehme ich das für euch.
RASCHEL
Dann ...
... würde ich gerne die hier dazugeben.
KLING
Oha.
Die sind wunderbar. Sie werden sich sicher gut verkaufen.

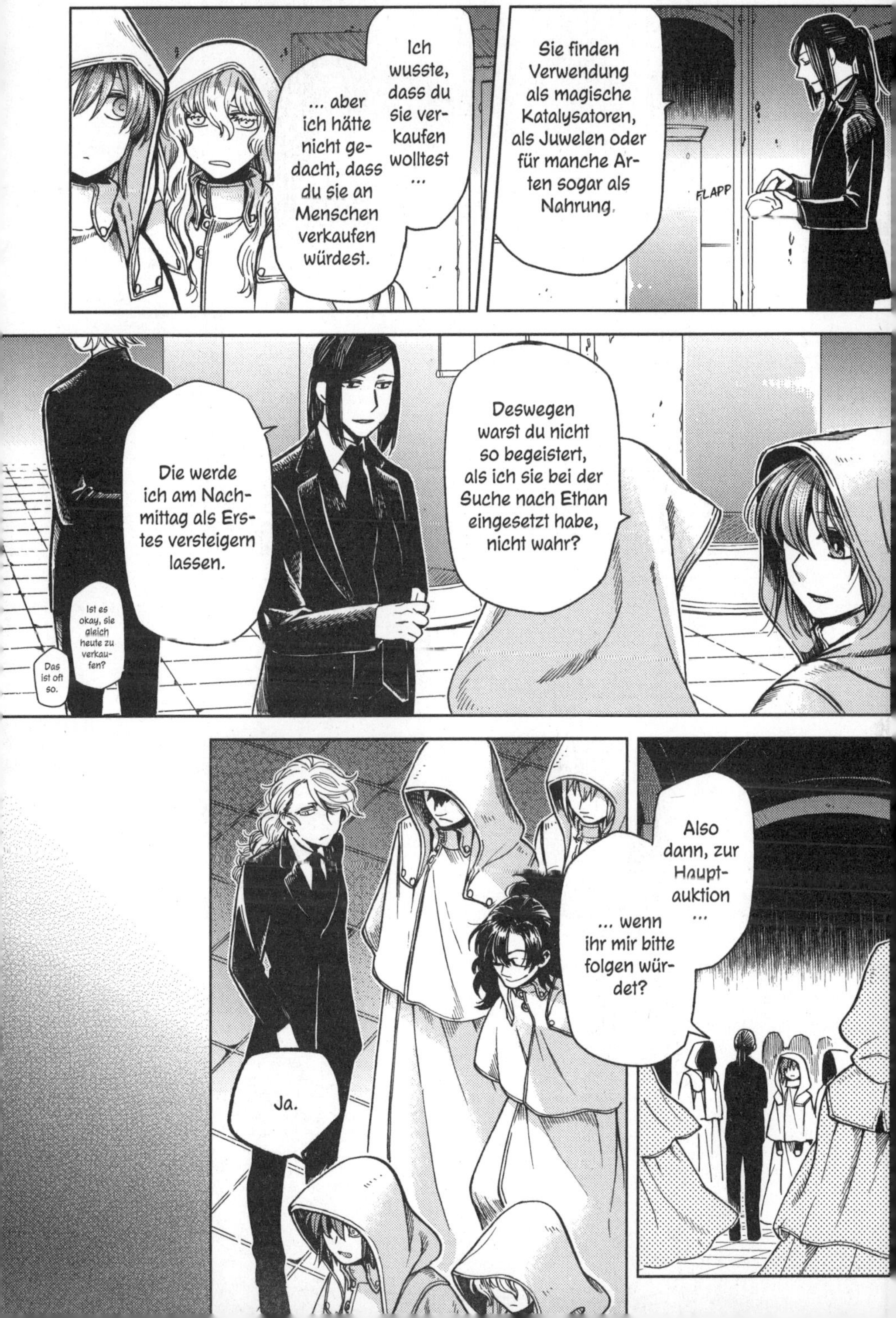
Sie finden Verwendung als magische Katalysatoren, als Juwelen oder für manche Arten sogar als Nahrung.
FLAPP
Ich wusste, dass du sie verkaufen wolltest ...
... aber ich hätte nicht gedacht, dass du sie an Menschen verkaufen würdest.
Deswegen warst du nicht so begeistert, als ich sie bei der Suche nach Ethan eingesetzt habe, nicht wahr?
Die werde ich am Nachmittag als Erstes versteigern lassen.
Ist es okay, sie gleich heute zu verkaufen?
Das ist oft so.
Also dann, zur Hauptauktion ...
... wenn ihr mir bitte folgen würdet?
Ja.

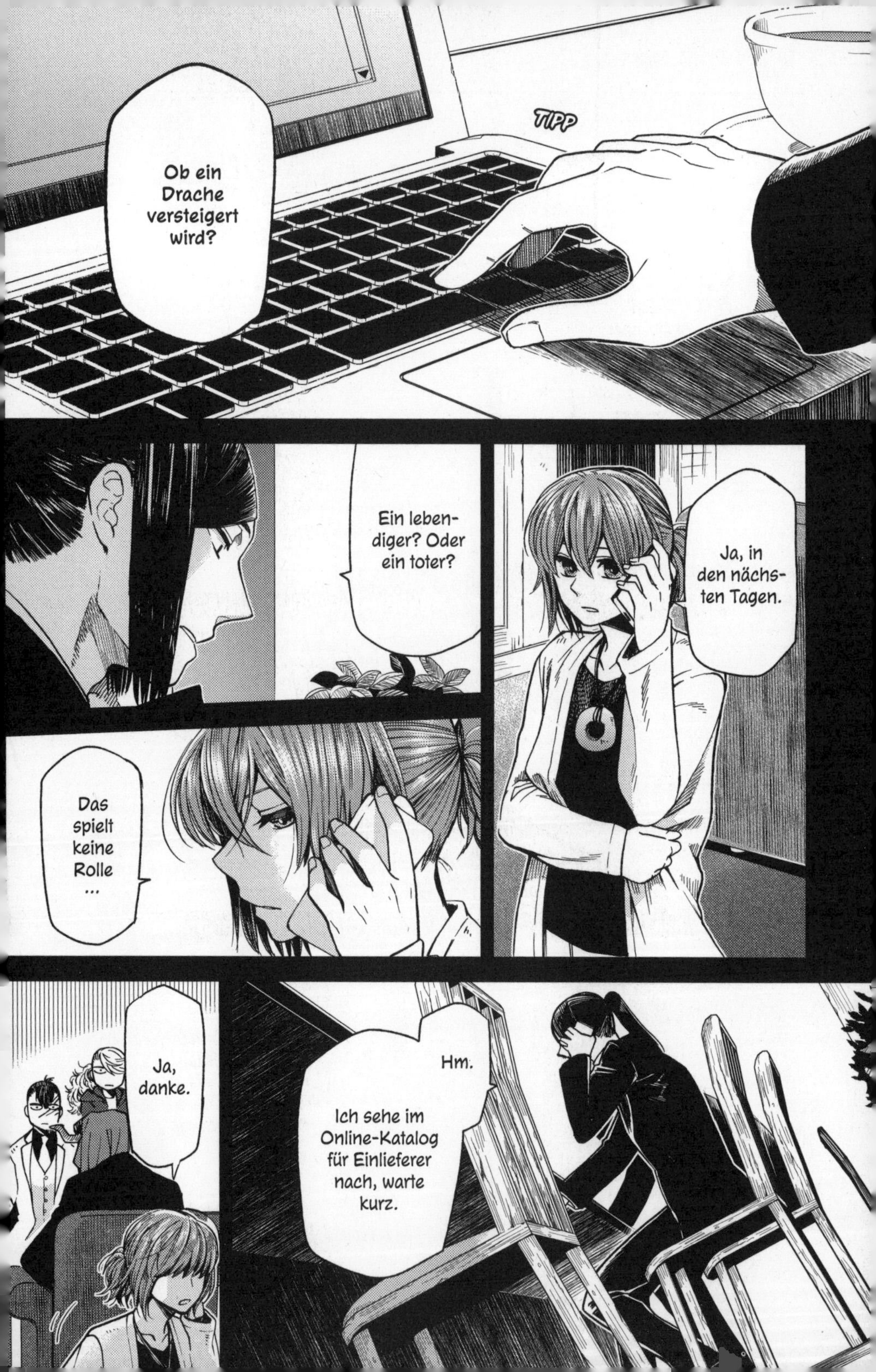
TIPP
Ob ein Drache versteigert wird?
Ja, in den nächsten Tagen.
Ein lebendiger? Oder ein toter?
Das spielt keine Rolle ...
Hm.
Ich sehe im Online-Katalog für Einlieferer nach, warte kurz.
Ja, danke.

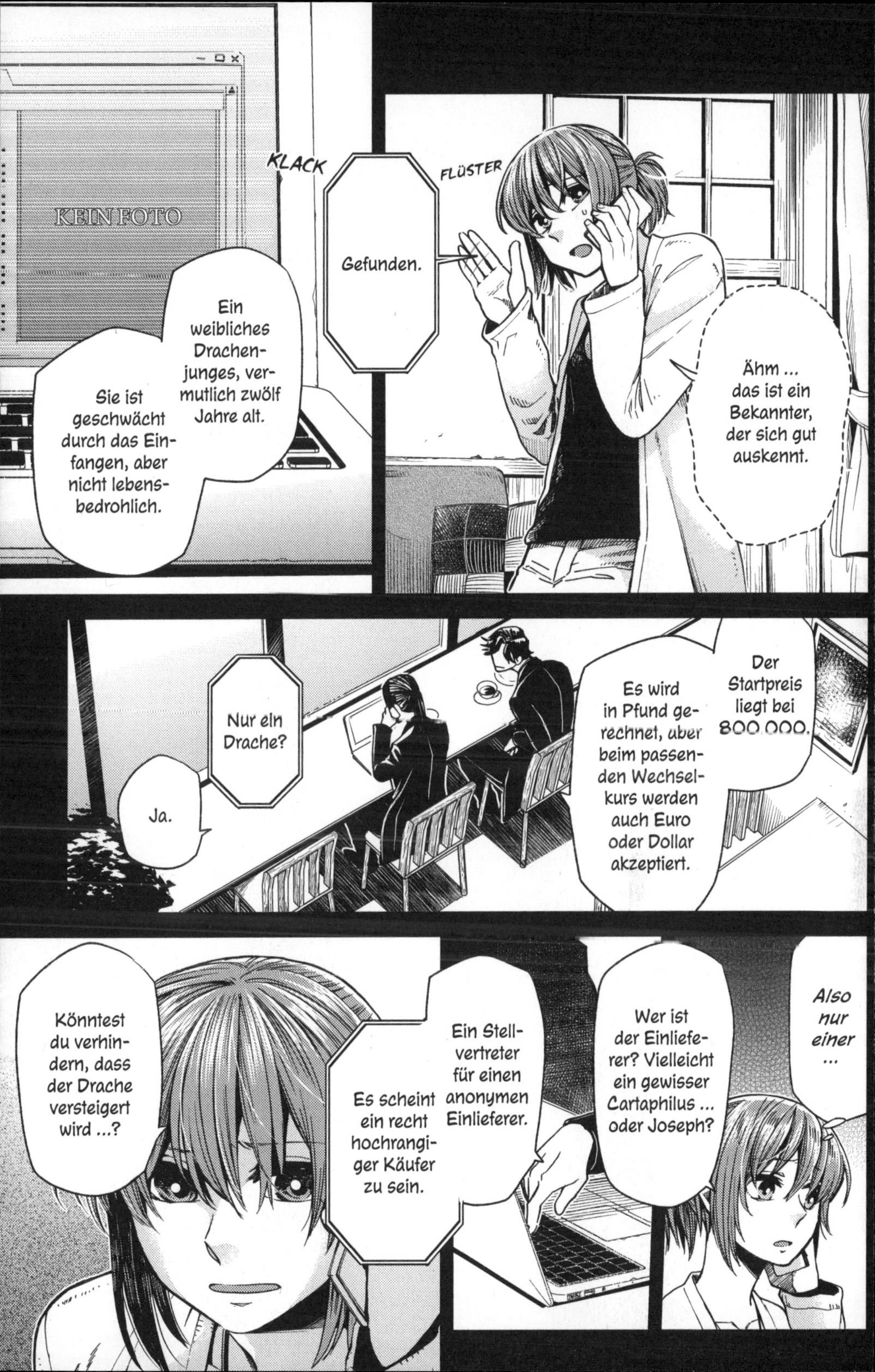
FLÜSTER
Ähm ... das ist ein Bekannter, der sich gut auskennt.
KLACK
Gefunden.
KEIN FOTO
Ein weibliches Drachenjunges, vermutlich zwölf Jahre alt.
Sie ist geschwächt durch das Einfangen, aber nicht lebensbedrohlich.
Der Startpreis liegt bei 800.000.
Es wird in Pfund gerechnet, aber beim passenden Wechselkurs werden auch Euro oder Dollar akzeptiert.
Nur ein Drache?
Ja.
Also nur einer ...
Wer ist der Einlieferer? Vielleicht ein gewisser Cartaphilus ... oder Joseph?
Ein Stellvertreter für einen anonymen Einlieferer.
Es scheint ein recht hochrangiger Käufer zu sein.
Könntest du verhindern, dass der Drache versteigert wird ...?

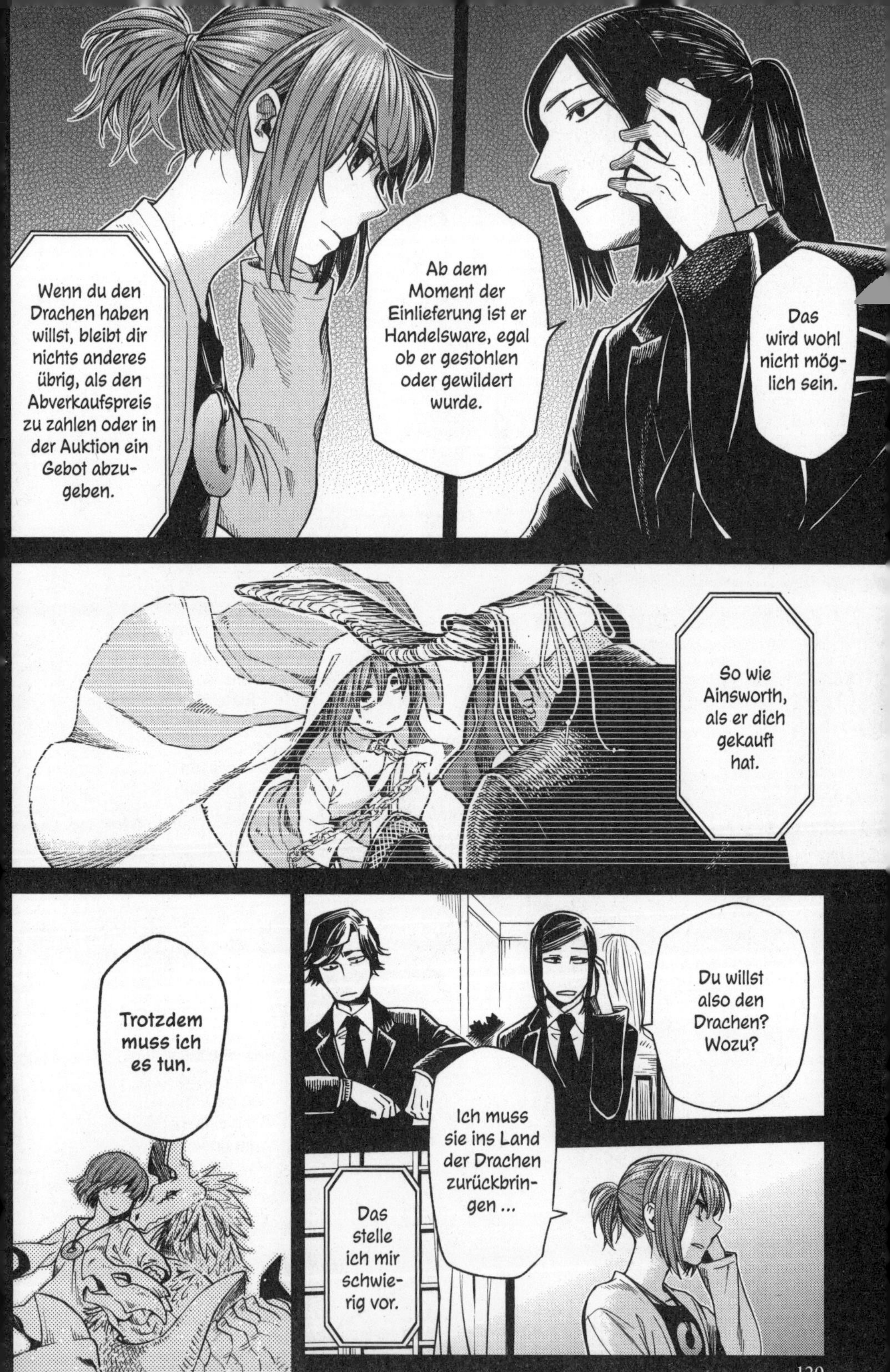

Das wird wohl nicht möglich sein.
Ab dem Moment der Einlieferung ist er Handelsware, egal ob er gestohlen oder gewildert wurde.
Wenn du den Drachen haben willst, bleibt dir nichts anderes übrig, als den Abverkaufspreis zu zahlen oder in der Auktion ein Gebot abzugeben.
So wie Ainsworth, als er dich gekauft hat.
Du willst also den Drachen? Wozu?
Ich muss sie ins Land der Drachen zurückbringen ...
Das stelle ich mir schwierig vor.
Trotzdem muss ich es tun.

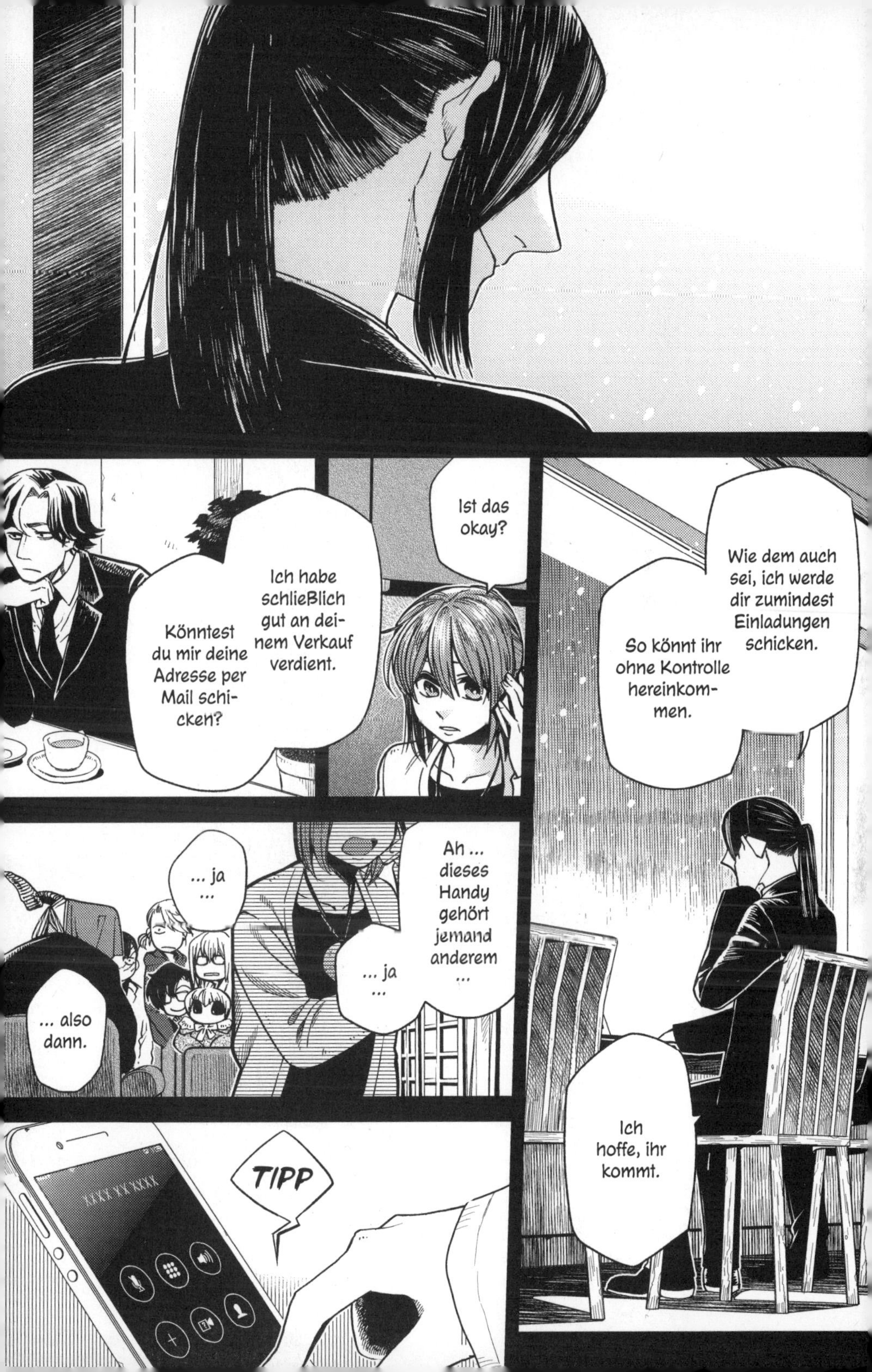
Wie dem auch sei, ich werde dir zumindest Einladungen schicken.
So könnt ihr ohne Kontrolle hereinkommen.
Ist das okay?
Ich habe schließlich gut an deinem Verkauf verdient.
Könntest du mir deine Adresse per Mail schicken?
Ich hoffe, ihr kommt.
Ah ... dieses Handy gehört jemand anderem ...
... ja ...
... ja ...
... also dann.
TIPP

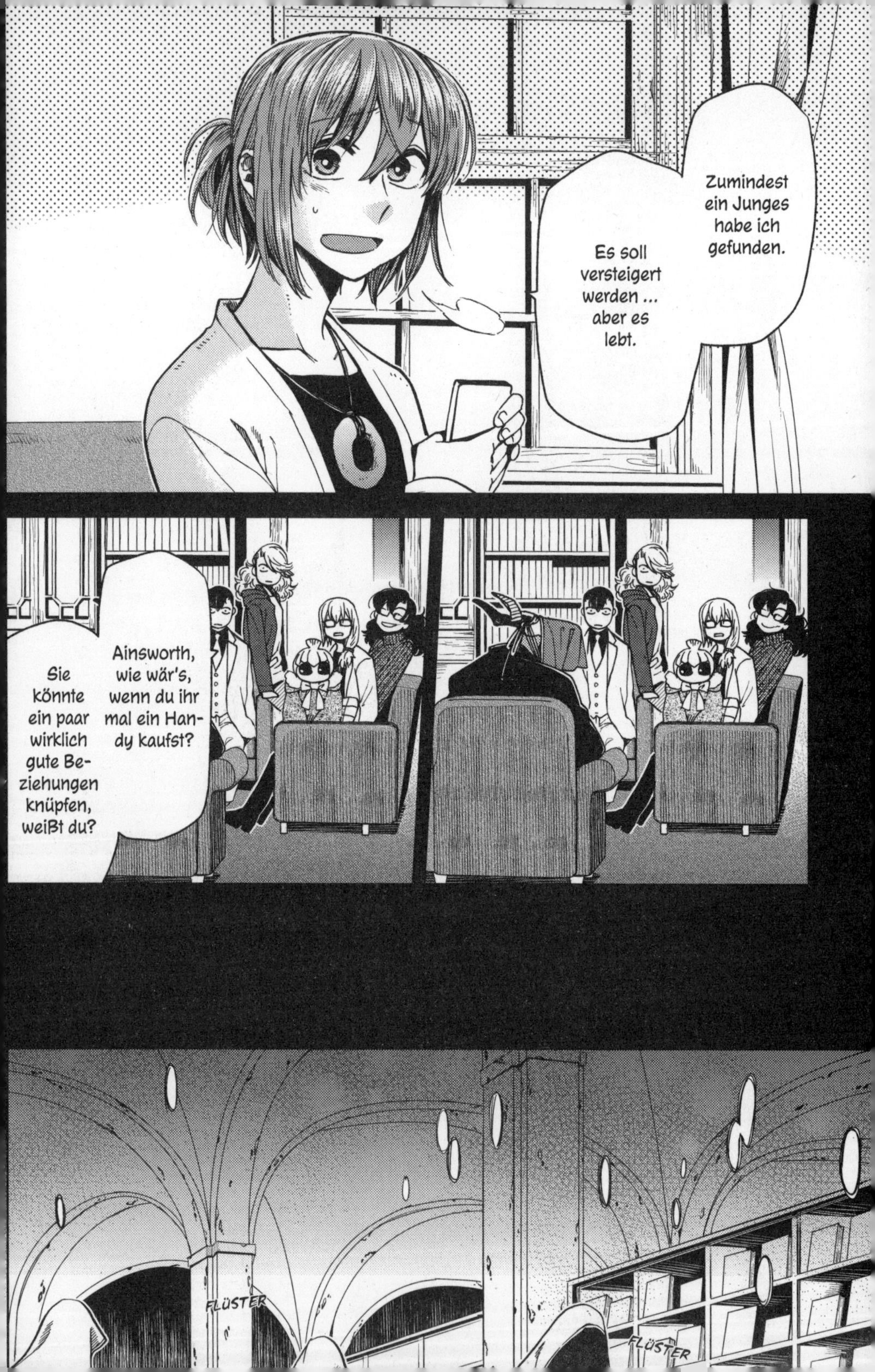
Zumindest ein Junges habe ich gefunden.
Es soll versteigert werden ... aber es lebt.
Ainsworth, wie wär's, wenn du ihr mal ein Handy kaufst?
Sie könnte ein paar wirklich gute Beziehungen knüpfen, weißt du?
FLÜSTER
FLÜSTER

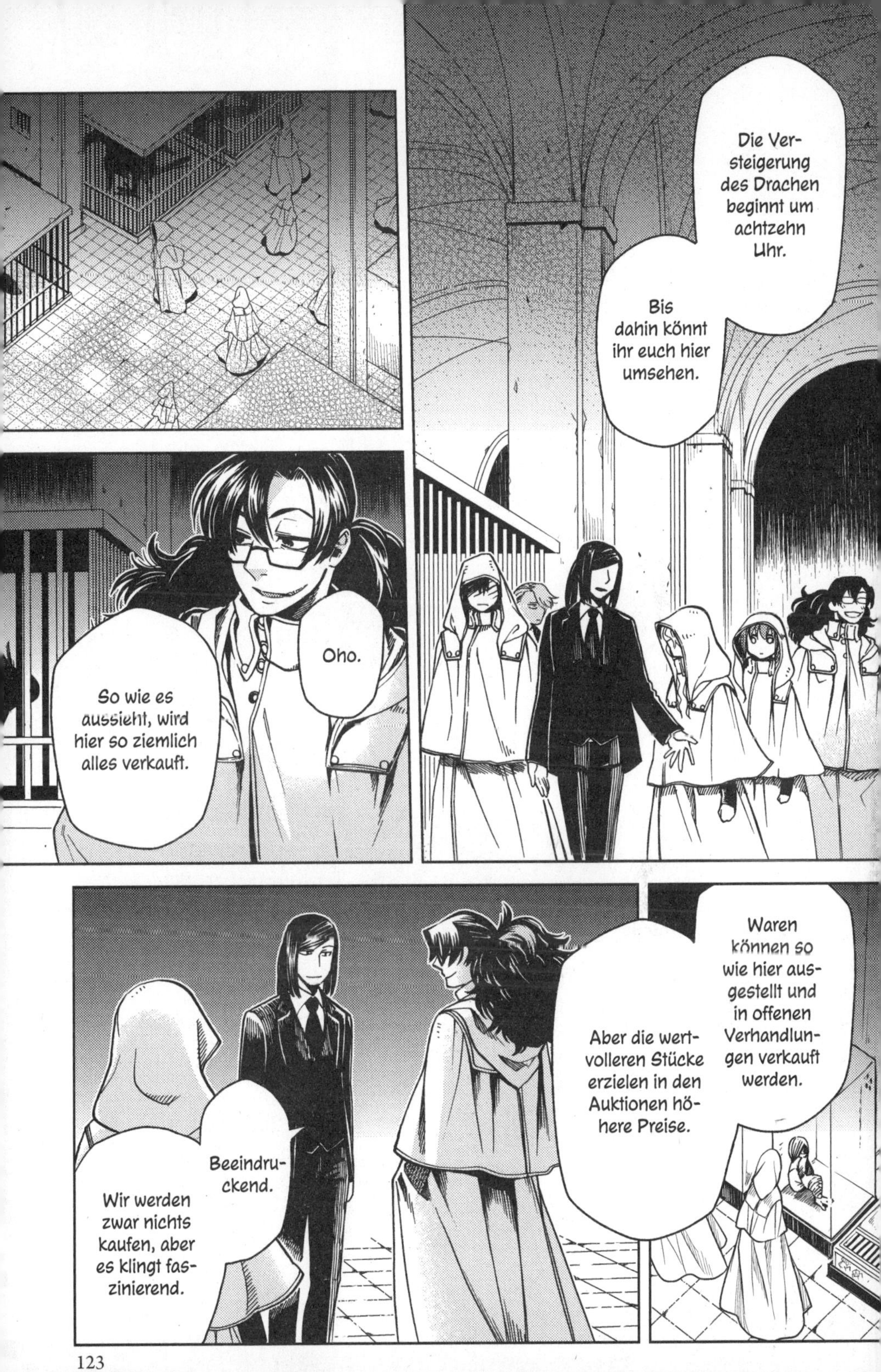
Die Versteigerung des Drachen beginnt um achtzehn Uhr.
Bis dahin könnt ihr euch hier umsehen.
Oho.
So wie es aussieht, wird hier so ziemlich alles verkauft.
Waren können so wie hier ausgestellt und in offenen Verhandlungen verkauft werden.
Aber die wertvolleren Stücke erzielen in den Auktionen höhere Preise.
Beeindruckend.
Wir werden zwar nichts kaufen, aber es klingt faszinierend.

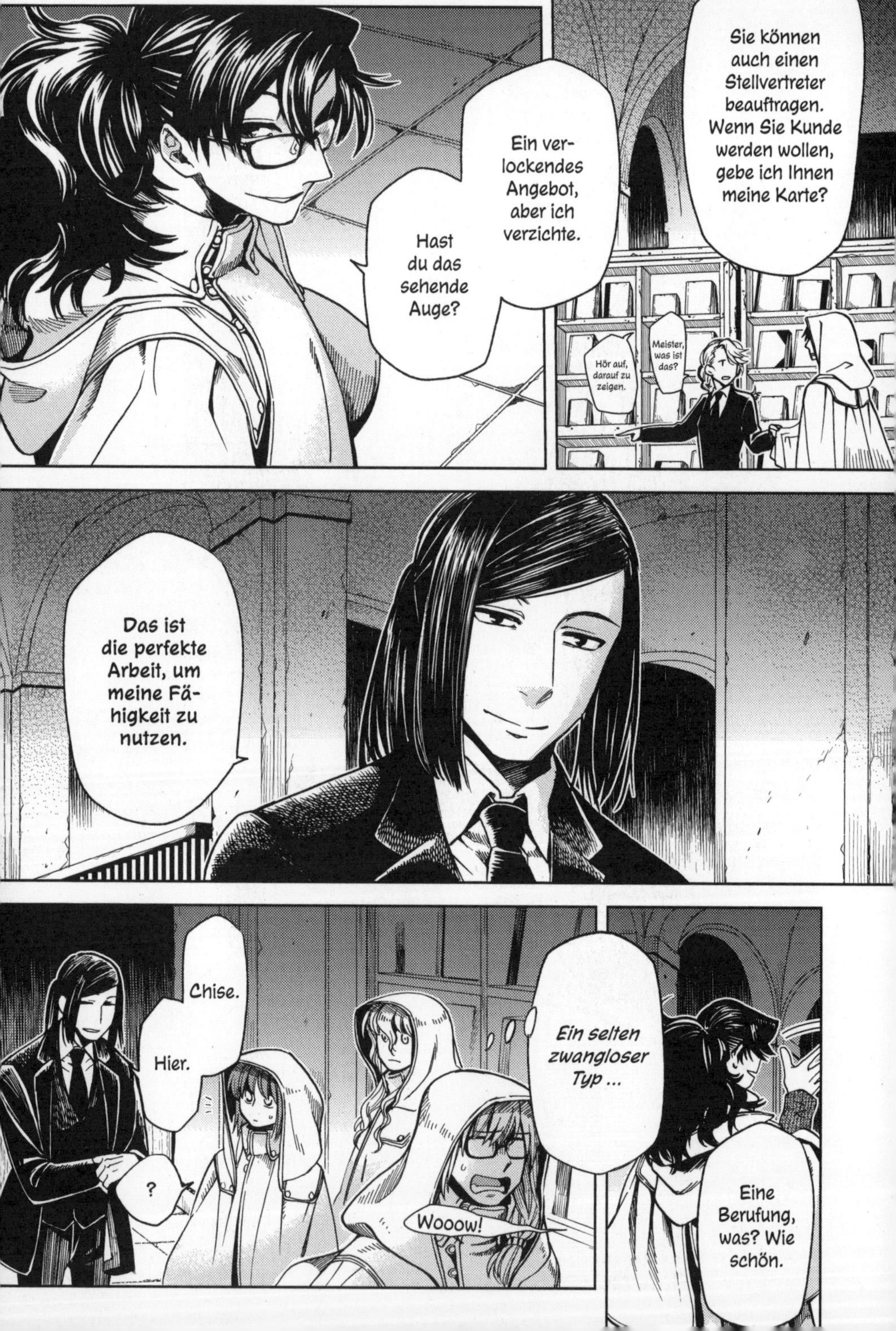
Sie können auch einen Stellvertreter beauftragen. Wenn Sie Kunde werden wollen, gebe ich Ihnen meine Karte?
Meister, was ist das?
Hör auf, darauf zu zeigen.
Ein verlockendes Angebot, aber ich verzichte.
Hast du das sehende Auge?
Das ist die perfekte Arbeit, um meine Fähigkeit zu nutzen.
Eine Berufung, was? Wie schön.
Ein selten zwangloser Typ ...
Wooow!
Chise.
Hier.
?

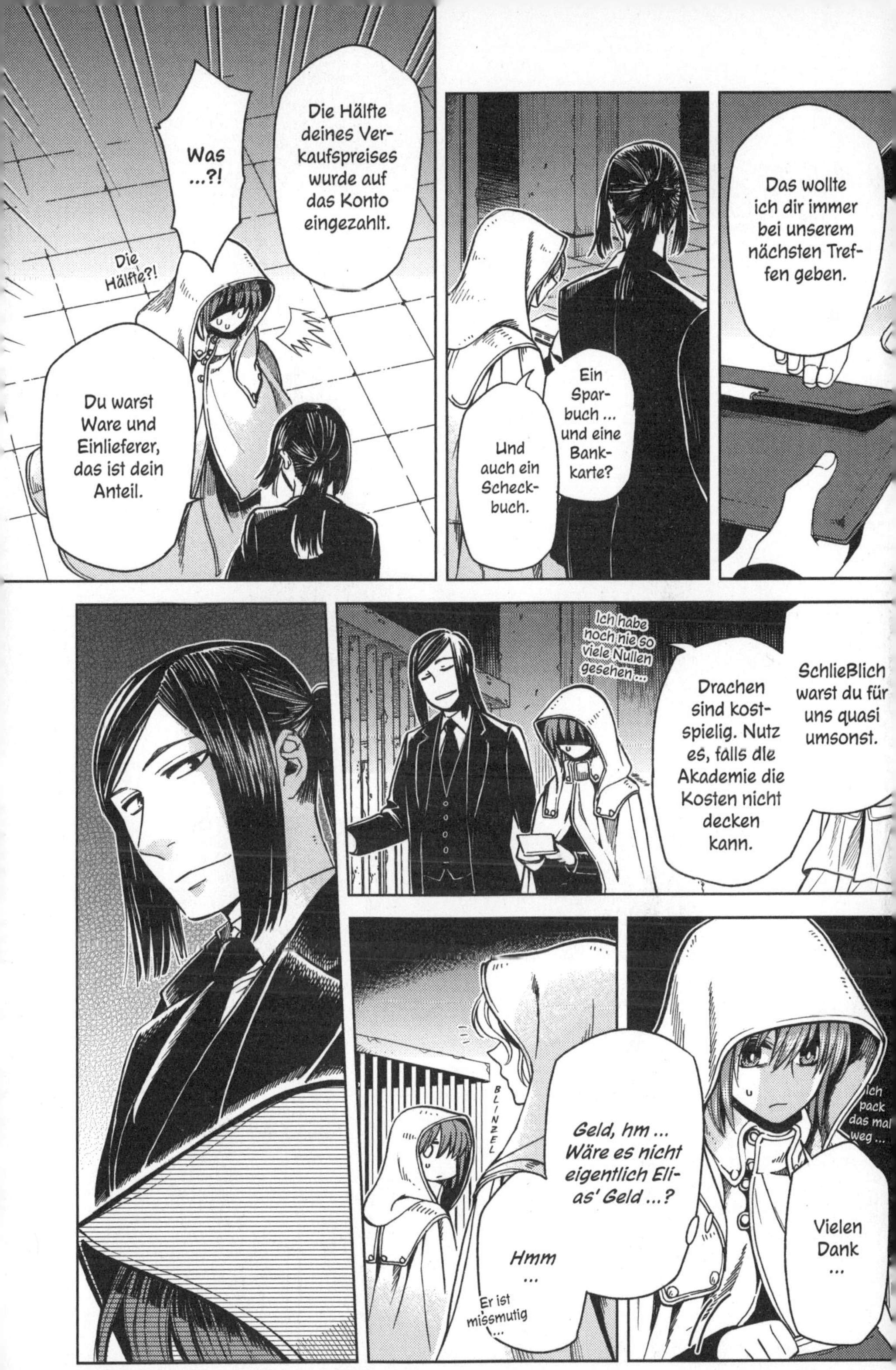
Das wollte ich dir immer bei unserem nächsten Treffen geben.
Ein Sparbuch ... und eine Bankkarte?
Und auch ein Scheckbuch.
Die Hälfte deines Verkaufspreises wurde auf das Konto eingezahlt.
Was ...?!
Die Hälfte?!
Du warst Ware und Einlieferer, das ist dein Anteil.
Schließlich warst du für uns quasi umsonst.
Drachen sind kostspielig. Nutz es, falls die Akademie die Kosten nicht decken kann.
Ich habe noch nie so viele Nullen gesehen ...
Vielen Dank ...
Ich pack das mal weg ...
Geld, hm ... Wäre es nicht eigentlich Elias' Geld ...?
BLINZEL
Hmm ...
Er ist missmutig ...

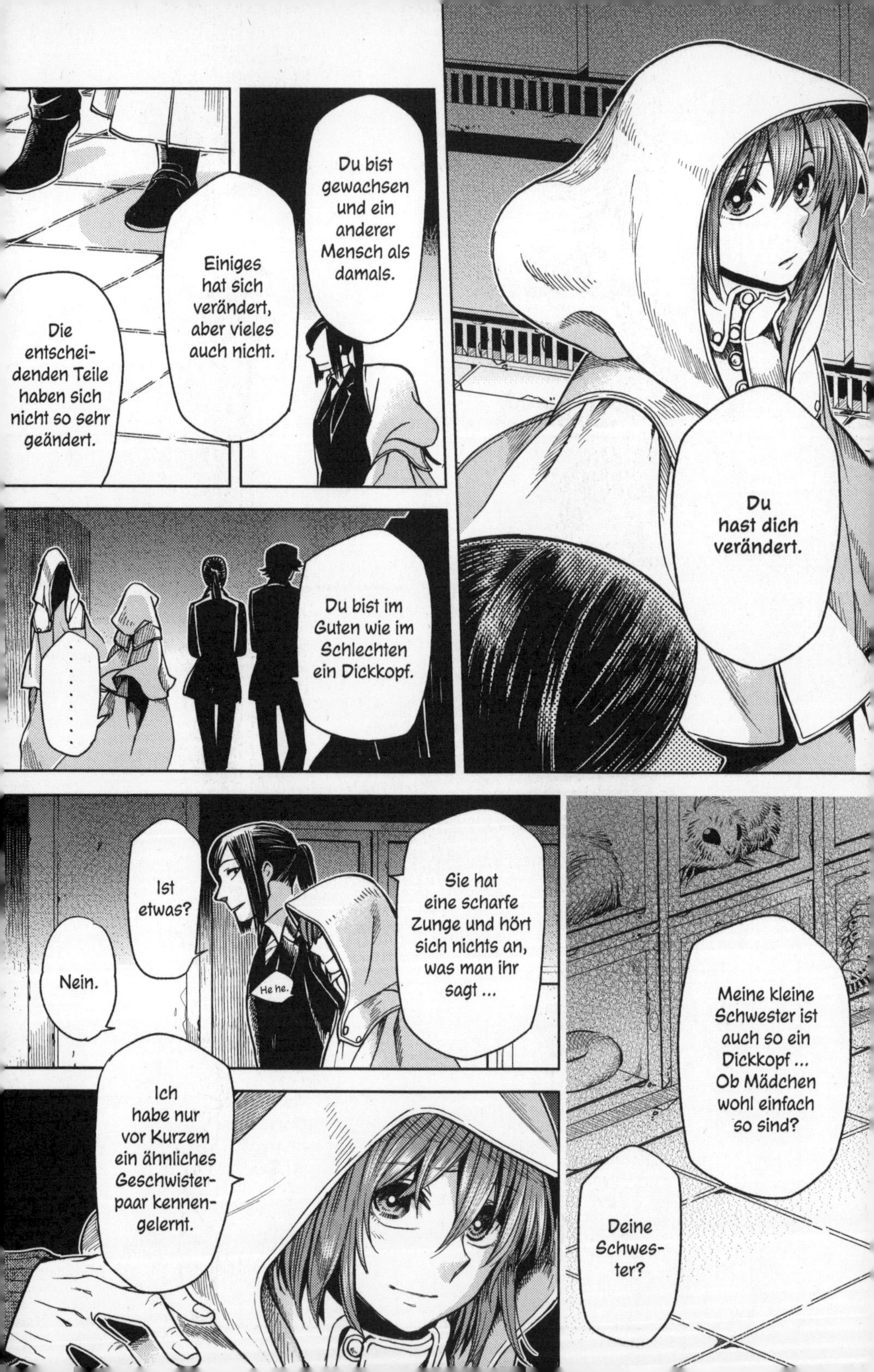
Du hast dich verändert.
Du bist gewachsen und ein anderer Mensch als damals.
Einiges hat sich verändert, aber vieles auch nicht.
Die entscheidenden Teile haben sich nicht so sehr geändert.
Du bist im Guten wie im Schlechten ein Dickkopf.
........
Meine kleine Schwester ist auch so ein Dickkopf ... Ob Mädchen wohl einfach so sind?
Deine Schwester?
Sie hat eine scharfe Zunge und hört sich nichts an, was man ihr sagt ...
He he.
Ist etwas?
Nein.
Ich habe nur vor Kurzem ein ähnliches Geschwisterpaar kennengelernt.

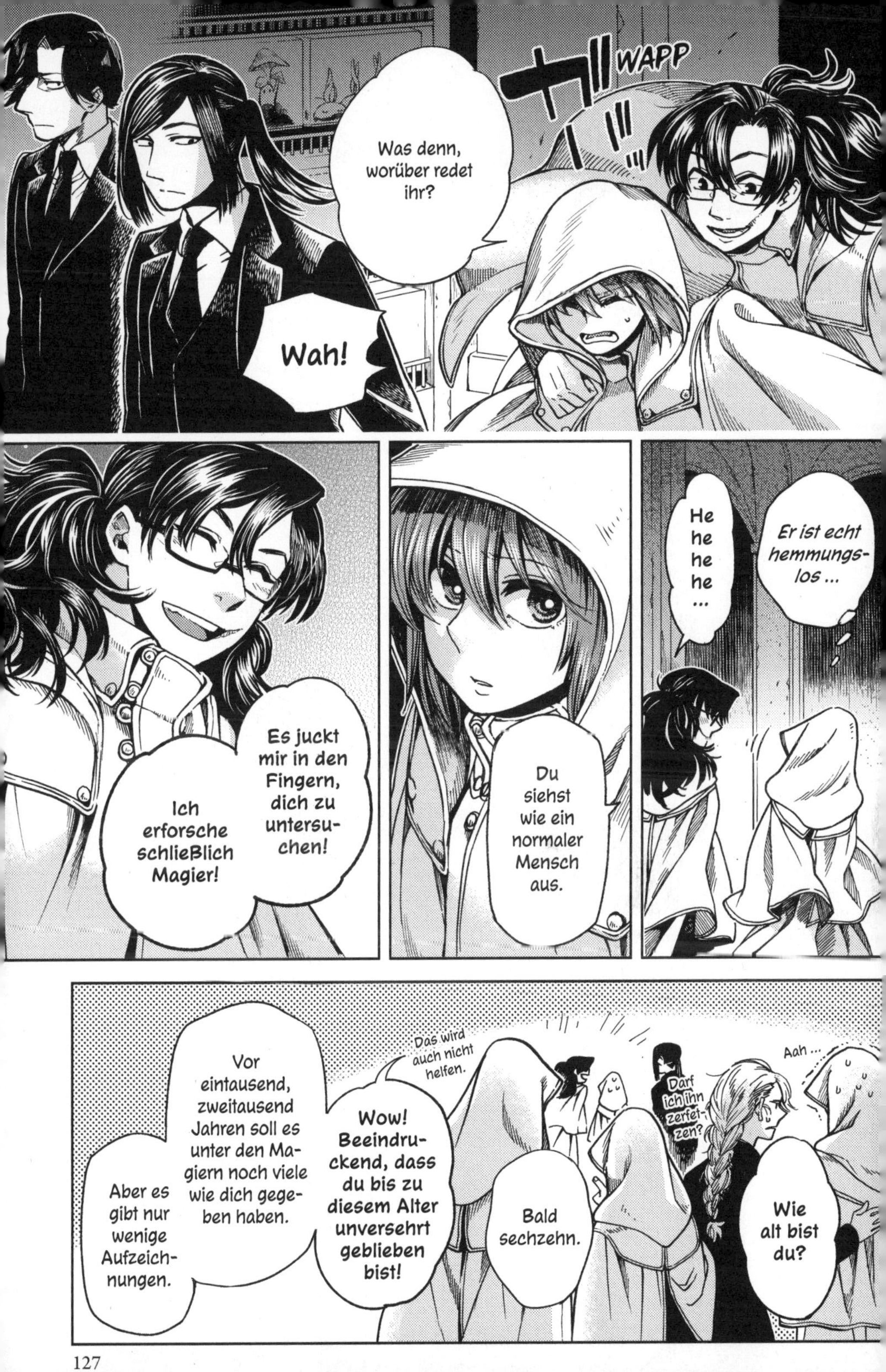

WAPP
Was denn, worüber redet ihr?
Wah!
Er ist echt hemmungslos ...
He he he he ...
Du siehst wie ein normaler Mensch aus.
Es juckt mir in den Fingern, dich zu untersuchen!
Ich erforsche schließlich Magier!
Wie alt bist du?
Aah ...
Darf ich ihn zerfetzen?
Bald sechzehn.
Das wird auch nicht helfen.
Wow! Beeindruckend, dass du bis zu diesem Alter unversehrt geblieben bist!
Vor eintausend, zweitausend Jahren soll es unter den Magiern noch viele wie dich gegeben haben.
Aber es gibt nur wenige Aufzeichnungen.

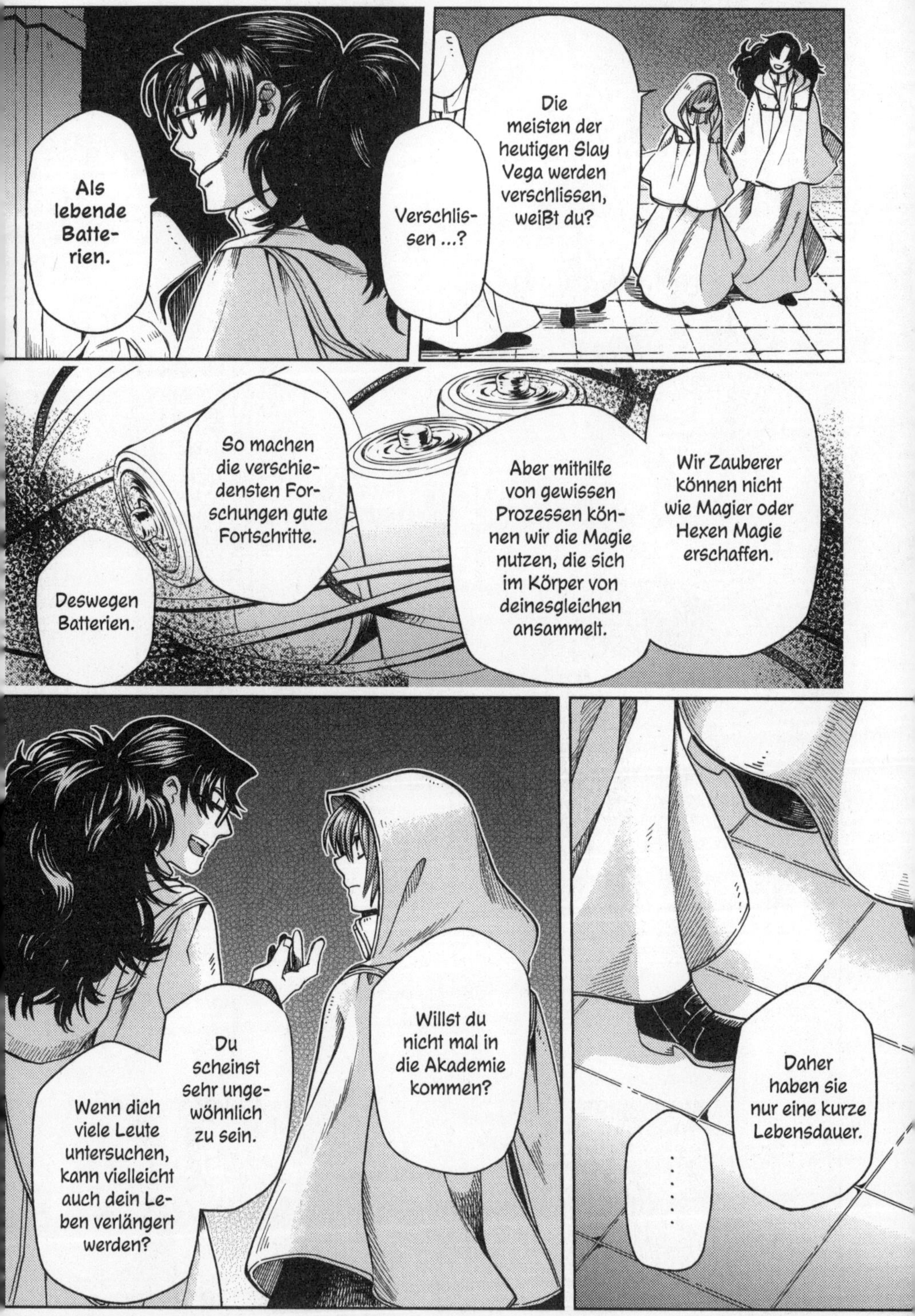
Die meisten der heutigen Slay Vega werden verschlissen, weißt du?
Verschlissen ...?
Als lebende Batterien.
Wir Zauberer können nicht wie Magier oder Hexen Magie erschaffen.
Aber mithilfe von gewissen Prozessen können wir die Magie nutzen, die sich im Körper von deinesgleichen ansammelt.
So machen die verschiedensten Forschungen gute Fortschritte.
Deswegen Batterien.
Daher haben sie nur eine kurze Lebensdauer.
……
Willst du nicht mal in die Akademie kommen?
Du scheinst sehr ungewöhnlich zu sein.
Wenn dich viele Leute untersuchen, kann vielleicht auch dein Leben verlängert werden?

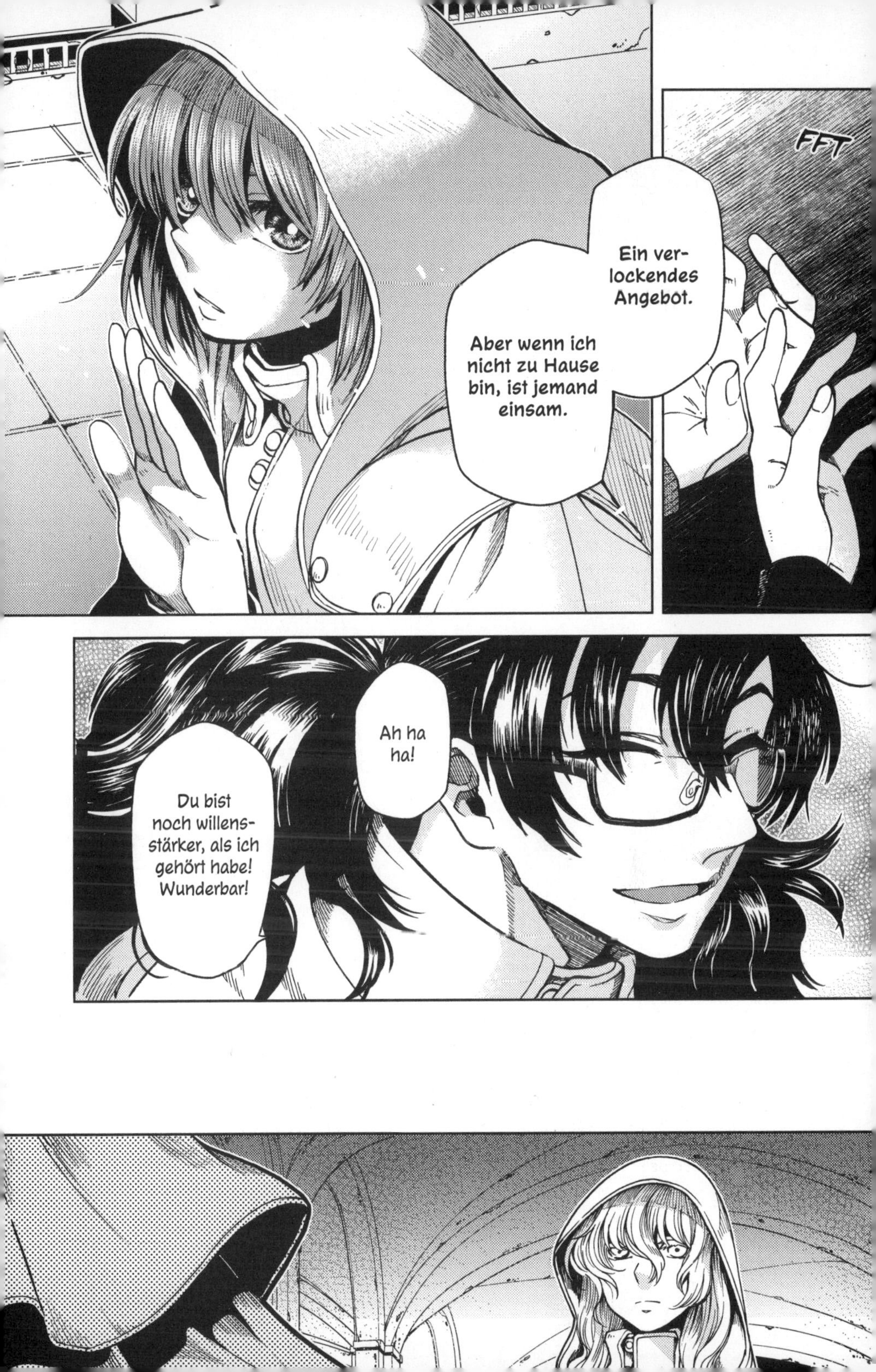
FFT
Ein verlockendes Angebot.
Aber wenn ich nicht zu Hause bin, ist jemand einsam.
Ah ha ha!
Du bist noch willensstärker, als ich gehört habe! Wunderbar!

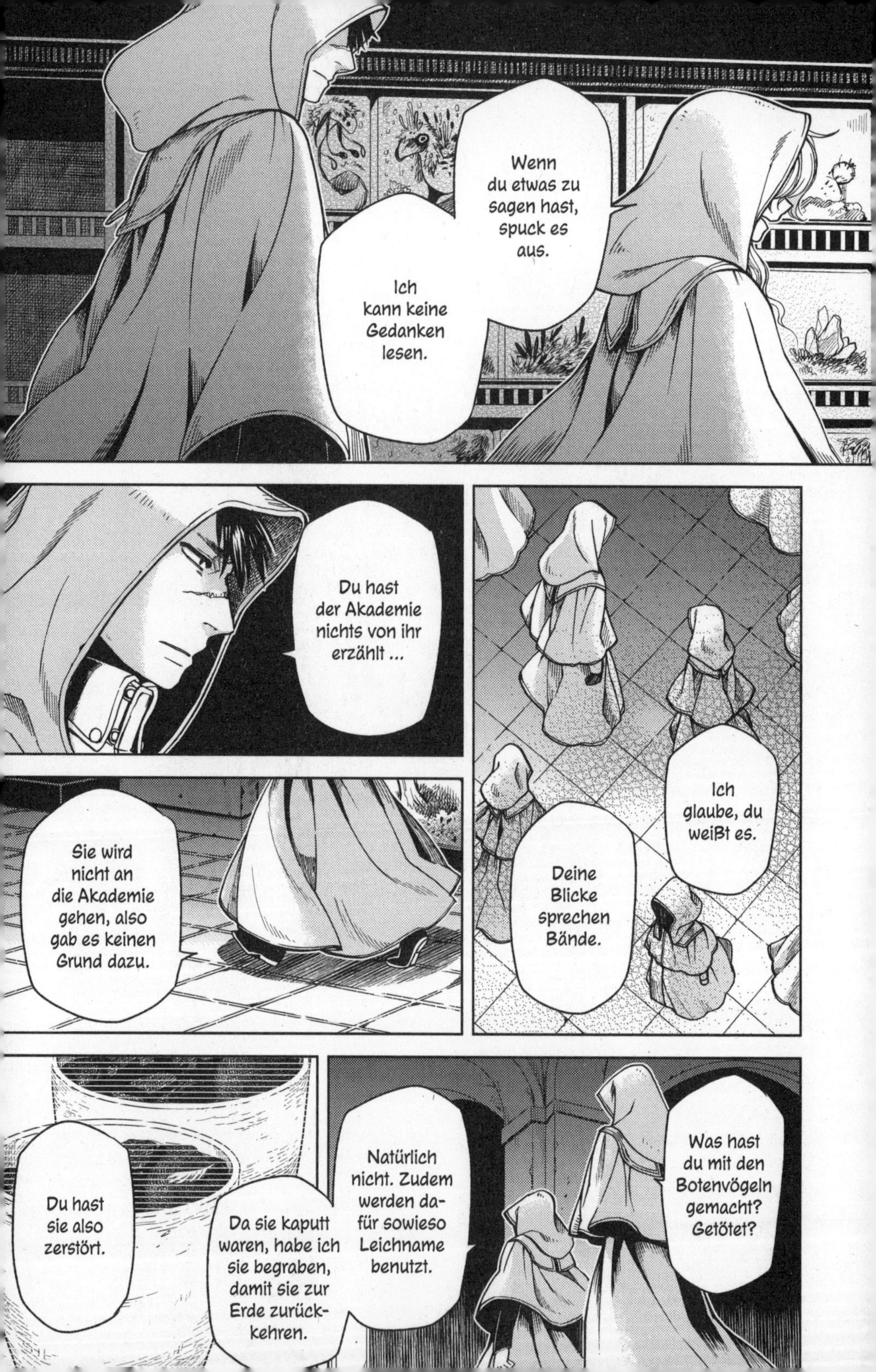

Wenn du etwas zu sagen hast, spuck es aus.
Ich kann keine Gedanken lesen.
Ich glaube, du weißt es.
Deine Blicke sprechen Bände.
Du hast der Akademie nichts von ihr erzählt ...
Sie wird nicht an die Akademie gehen, also gab es keinen Grund dazu.
Was hast du mit den Botenvögeln gemacht? Getötet?
Natürlich nicht. Zudem werden dafür sowieso Leichname benutzt.
Da sie kaputt waren, habe ich sie begraben, damit sie zur Erde zurückkehren.
Du hast sie also zerstört.

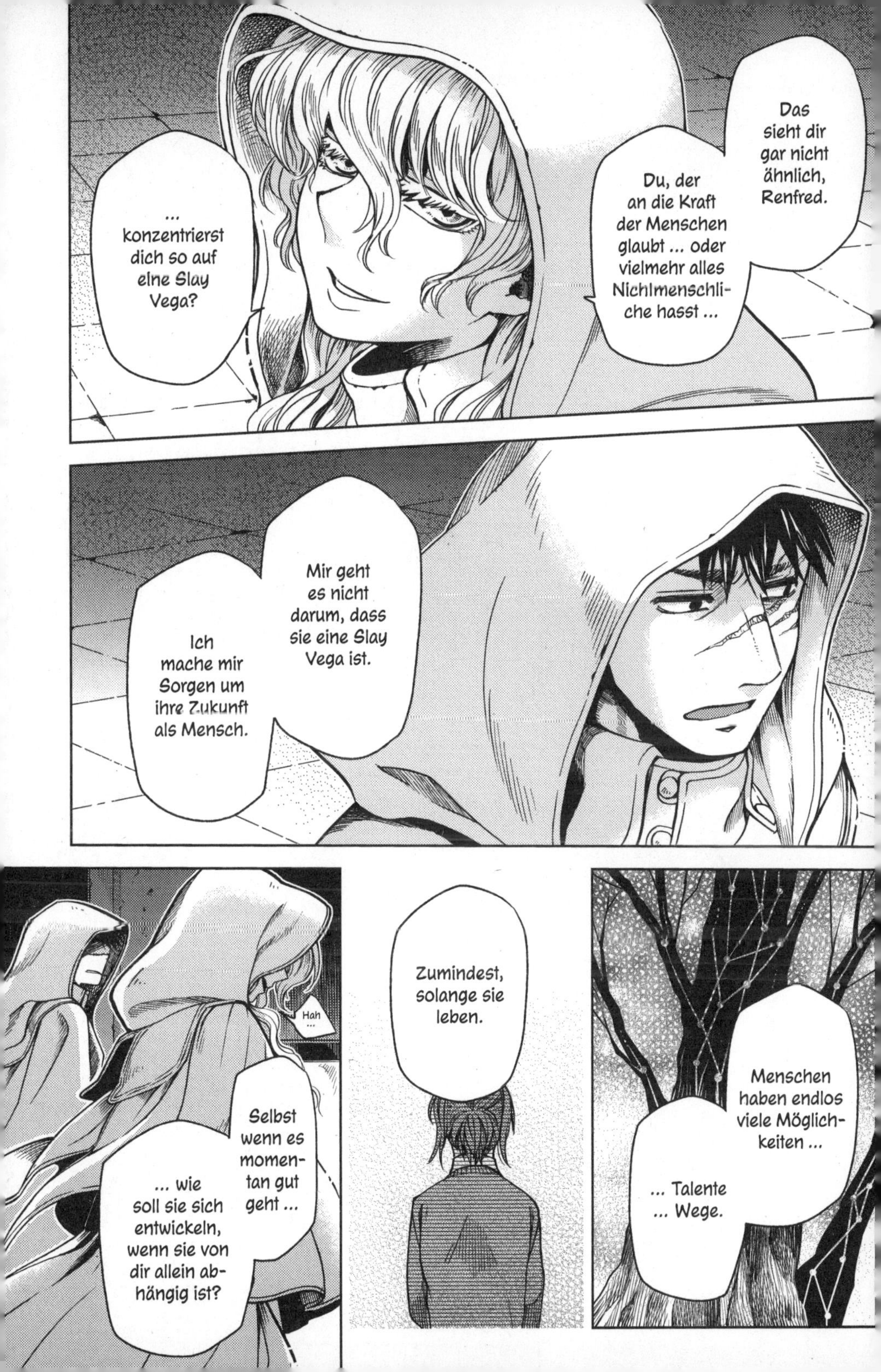
Das sieht dir gar nicht ähnlich, Renfred.
Du, der an die Kraft der Menschen glaubt ... oder vielmehr alles Nichlmenschliche hasst ...
... konzentrierst dich so auf elne Slay Vega?
Mir geht es nicht darum, dass sie eine Slay Vega ist.
Ich mache mir Sorgen um ihre Zukunft als Mensch.
Menschen haben endlos viele Möglichkeiten ...
... Talente ... Wege.
Zumindest, solange sie leben.
Hah ...
Selbst wenn es momentan gut geht ...
... wie soll sie sich entwickeln, wenn sie von dir allein abhängig ist?

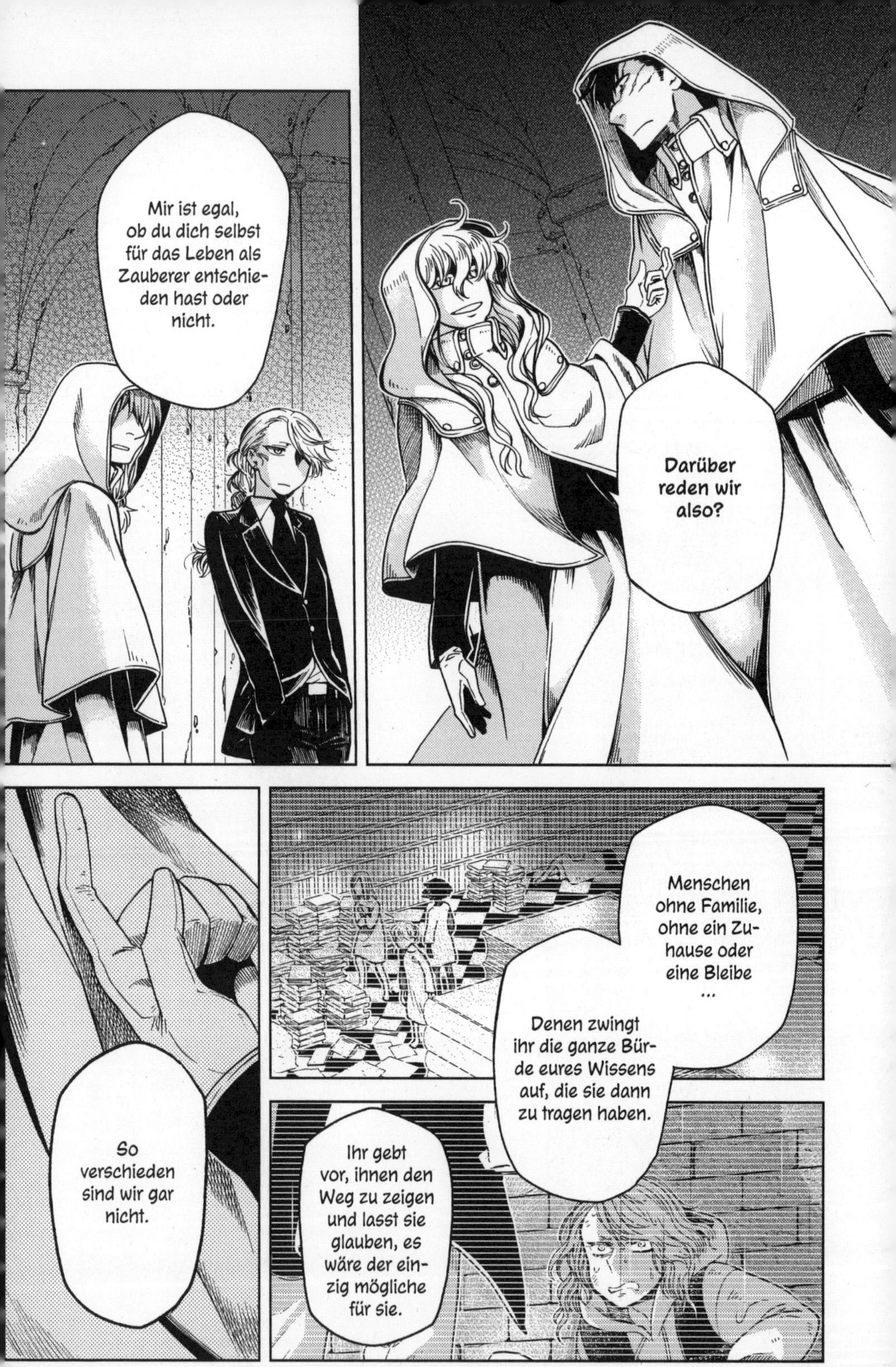
Darüber reden wir also?
Mir ist egal, ob du dich selbst für das Leben als Zauberer entschieden hast oder nicht.
Menschen ohne Familie, ohne ein Zuhause oder eine Bleibe …
Denen zwingt ihr die ganze Bürde eures Wissens auf, die sie dann zu tragen haben.
Ihr gebt vor, ihnen den Weg zu zeigen und lasst sie glauben, es wäre der einzig mögliche für sie.
So verschieden sind wir gar nicht.

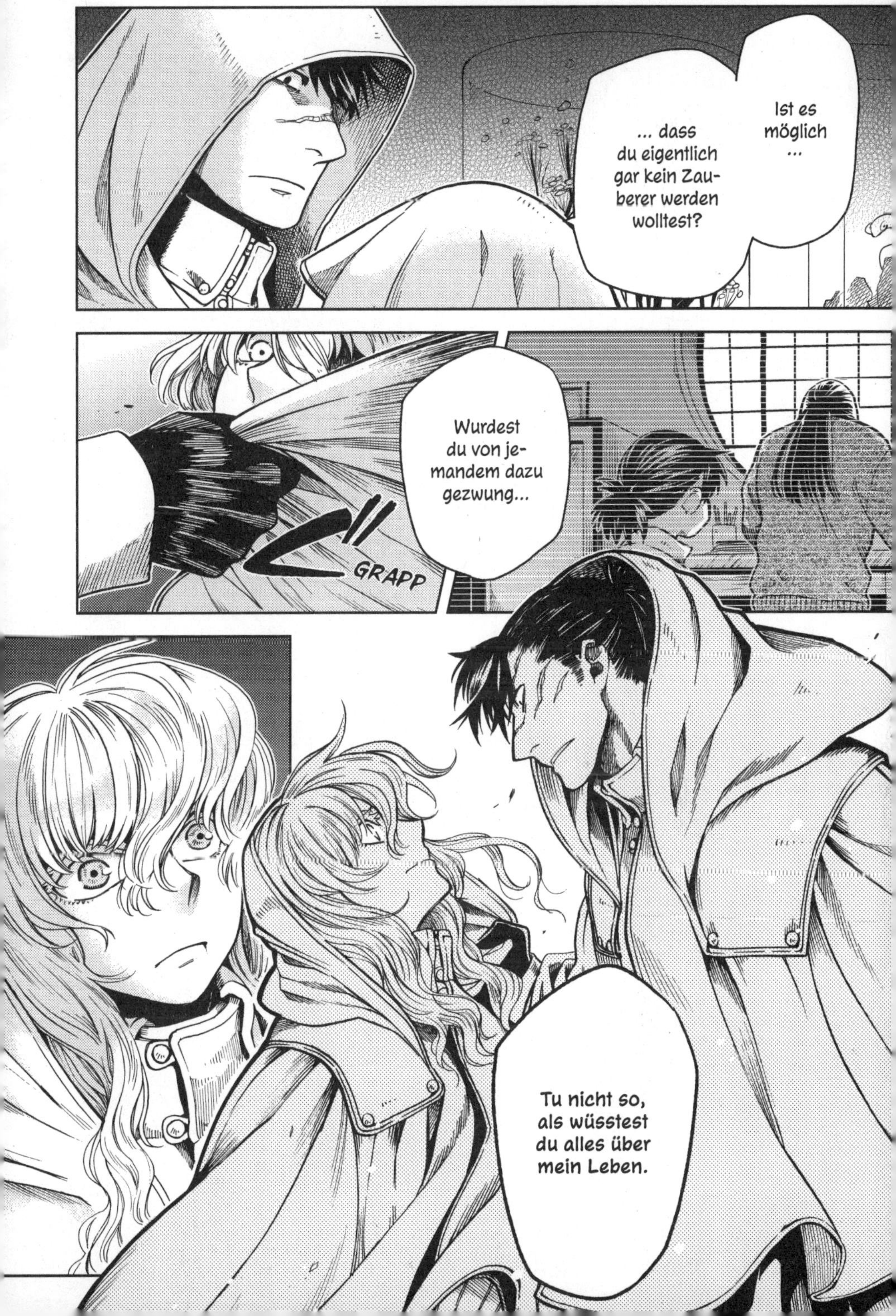
Ist es möglich ...
... dass du eigentlich gar kein Zauberer werden wolltest?
Wurdest du von jemandem dazu gezwung...
GRAPP
Tu nicht so, als wüsstest du alles über mein Leben.

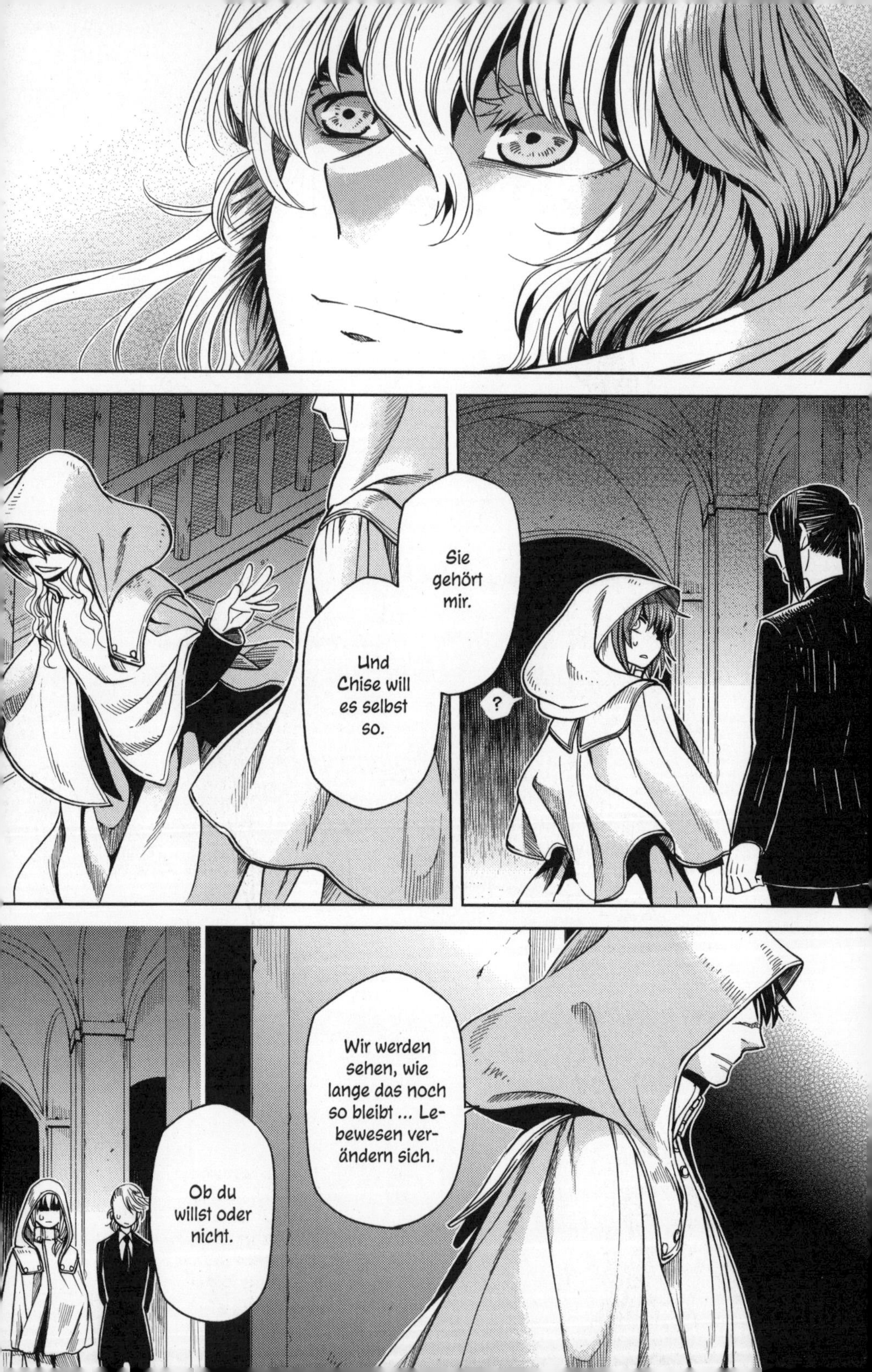
Sie gehört mir.
Und Chise will es selbst so.
?
Wir werden sehen, wie lange das noch so bleibt ... Lebewesen verändern sich.
Ob du willst oder nicht.

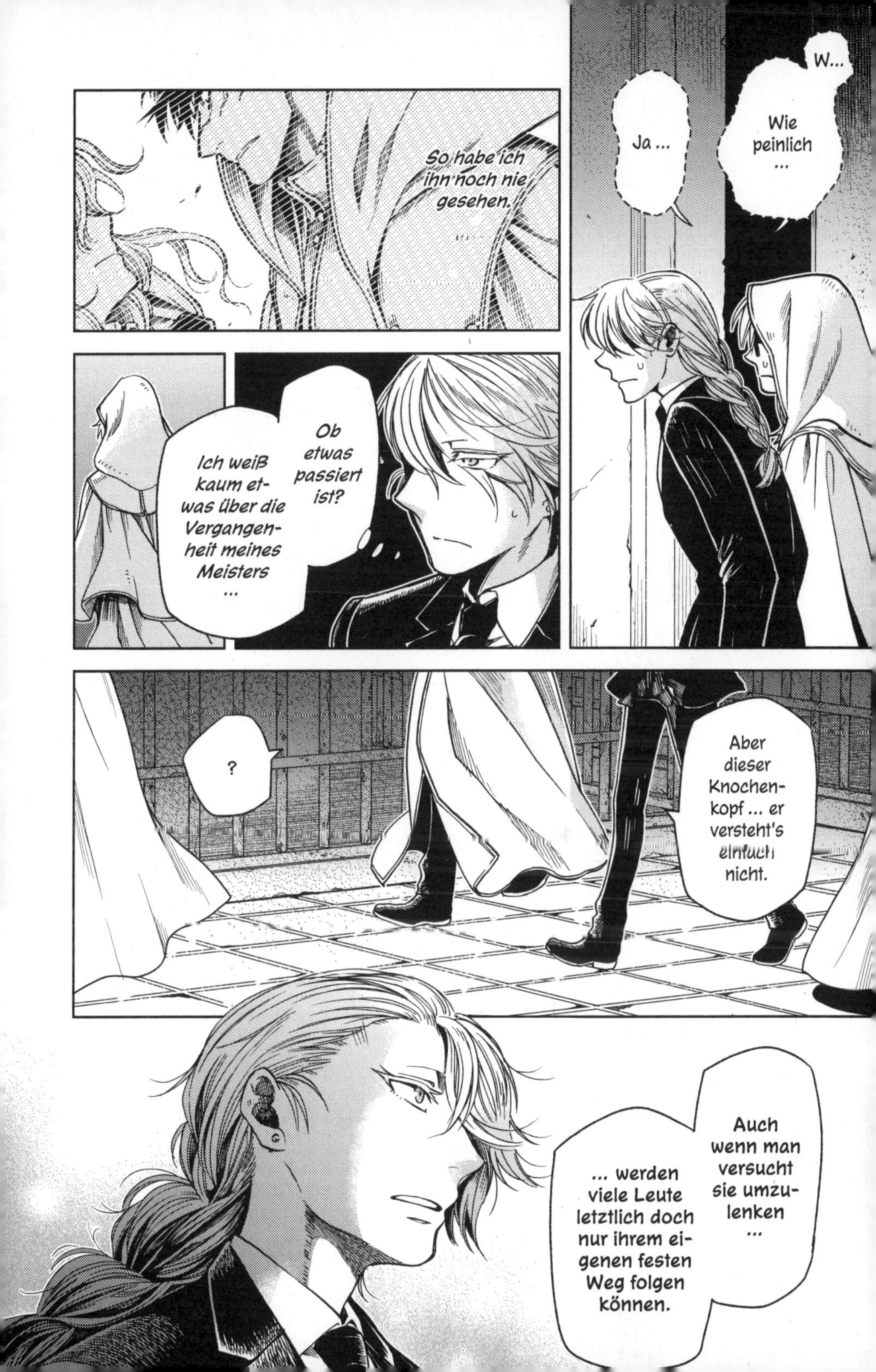
W...
Wie peinlich ...
Ja ...
So habe ich ihn noch nie gesehen.
Ob etwas passiert ist?
Ich weiß kaum etwas über die Vergangenheit meines Meisters ...
Aber dieser Knochenkopf ... er versteht's einfach nicht.
?
Auch wenn man versucht sie umzulenken ...
... werden viele Leute letztlich doch nur ihrem eigenen festen Weg folgen können.

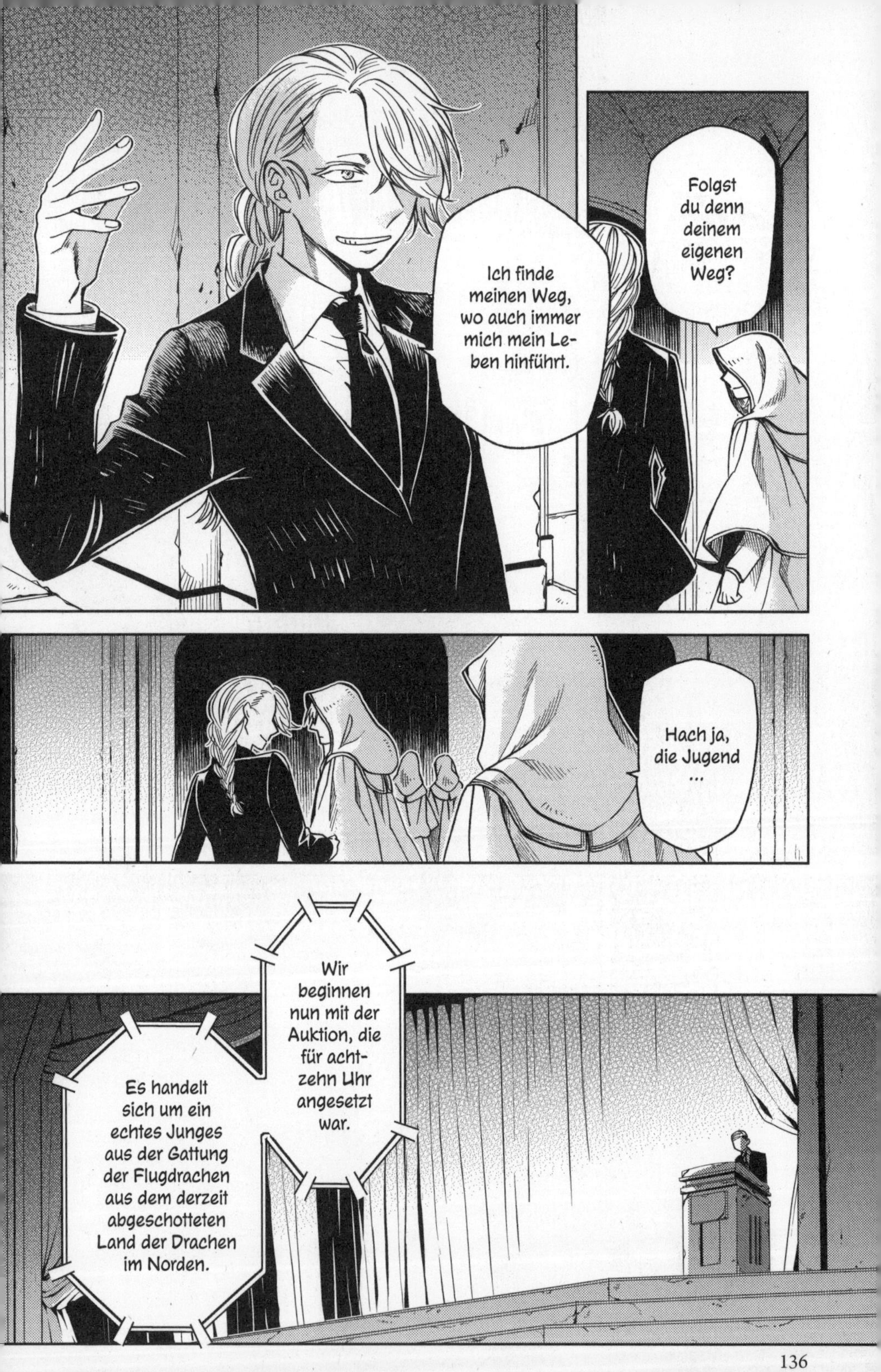
Folgst du denn deinem eigenen Weg?
Ich finde meinen Weg, wo auch immer mich mein Leben hinführt.
Hach ja, die Jugend ...
Wir beginnen nun mit der Auktion, die für achtzehn Uhr angesetzt war.
Es handelt sich um ein echtes Junges aus der Gattung der Flugdrachen aus dem derzeit abgeschotteten Land der Drachen im Norden.

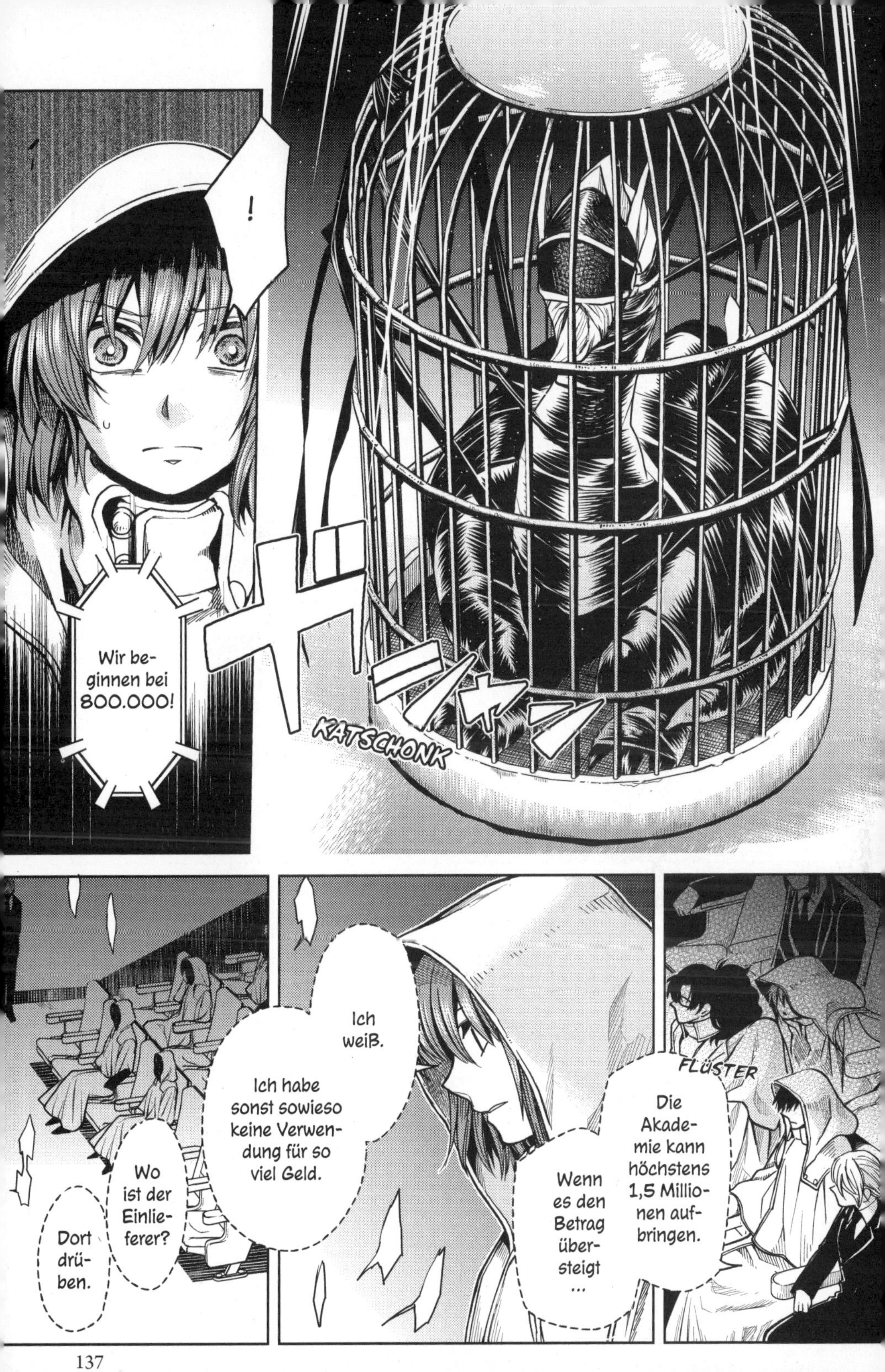
KATSCHONK
!
Wir beginnen bei 800.000!
FLÜSTER
Die Akademie kann höchstens 1,5 Millionen aufbringen.
Wenn es den Betrag übersteigt …
Ich weiß.
Ich habe sonst sowieso keine Verwendung für so viel Geld.
Wo ist der Einlieferer?
Dort drüben.

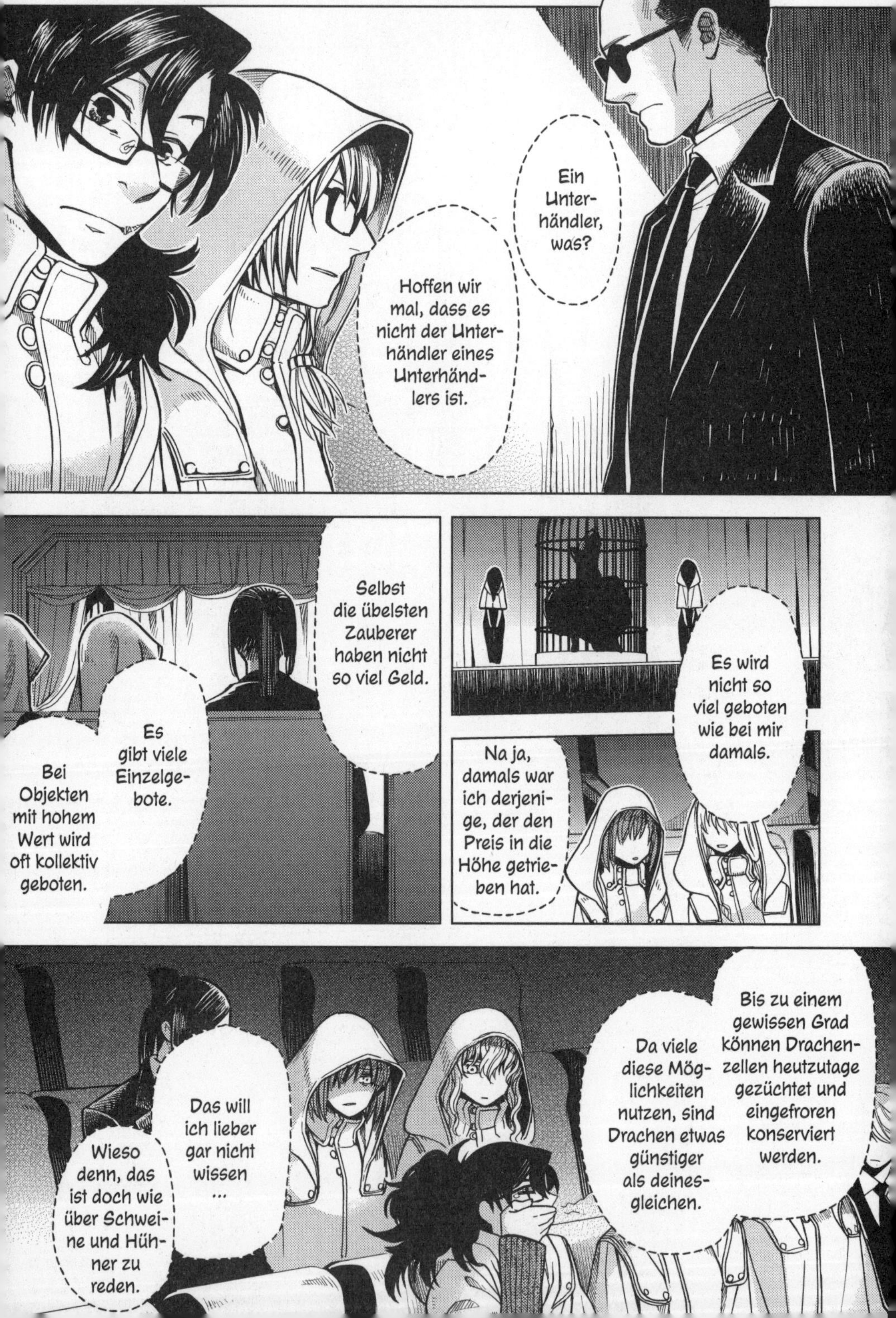
Ein Unterhändler, was?
Hoffen wir mal, dass es nicht der Unterhändler eines Unterhändlers ist.
Es wird nicht so viel geboten wie bei mir damals.
Na ja, damals war ich derjenige, der den Preis in die Höhe getrieben hat.
Selbst die übelsten Zauberer haben nicht so viel Geld.
Es gibt viele Einzelgebote.
Bei Objekten mit hohem Wert wird oft kollektiv geboten.
Bis zu einem gewissen Grad können Drachenzellen heutzutage gezüchtet und eingefroren konserviert werden.
Da viele diese Möglichkeiten nutzen, sind Drachen etwas günstiger als deinesgleichen.
Das will ich lieber gar nicht wissen ...
Wieso denn, das ist doch wie über Schweine und Hühner zu reden.

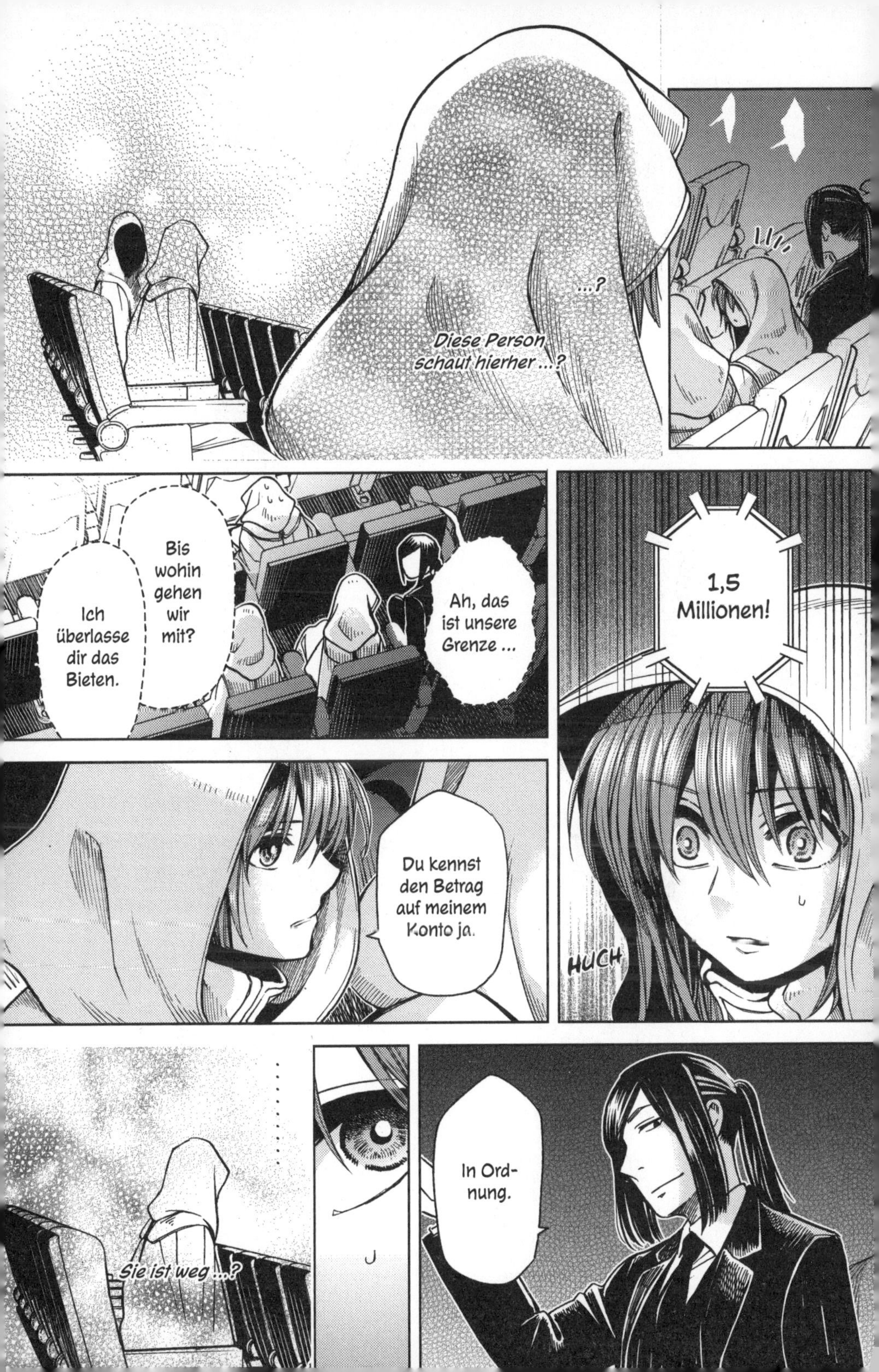
...?
Diese Person schaut hierher ...?
1,5 Millionen!
Ah, das ist unsere Grenze ...
Bis wohin gehen wir mit?
Ich überlasse dir das Bieten.
HUCH
Du kennst den Betrag auf meinem Konto ja.
In Ordnung.
......
Sie ist weg ...?

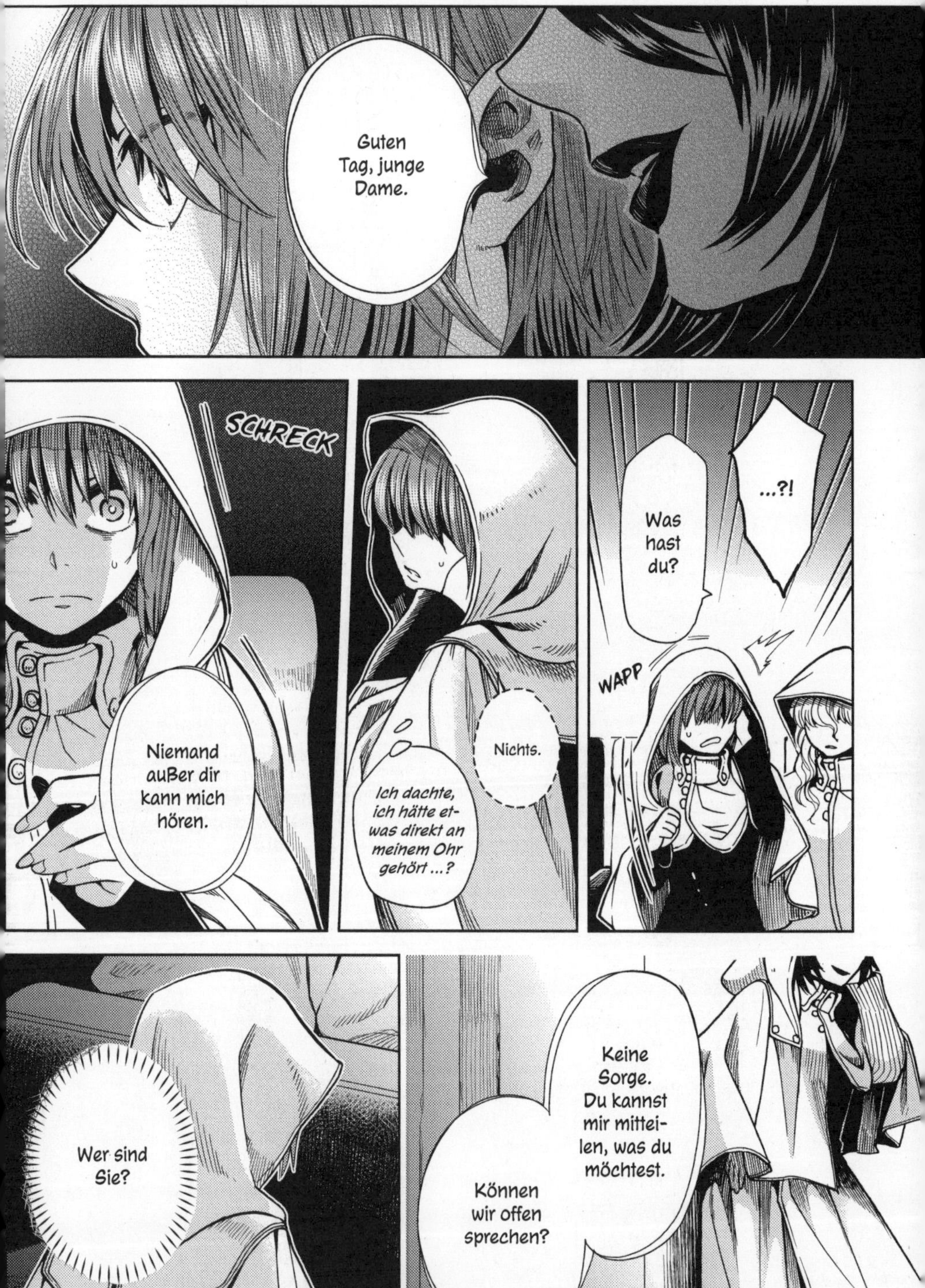
Guten Tag, junge Dame.
...?!
Was hast du?
WAPP
Nichts.
Ich dachte, ich hätte etwas direkt an meinem Ohr gehört ...?
SCHRECK
Niemand außer dir kann mich hören.
Keine Sorge. Du kannst mir mitteilen, was du möchtest.
Können wir offen sprechen?
Wer sind Sie?

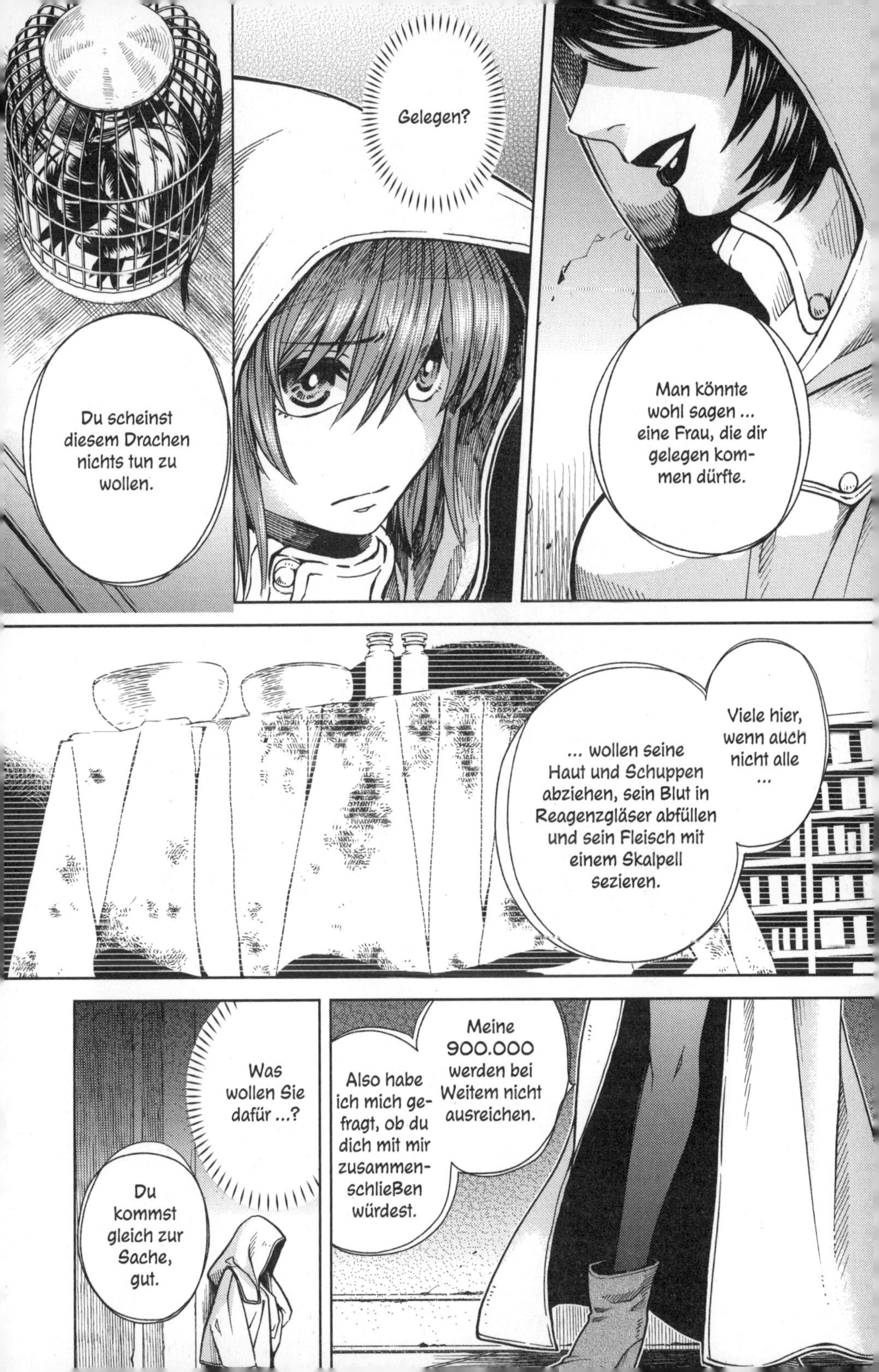
Man könnte wohl sagen ... eine Frau, die dir gelegen kommen dürfte.
Gelegen?
Du scheinst diesem Drachen nichts tun zu wollen.
Viele hier, wenn auch nicht alle ...
... wollen seine Haut und Schuppen abziehen, sein Blut in Reagenzgläser abfüllen und sein Fleisch mit einem Skalpell sezieren.
Meine 900.000 werden bei Weitem nicht ausreichen.
Also habe ich mich gefragt, ob du dich mit mir zusammenschließen würdest.
Was wollen Sie dafür ...?
Du kommst gleich zur Sache, gut.

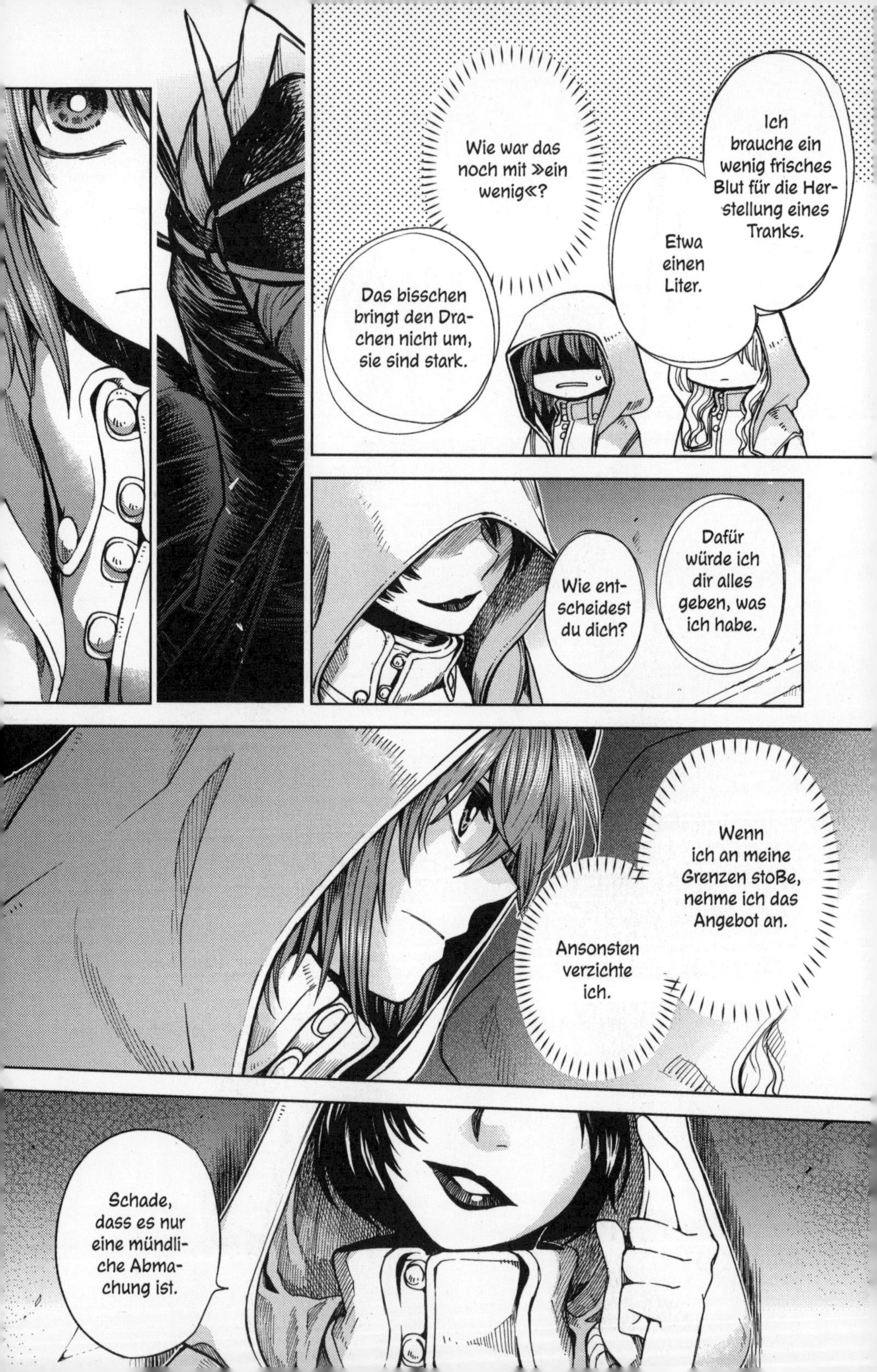

Ich brauche ein wenig frisches Blut für die Herstellung eines Tranks.
Etwa einen Liter.
Wie war das noch mit »ein wenig«?
Das bisschen bringt den Drachen nicht um, sie sind stark.
Dafür würde ich dir alles geben, was ich habe.
Wie entscheidest du dich?
Wenn ich an meine Grenzen stoße, nehme ich das Angebot an.
Ansonsten verzichte ich.
Schade, dass es nur eine mündliche Abmachung ist.

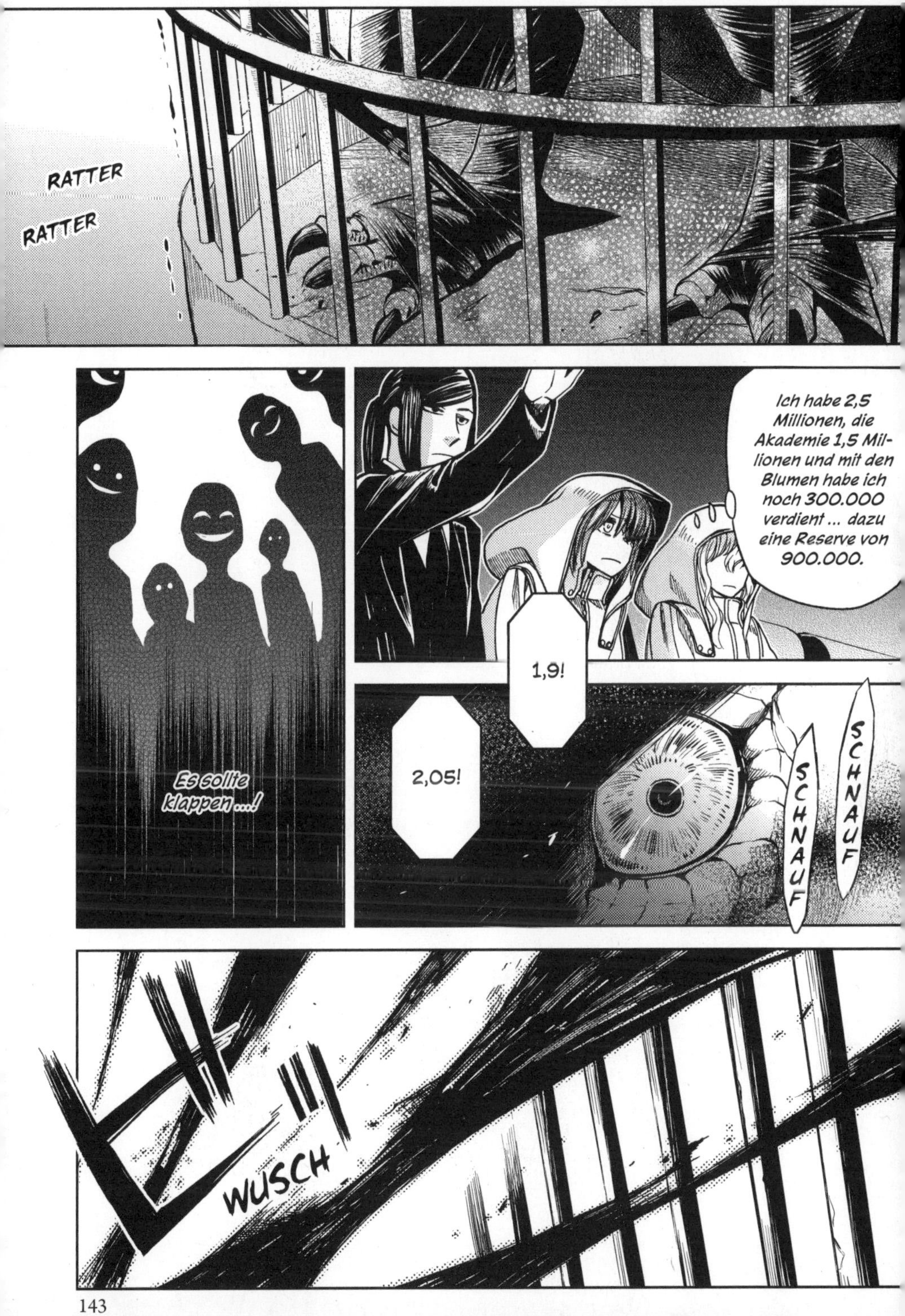
RATTER
RATTER
Ich habe 2,5 Millionen, die Akademie 1,5 Millionen und mit den Blumen habe ich noch 300.000 verdient ... dazu eine Reserve von 900.000.
Es sollte klappen ...!
1,9!
2,05!
SCHNAUF
SCHNAUF
WUSCH

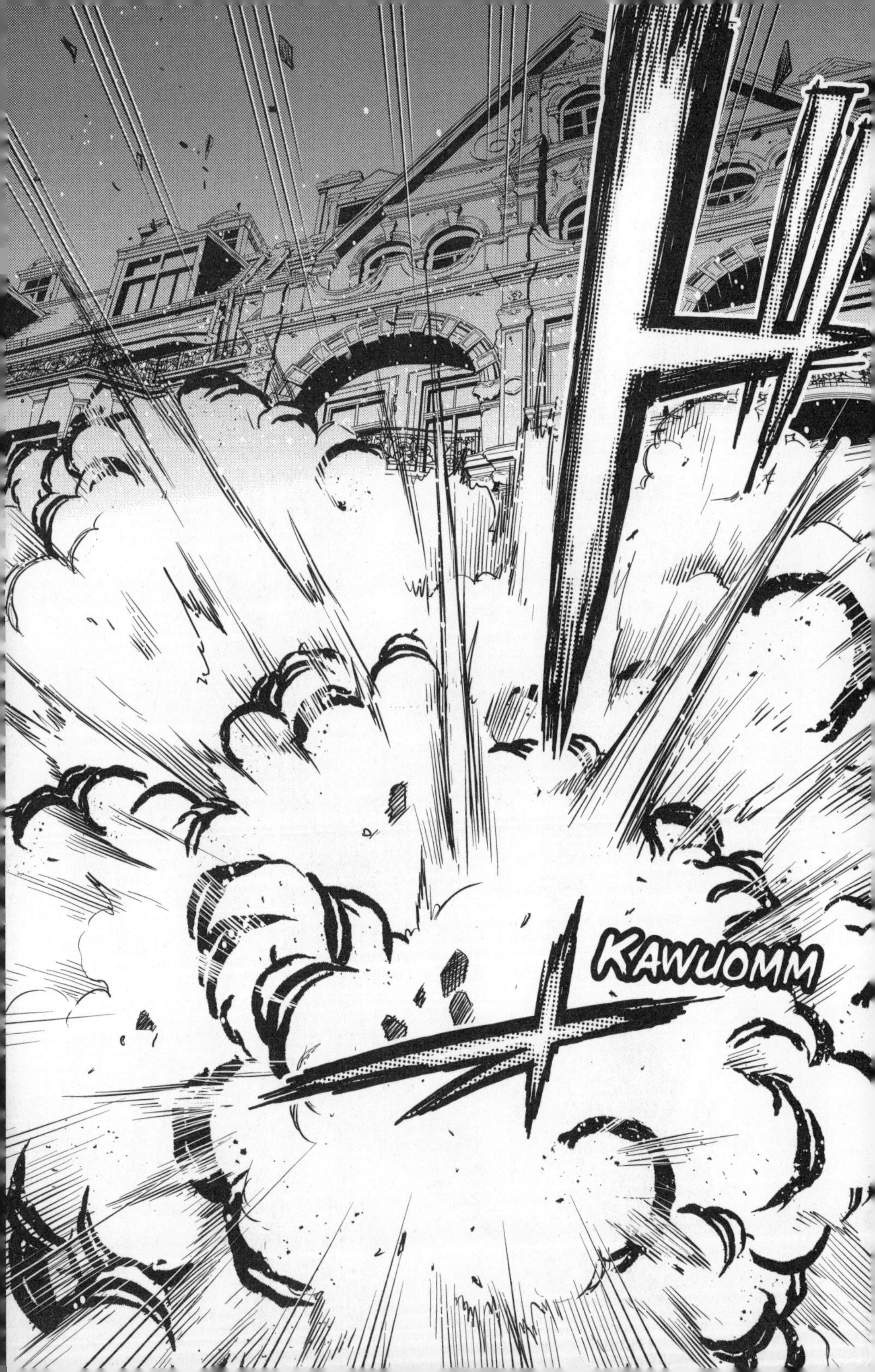
KAWUOMM

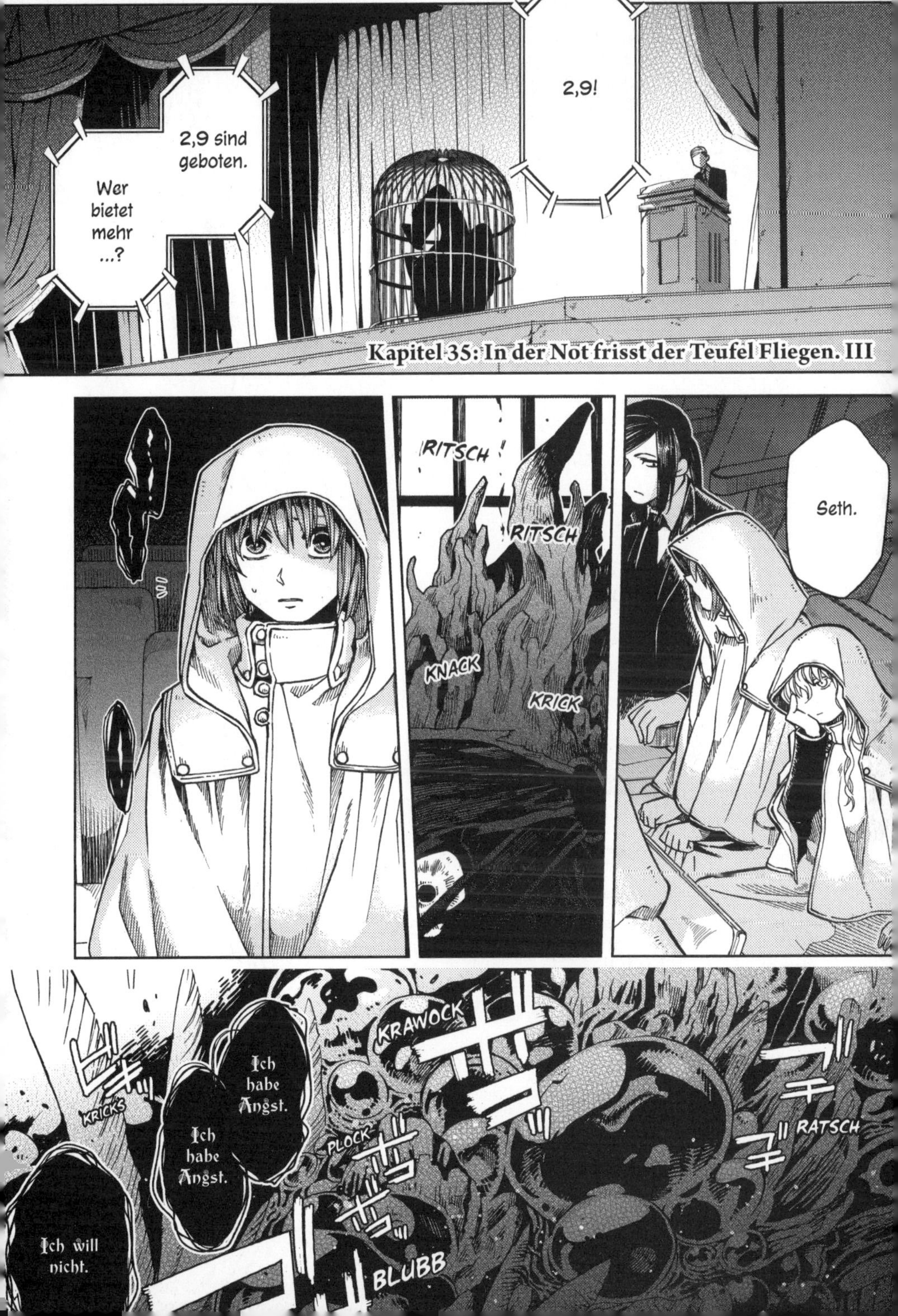
2,9!
2,9 sind geboten.
Wer bietet mehr ...?
Kapitel 35: In der Not frisst der Teufel Fliegen. III
Seth.
RITSCH
RITSCH
KNACK
KRICK
RATSCH
KRAWOCK
PLOCK
BLUBB
Ich habe Angst.
Ich habe Angst.
KRICKS
Ich will nicht.

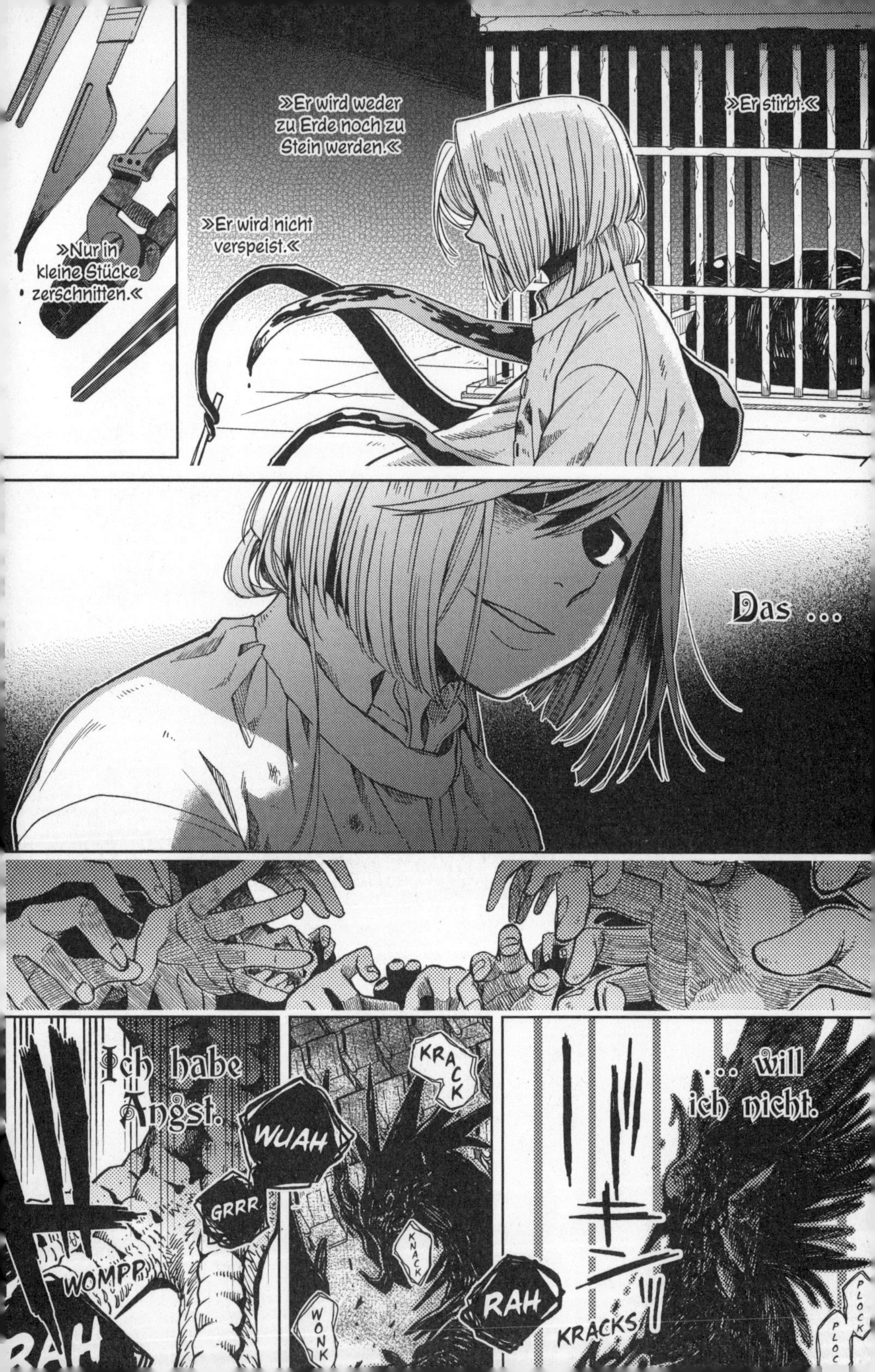

»Er stirbt.«
»Er wird weder zu Erde noch zu Stein werden.«
»Er wird nicht verspeist.«
»Nur in kleine Stücke zerschnitten.«
Das …
… will ich nicht.
PLOCK
PLOC
KRACKS
RAH
KRACK
WUAH
KNACK
WONK
GRRR
Ich habe Angst.
WOMPP
RAH

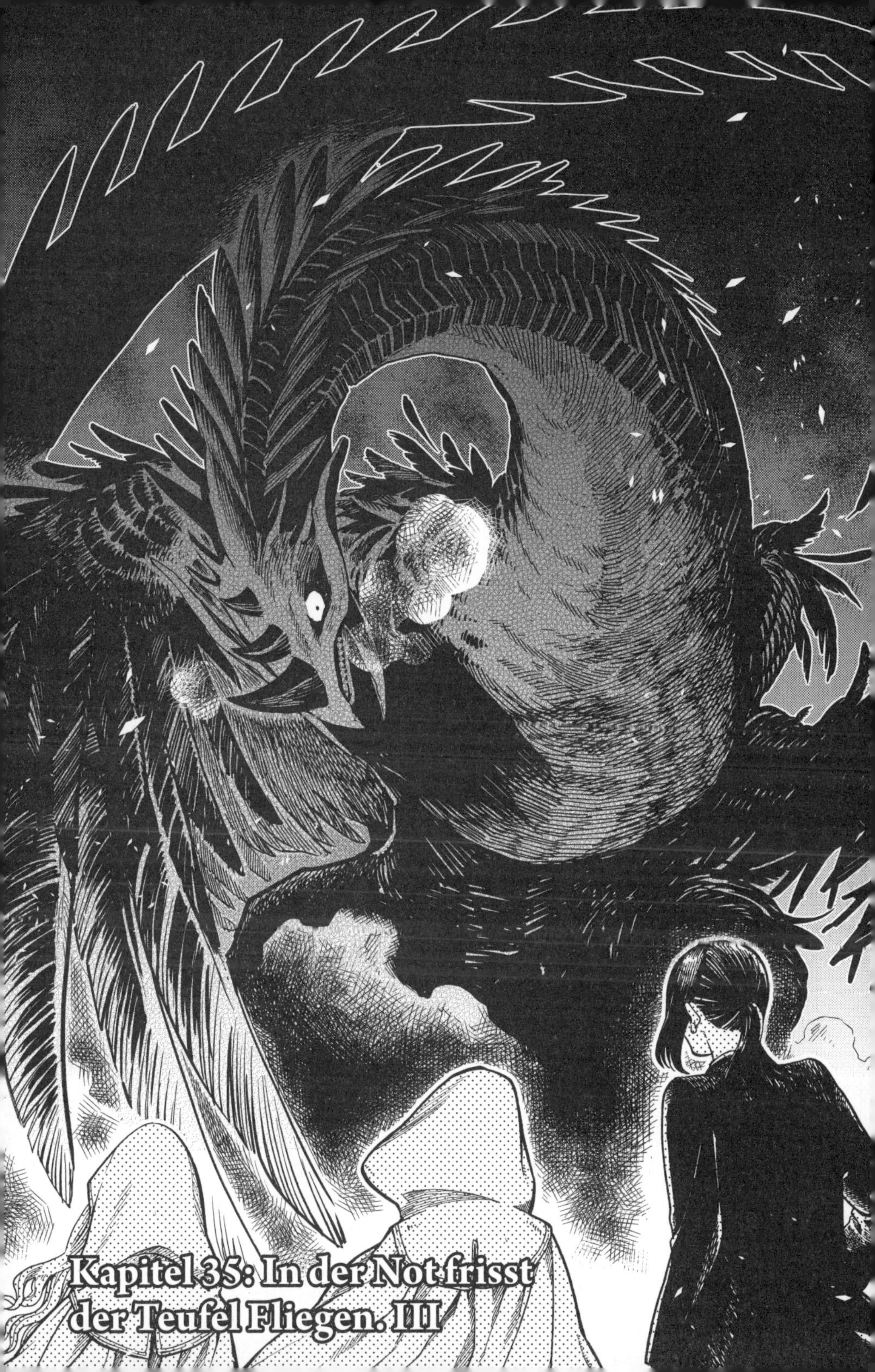
Kapitel 35: In der Not frisst
der Teufel Fliegen. III

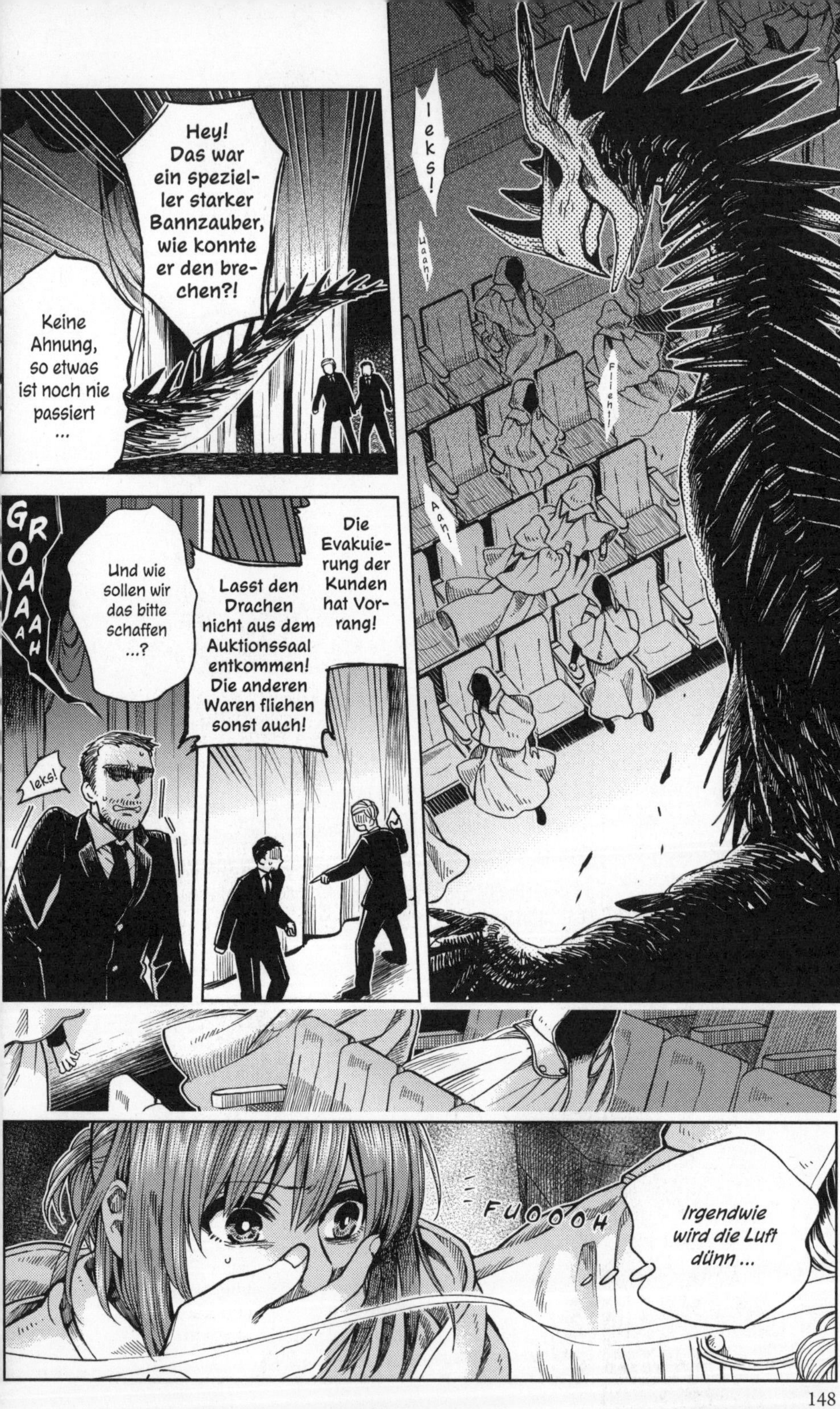
Der Drache ...!
Ieks!
Haah!
Flieht!
Aah!
Hey! Das war ein spezieller starker Bannzauber, wie konnte er den brechen?!
Keine Ahnung, so etwas ist noch nie passiert ...
Die Evakuierung der Kunden hat Vorrang!
Lasst den Drachen nicht aus dem Auktionssaal entkommen! Die anderen Waren fliehen sonst auch!
Und wie sollen wir das bitte schaffen ...?
GROAAAAAH
Ieks!
FUOOOOH
Irgendwie wird die Luft dünn ...

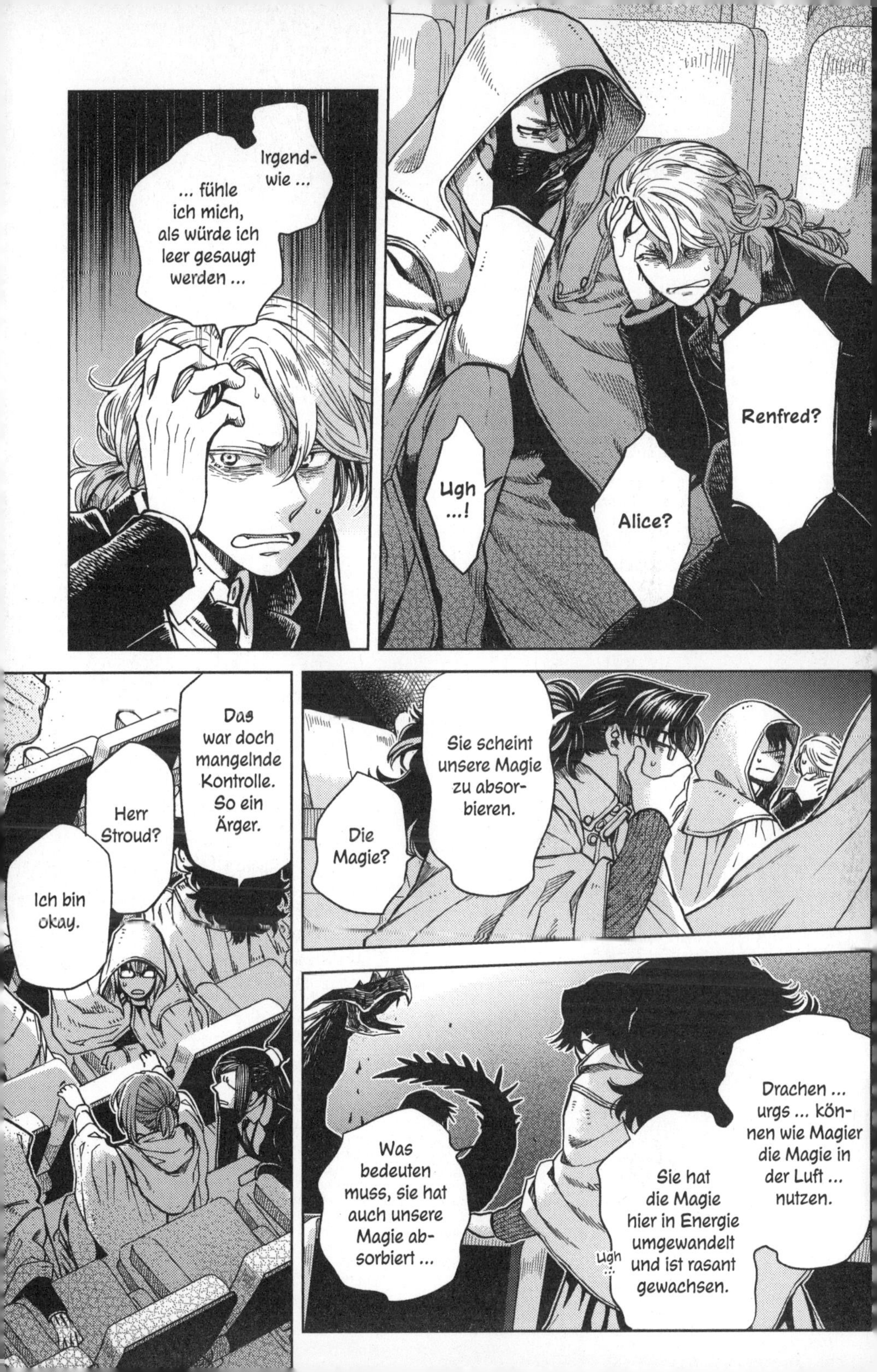
Irgend-wie ...
... fühle ich mich, als würde ich leer gesaugt werden ...
Renfred?
Alice?
Ugh ...!
Sie scheint unsere Magie zu absorbieren.
Die Magie?
Das war doch mangelnde Kontrolle. So ein Ärger.
Herr Stroud?
Ich bin okay.
Drachen ... urgs ... können wie Magier die Magie in der Luft ... nutzen.
Sie hat die Magie hier in Energie umgewandelt und ist rasant gewachsen.
Ugh ...
Was bedeuten muss, sie hat auch unsere Magie absorbiert ...

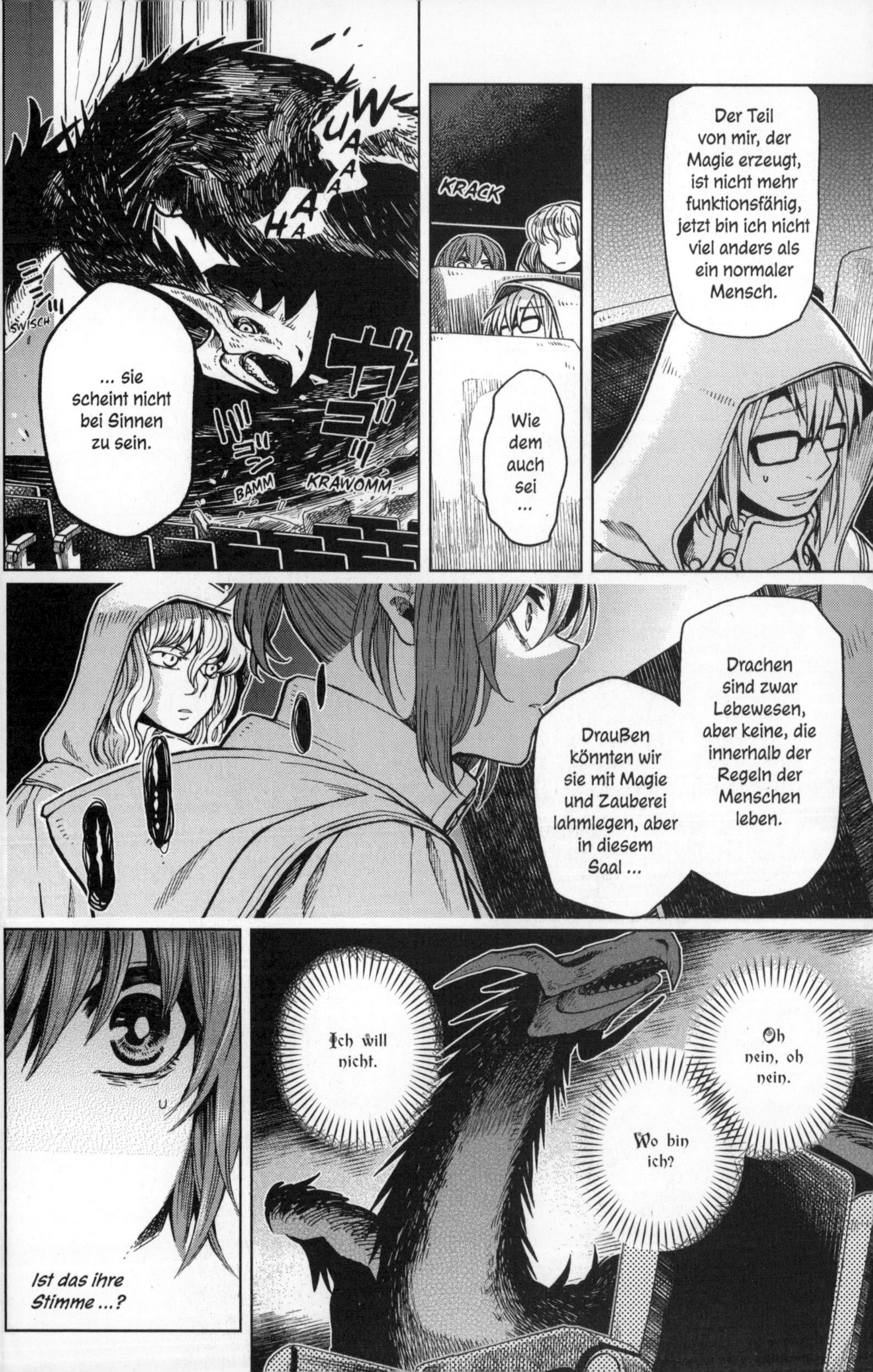
Der Teil von mir, der Magie erzeugt, ist nicht mehr funktionsfähig, jetzt bin ich nicht viel anders als ein normaler Mensch.
KRACK
Wie dem auch sei ...
WUAAAAAHAHA
SWISCH
... sie scheint nicht bei Sinnen zu sein.
BAMM
KRAWOMM
Drachen sind zwar Lebewesen, aber keine, die innerhalb der Regeln der Menschen leben.
Draußen könnten wir sie mit Magie und Zauberei lahmlegen, aber in diesem Saal ...
Oh nein, oh nein.
Wo bin ich?
Ich will nicht.
Ist das ihre Stimme ...?

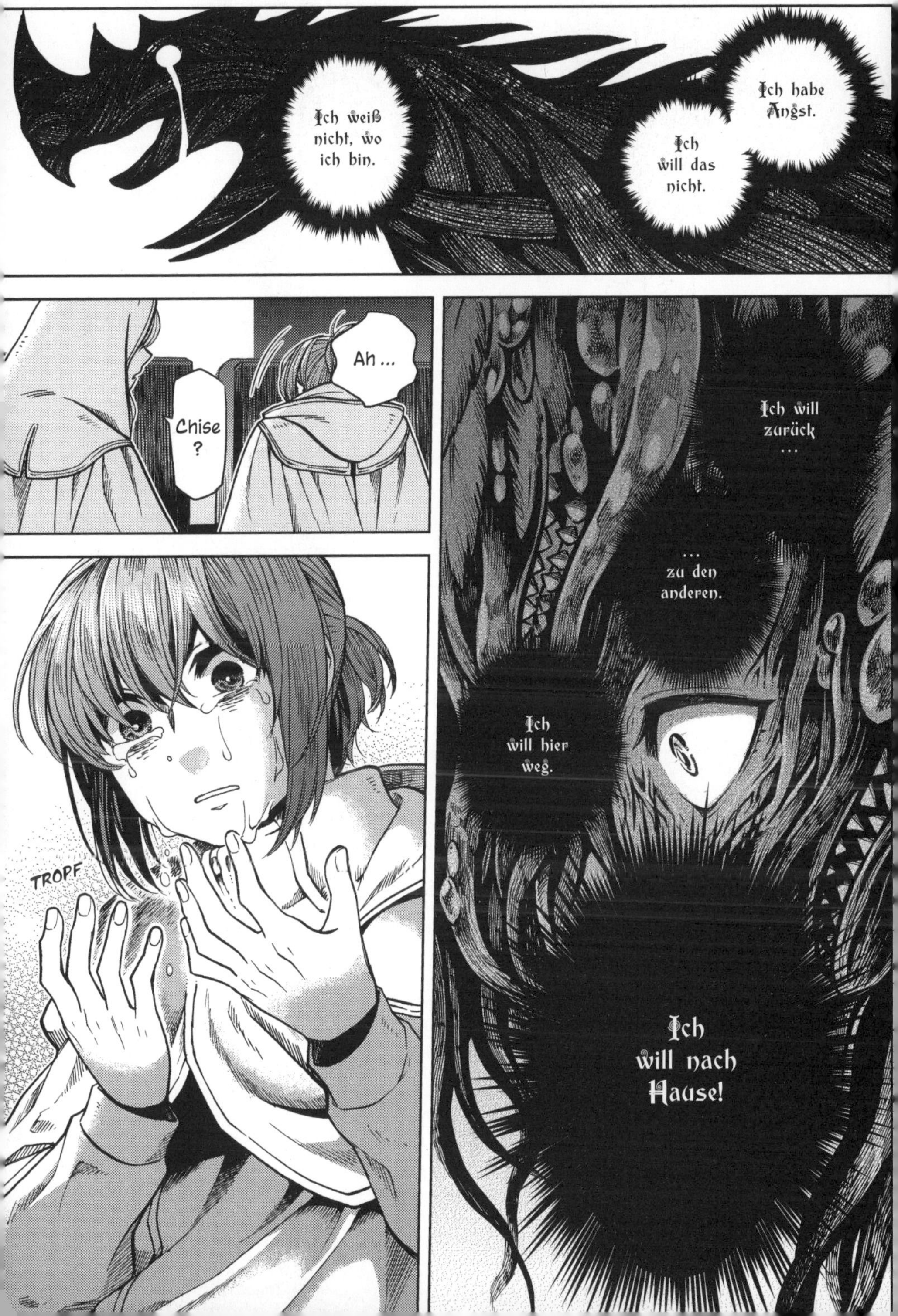
Ich habe Angst.
Ich will das nicht.
Ich weiß nicht, wo ich bin.
Ich will zurück …
… zu den anderen.
Ah …
Chise ?
Ich will hier weg.
TROPF
Ich will nach Hause!

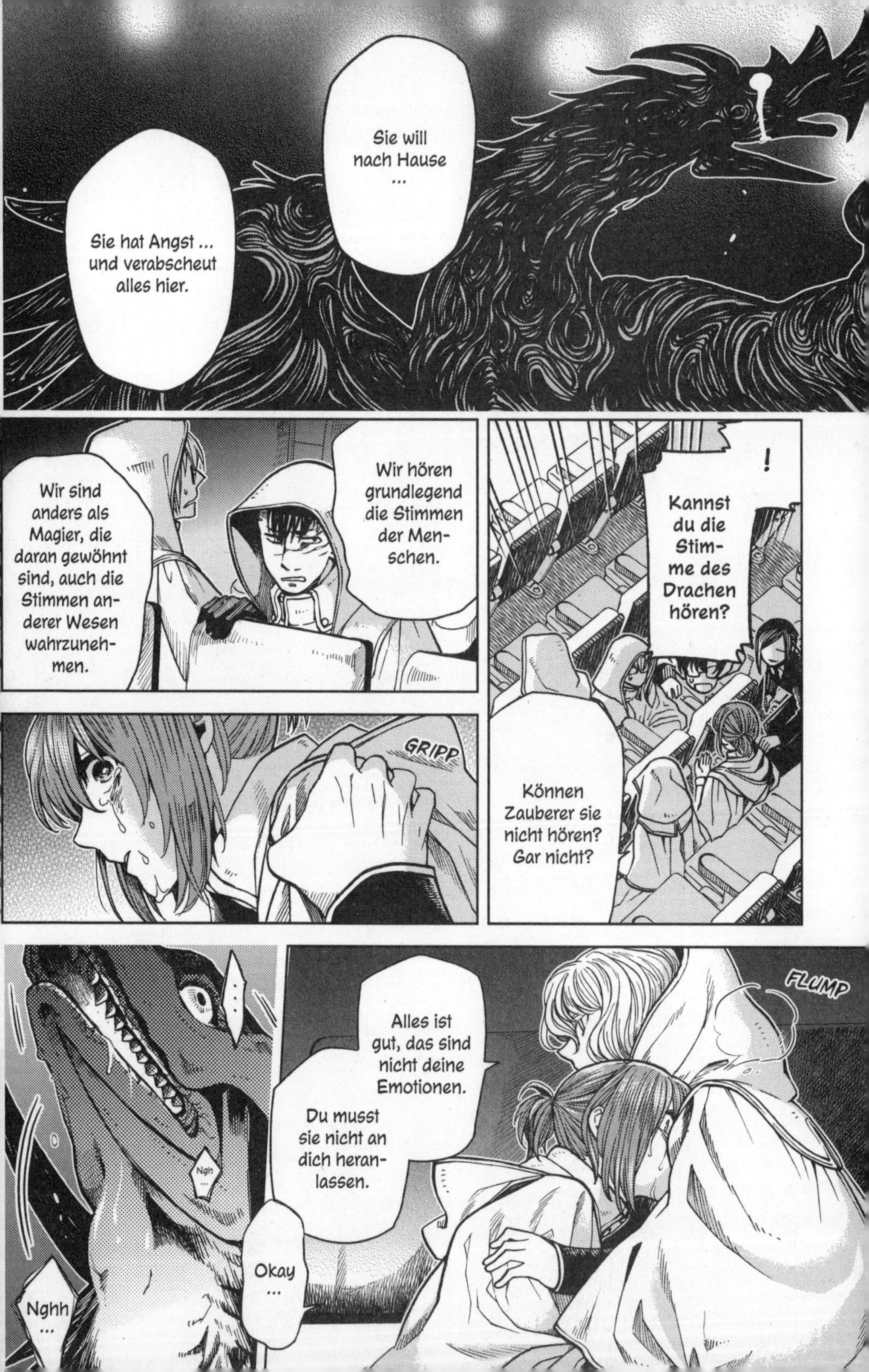

Sie will nach Hause ...
Sie hat Angst ... und verabscheut alles hier.
!
Kannst du die Stimme des Drachen hören?
Wir hören grundlegend die Stimmen der Menschen.
Wir sind anders als Magier, die daran gewöhnt sind, auch die Stimmen anderer Wesen wahrzunehmen.
Können Zauberer sie nicht hören? Gar nicht?
GRIPP
FLUMP
Alles ist gut, das sind nicht deine Emotionen.
Du musst sie nicht an dich heranlassen.
Okay ...
Ngh ...
Nghh ...

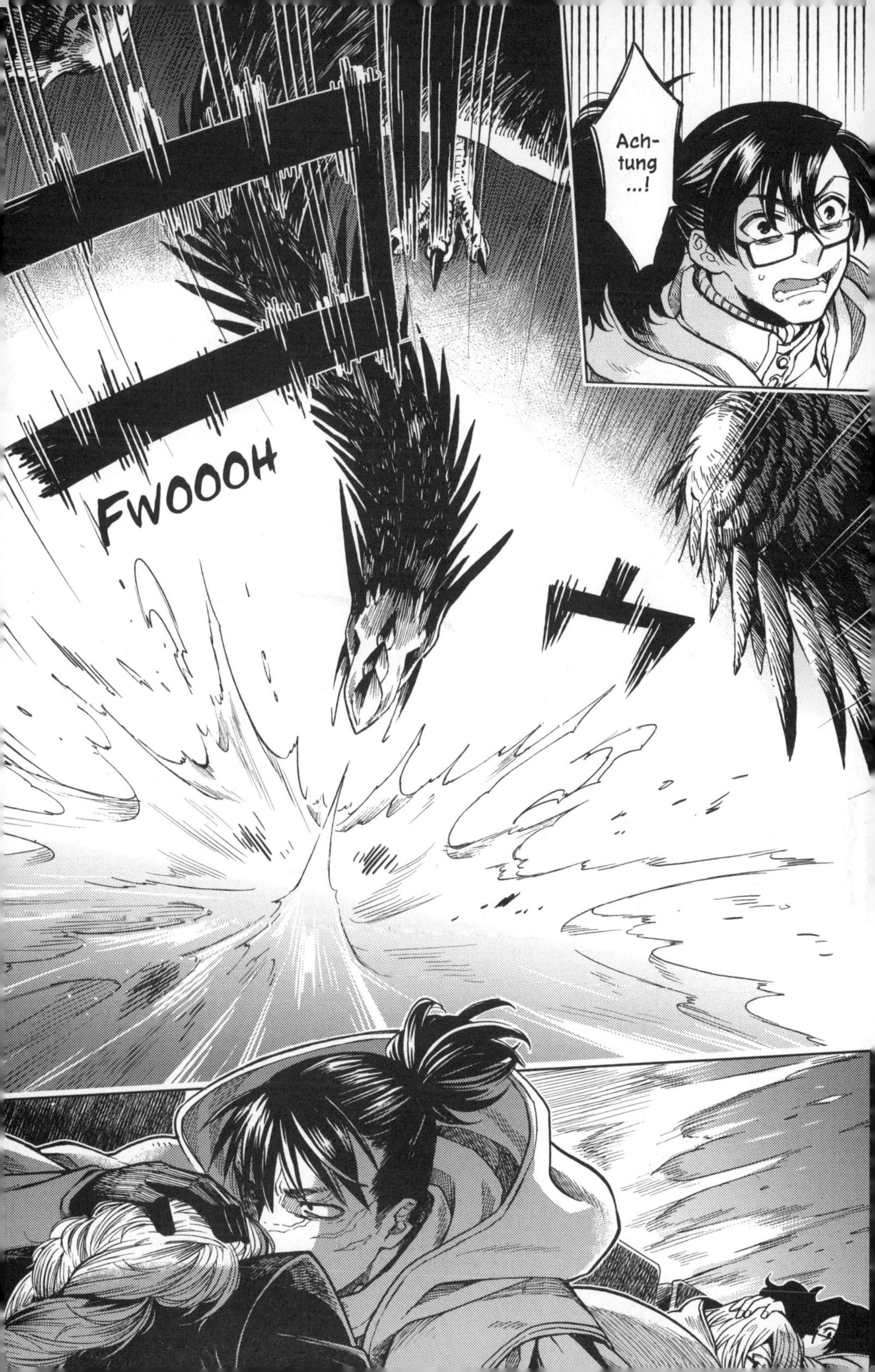

Achtung ...!
FWOOOH

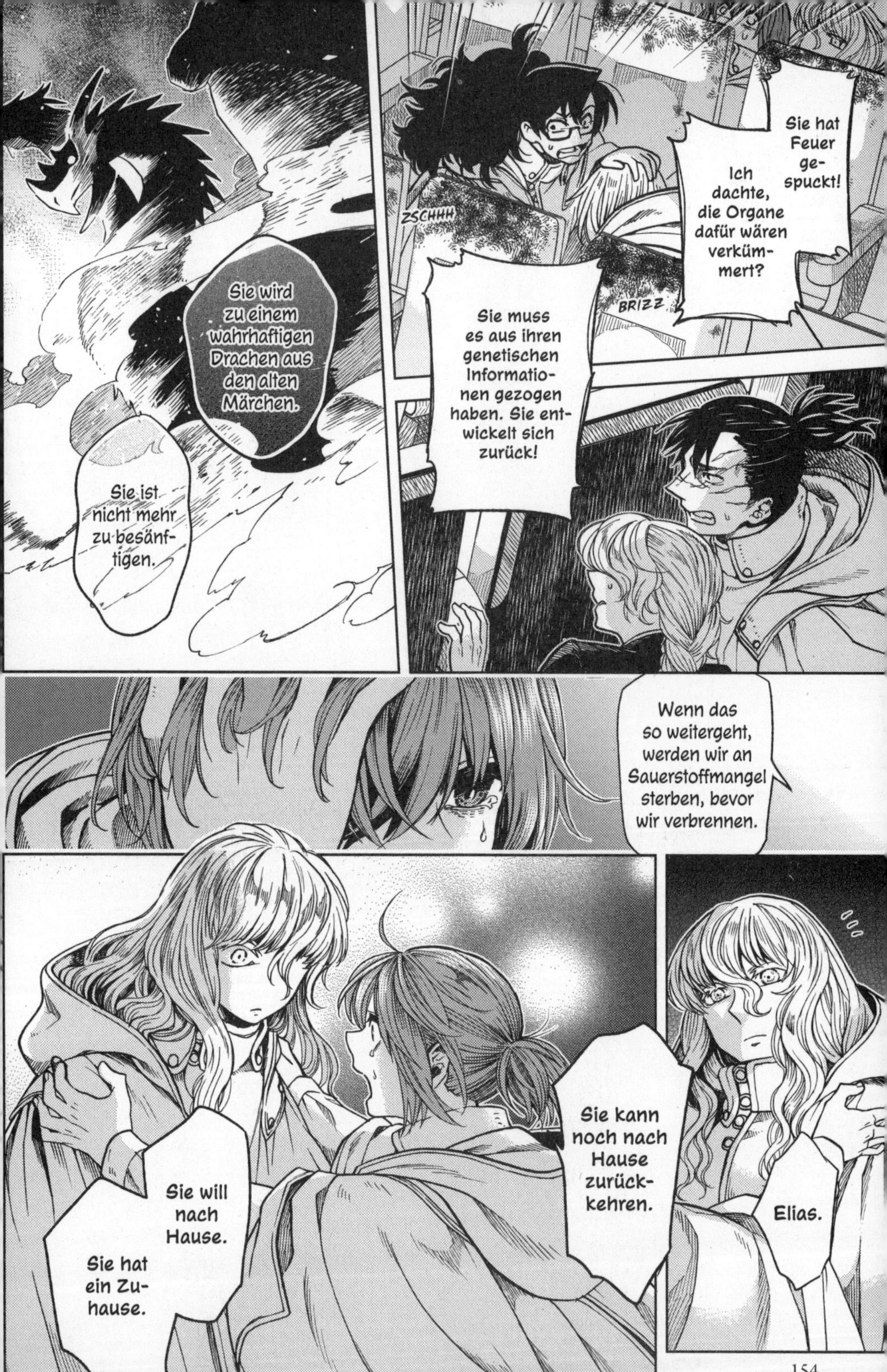

Sie hat Feuer gespuckt!
Ich dachte, die Organe dafür wären verkümmert?
ZSCHHH
BRIZZ
Sie muss es aus ihren genetischen Informationen gezogen haben. Sie entwickelt sich zurück!
Sie wird zu einem wahrhaftigen Drachen aus den alten Märchen.
Sie ist nicht mehr zu besänftigen.
Wenn das so weitergeht, werden wir an Sauerstoffmangel sterben, bevor wir verbrennen.
Elias.
Sie kann noch nach Hause zurückkehren.
Sie will nach Hause.
Sie hat ein Zuhause.

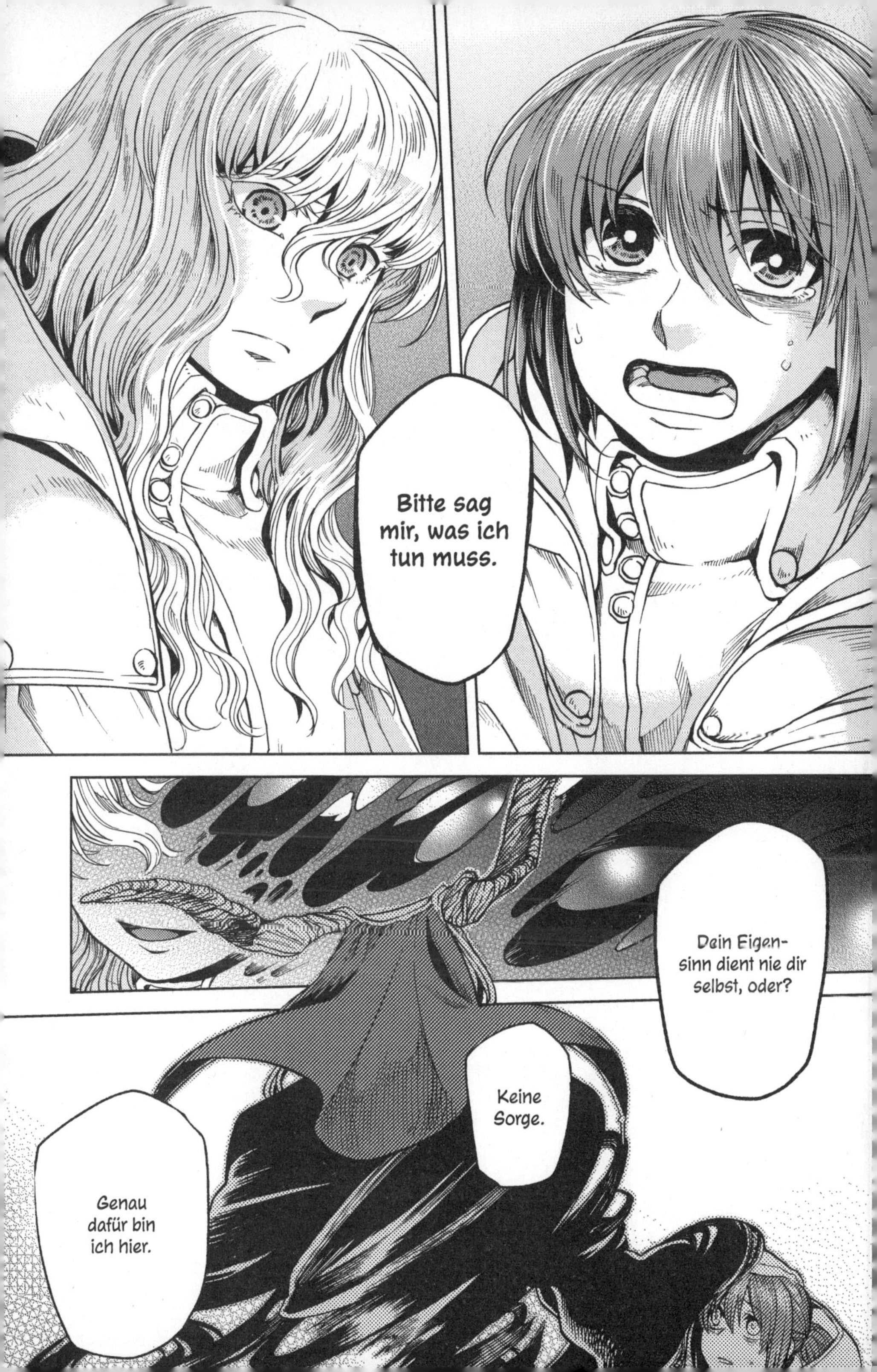
Bitte sag mir, was ich tun muss.
Dein Eigen-sinn dient nie dir selbst, oder?
Keine Sorge.
Genau dafür bin ich hier.

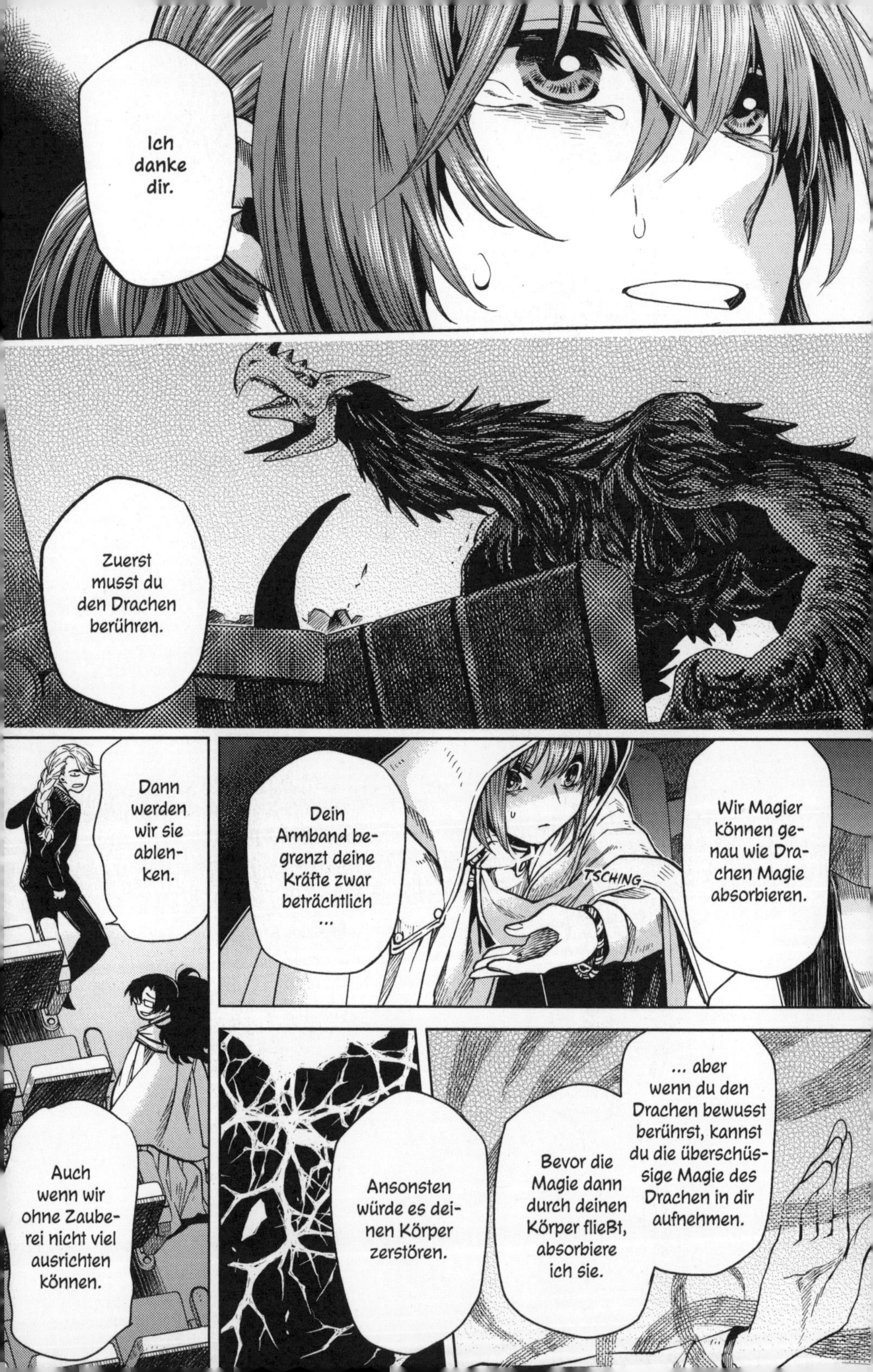
Ich danke dir.
Zuerst musst du den Drachen berühren.
Wir Magier können genau wie Drachen Magie absorbieren.
TSCHING
Dein Armband begrenzt deine Kräfte zwar beträchtlich ...
... aber wenn du den Drachen bewusst berührst, kannst du die überschüssige Magie des Drachen in dir aufnehmen.
Bevor die Magie dann durch deinen Körper fließt, absorbiere ich sie.
Ansonsten würde es deinen Körper zerstören.
Dann werden wir sie ablenken.
Auch wenn wir ohne Zauberei nicht viel ausrichten können.

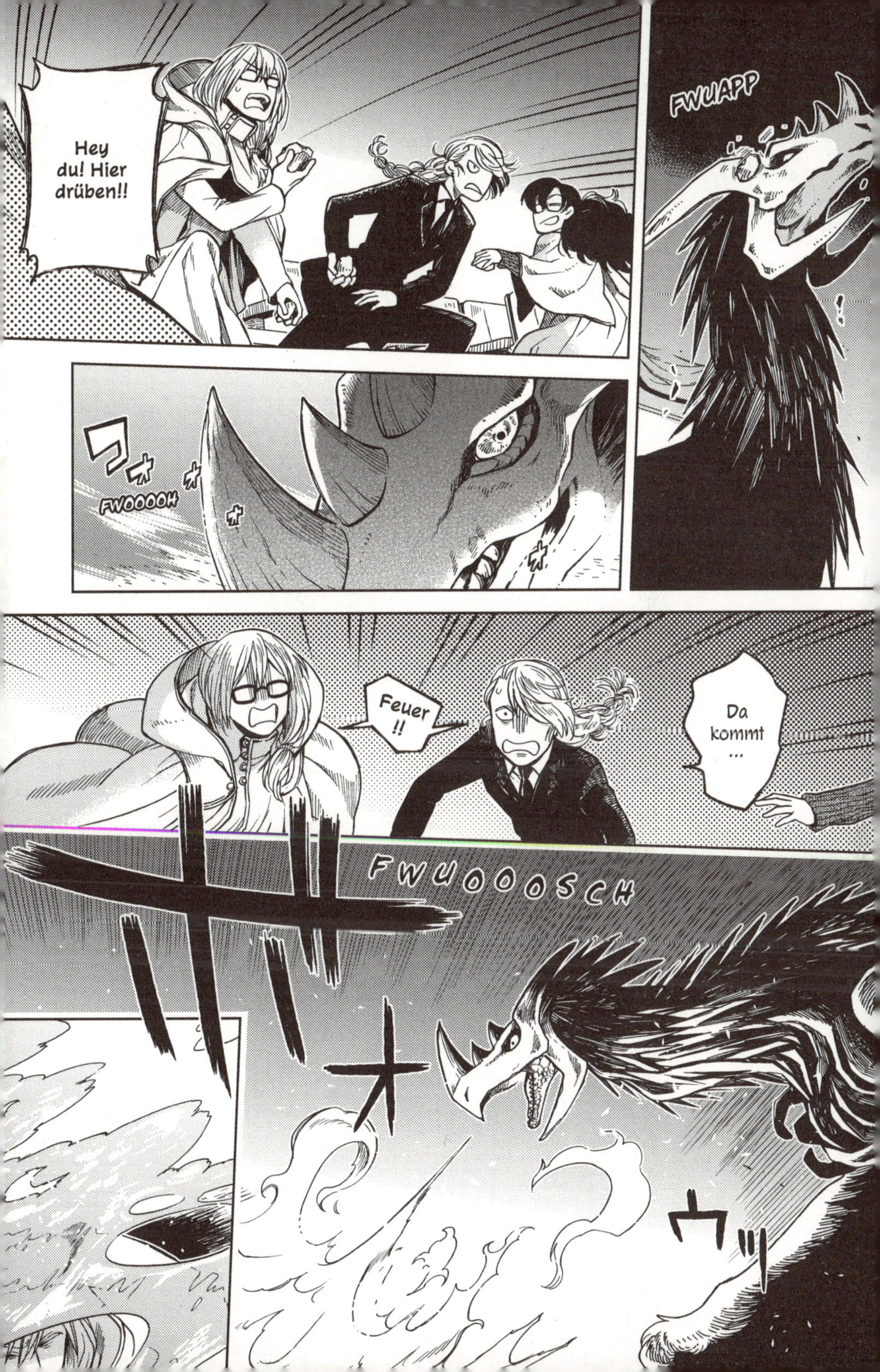
FWUAPP
Hey du! Hier drüben!!
ワオォォ
FWOOOOH
Da kommt ...
Feuer !!
FWUOOOSCH
ゴオ
ウッ

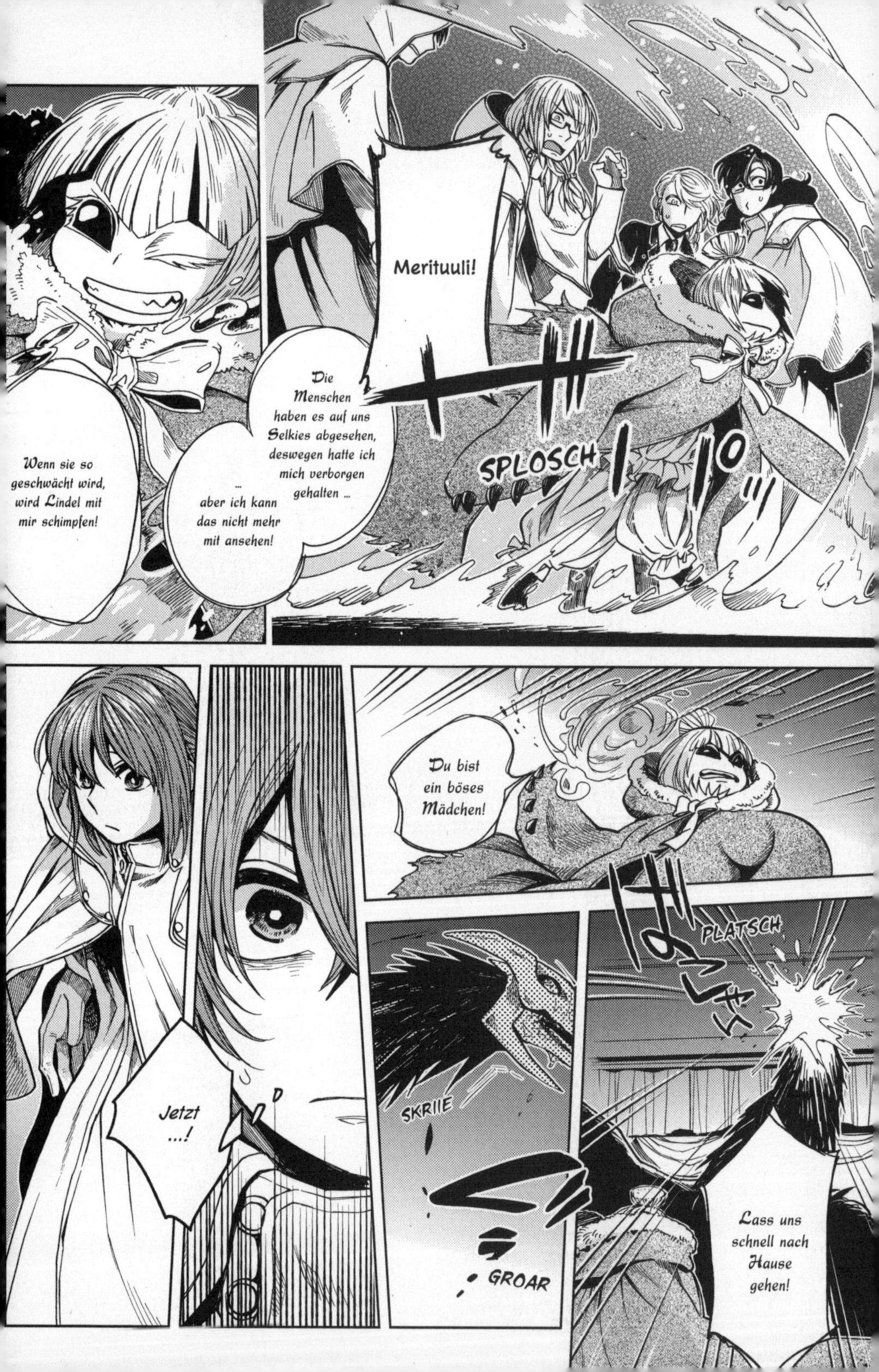

Merituuli!
SPLOSCH
Die Menschen haben es auf uns Selkies abgesehen, deswegen hatte ich mich verborgen gehalten ...
... aber ich kann das nicht mehr mit ansehen!
Wenn sie so geschwächt wird, wird Lindel mit mir schimpfen!
Du bist ein böses Mädchen!
PLATSCH
Lass uns schnell nach Hause gehen!
SKRIIE
GROAR
Jetzt ...!

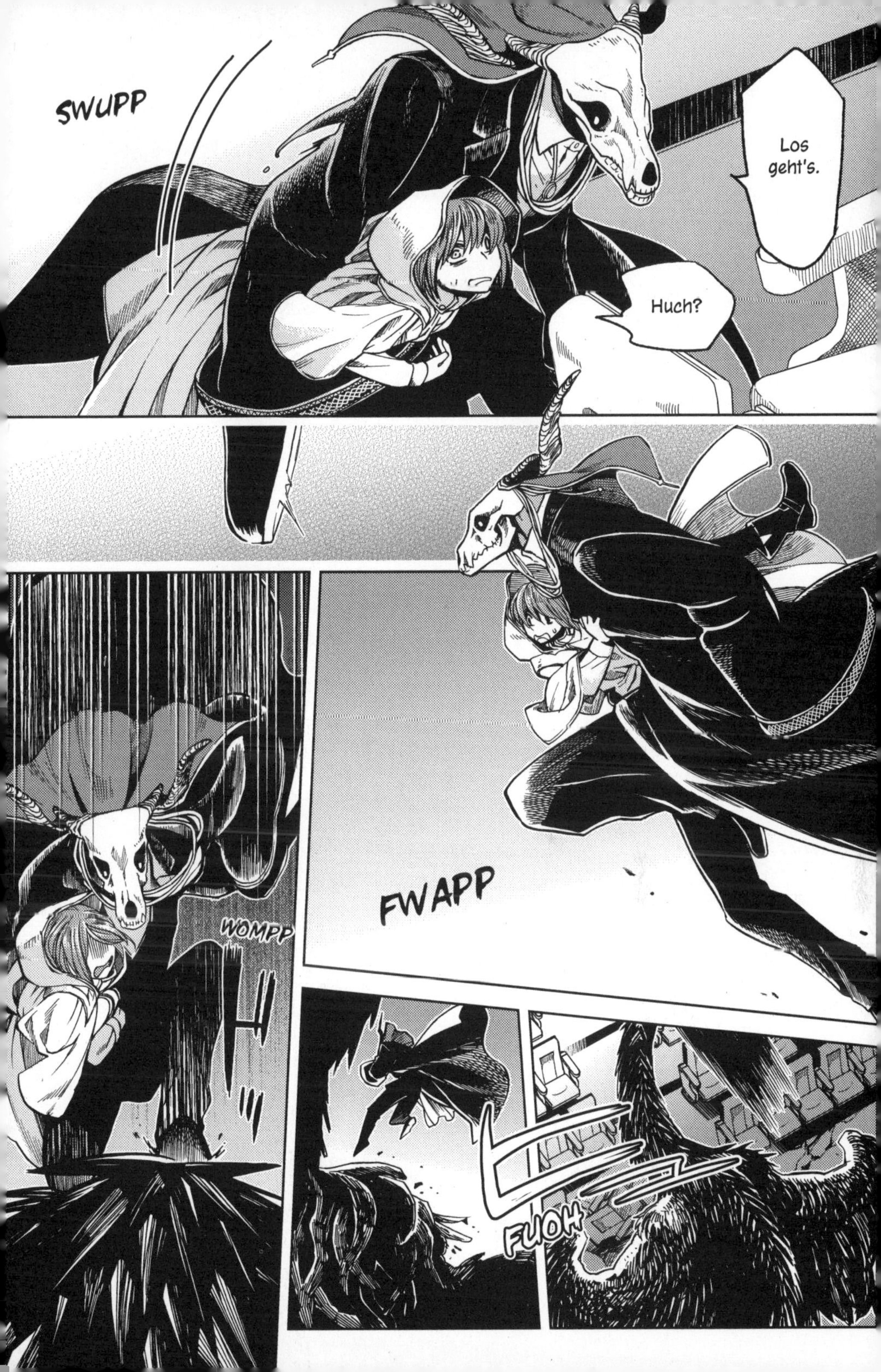
Los geht's.
Huch?
SWUPP
FWAPP
WOMPP
FUOH

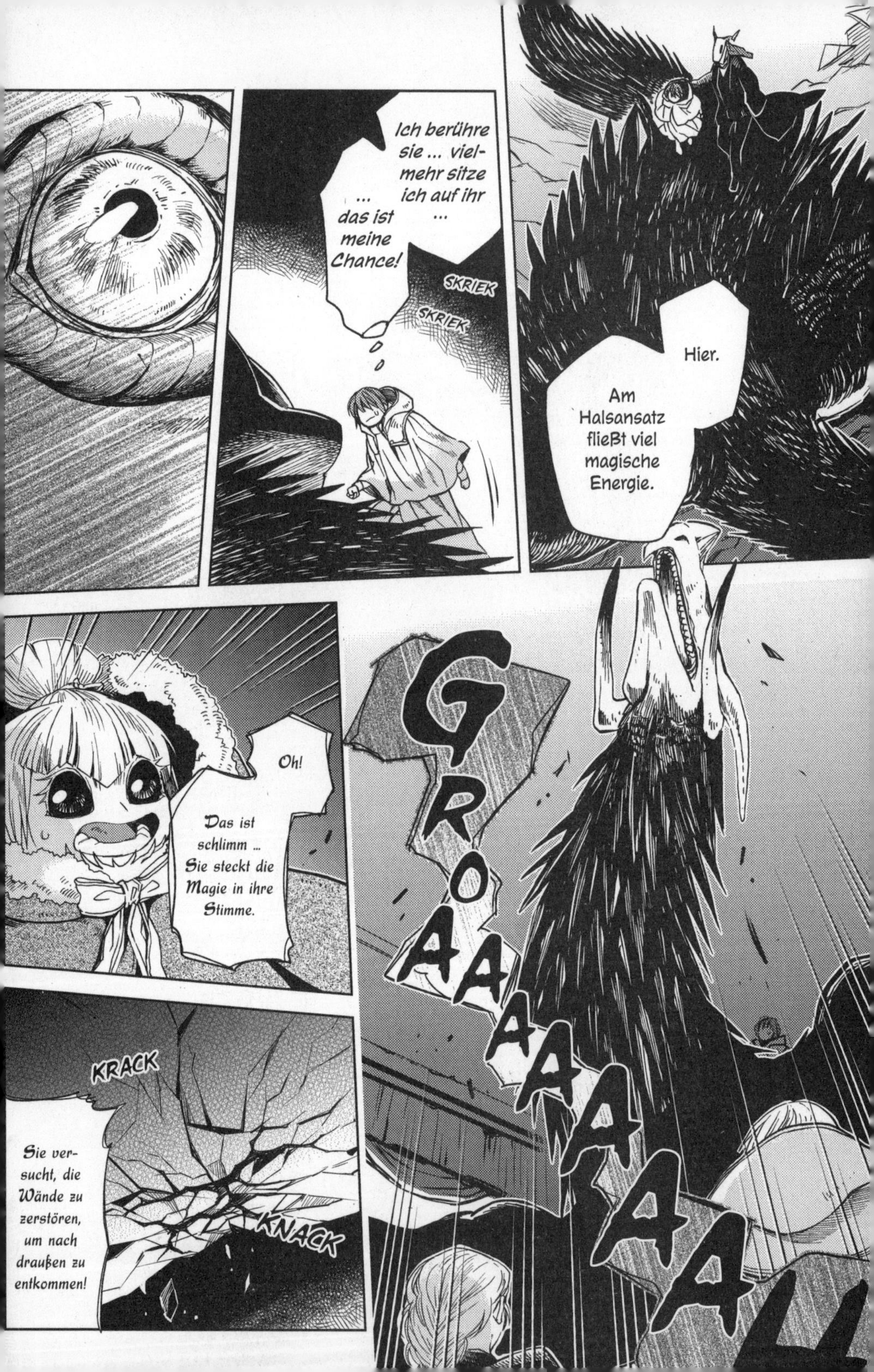
Hier.
Am Halsansatz fließt viel magische Energie.
Ich berühre sie ... vielmehr sitze ich auf ihr ... ... das ist meine Chance!
SKRIEK
SKRIEK
GROAAAAAAAAH
Oh!
Das ist schlimm ... Sie steckt die Magie in ihre Stimme.
KRACK
KNACK
Sie versucht, die Wände zu zerstören, um nach draußen zu entkommen!

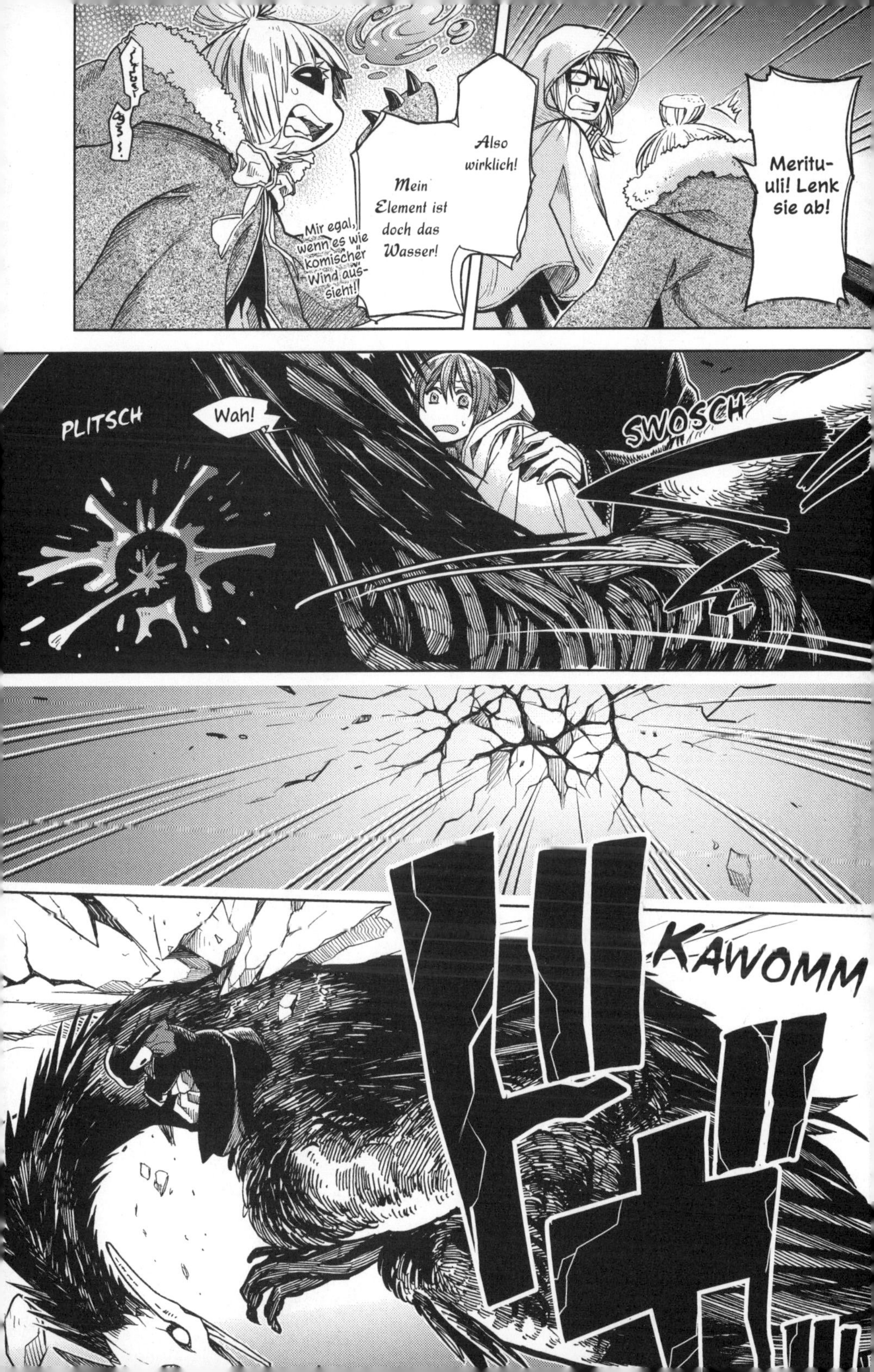
Merituuli! Lenk sie ab!
Also wirklich!
Mein Element ist doch das Wasser!
Mir egal, wenn es wie komischer Wind aussieht!
SWOSCH
Wah!
PLITSCH
KAWOMM

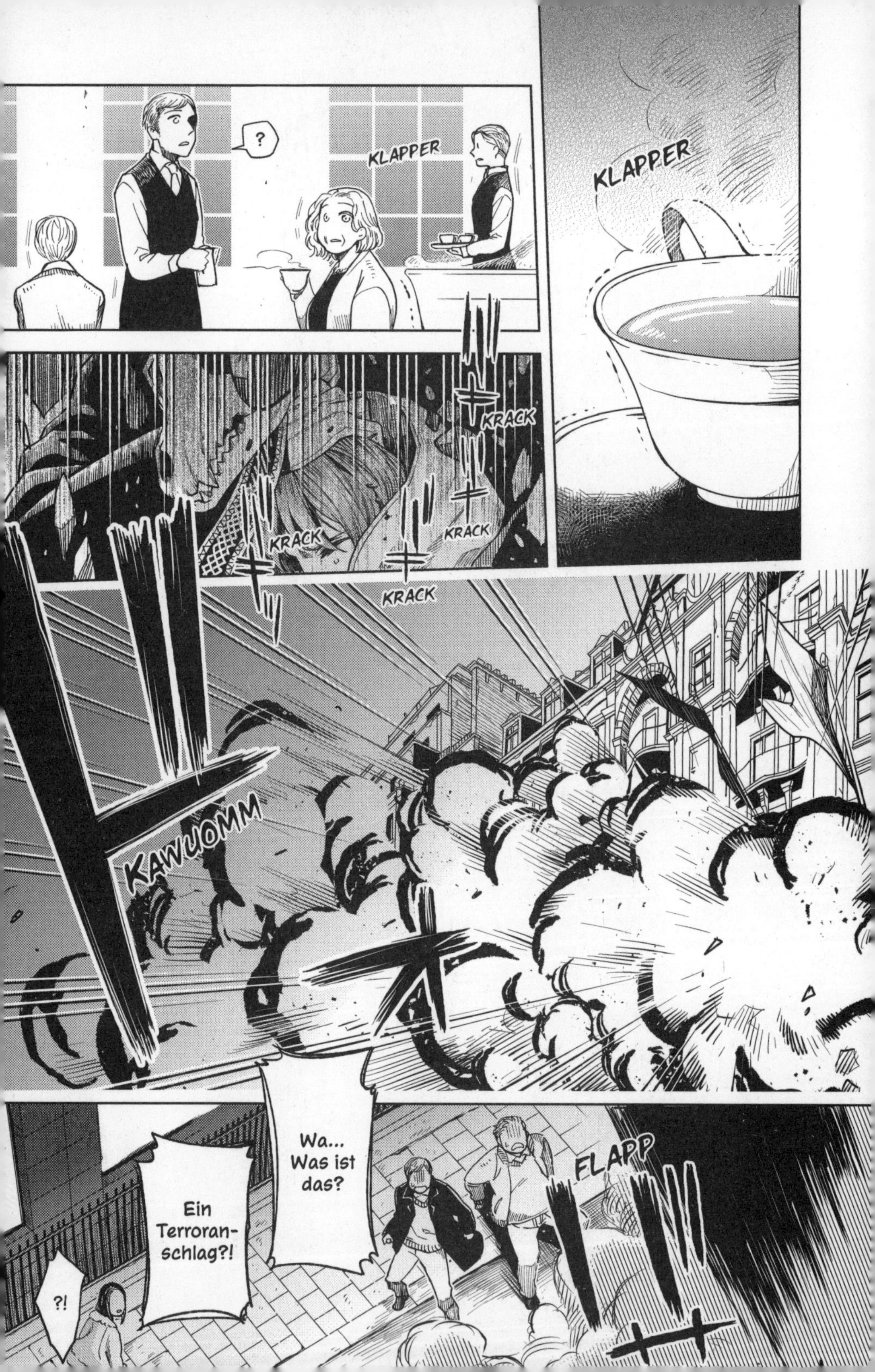

KLAPPER
?
KLAPPER
KRACK
KRACK
KRACK
KRACK
KAWUOMM
FLAPP
Wa... Was ist das?
Ein Terroran-schlag?!
?!

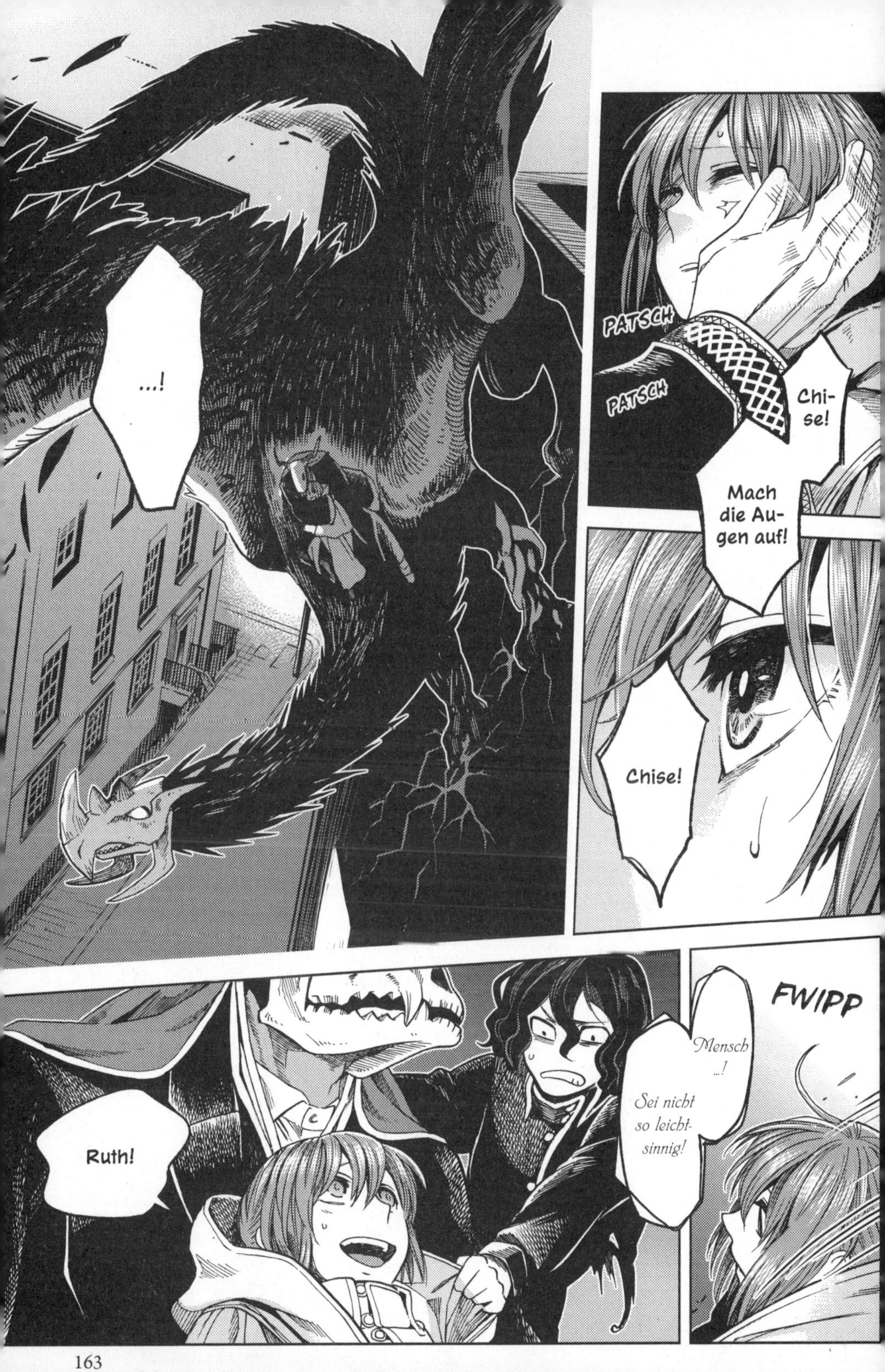

PATSCH
PATSCH
Chi-
se!
Mach
die Au-
gen auf!
...!
Chise!
FWIPP
Mensch
...!
Sei nicht
so leicht-
sinnig!
Ruth!

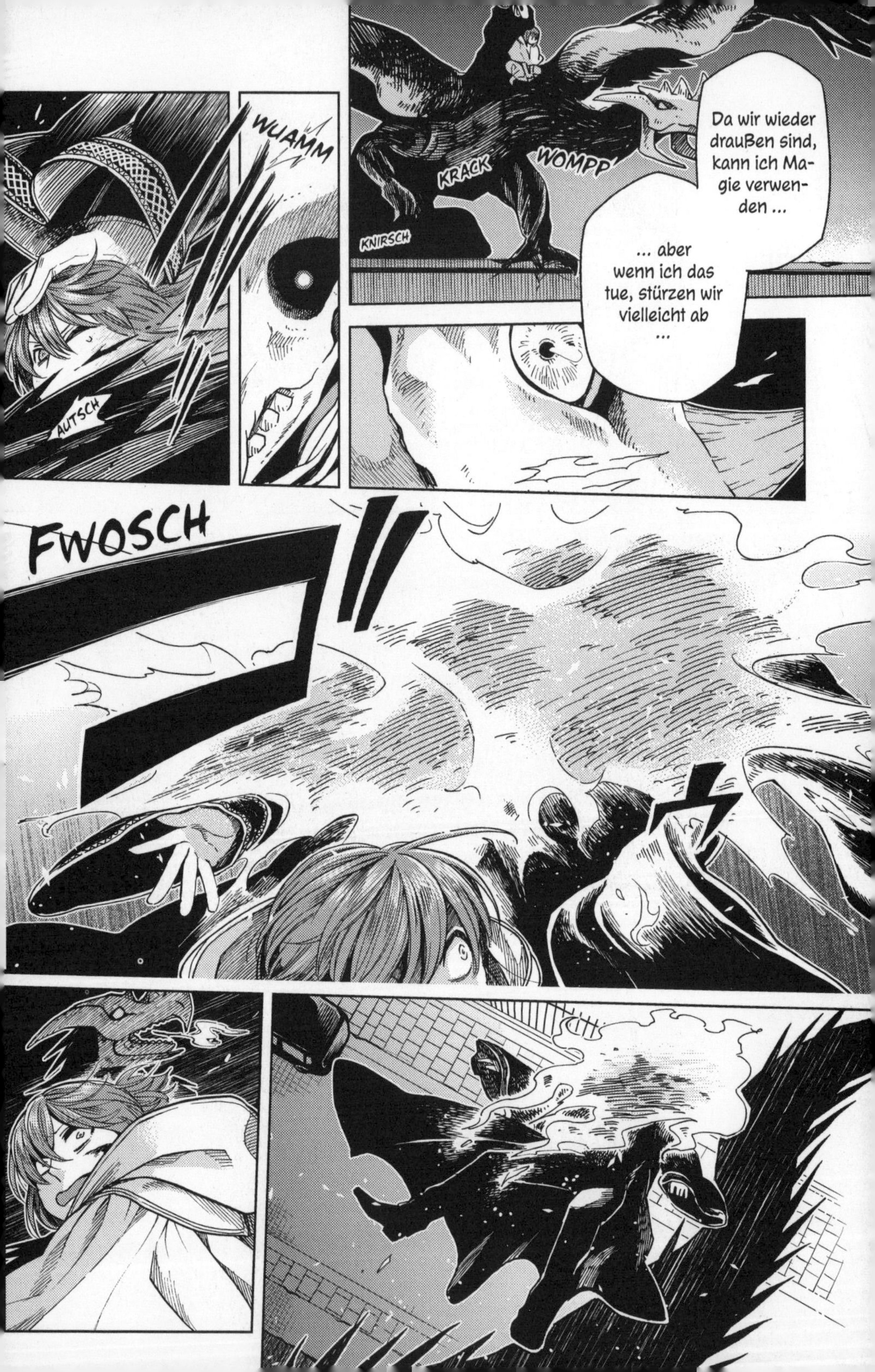

KNIRSCH
KRACK
WOMPP
Da wir wieder draußen sind, kann ich Magie verwenden ...
... aber wenn ich das tue, stürzen wir vielleicht ab ...
WUAMM
AUTSCH
FWOSCH

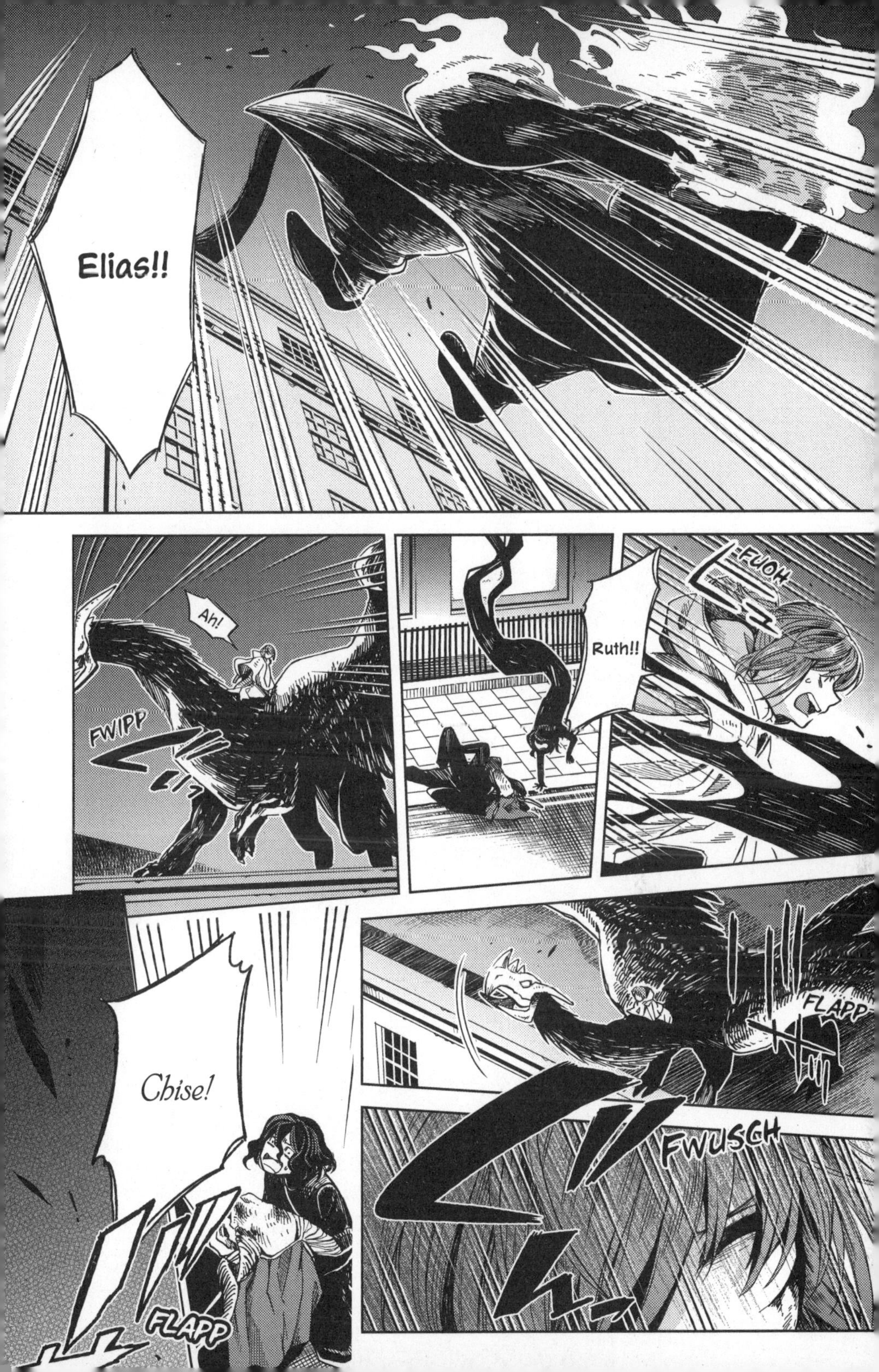
Elias!!
FUOH
Ruth!!
Ah!
FWIPP
FLAPP
FWUSCH
Chise!
FLAPP

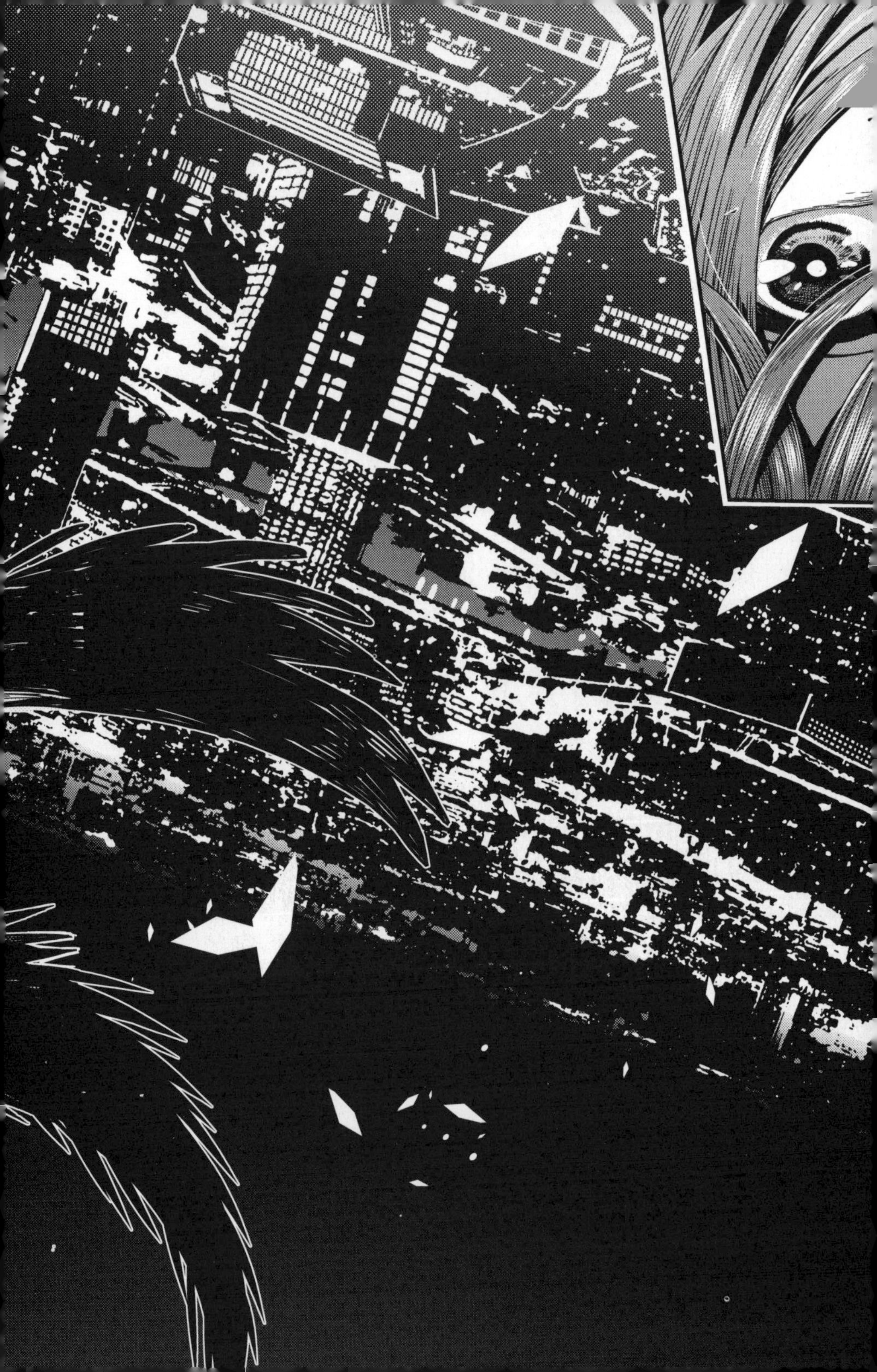

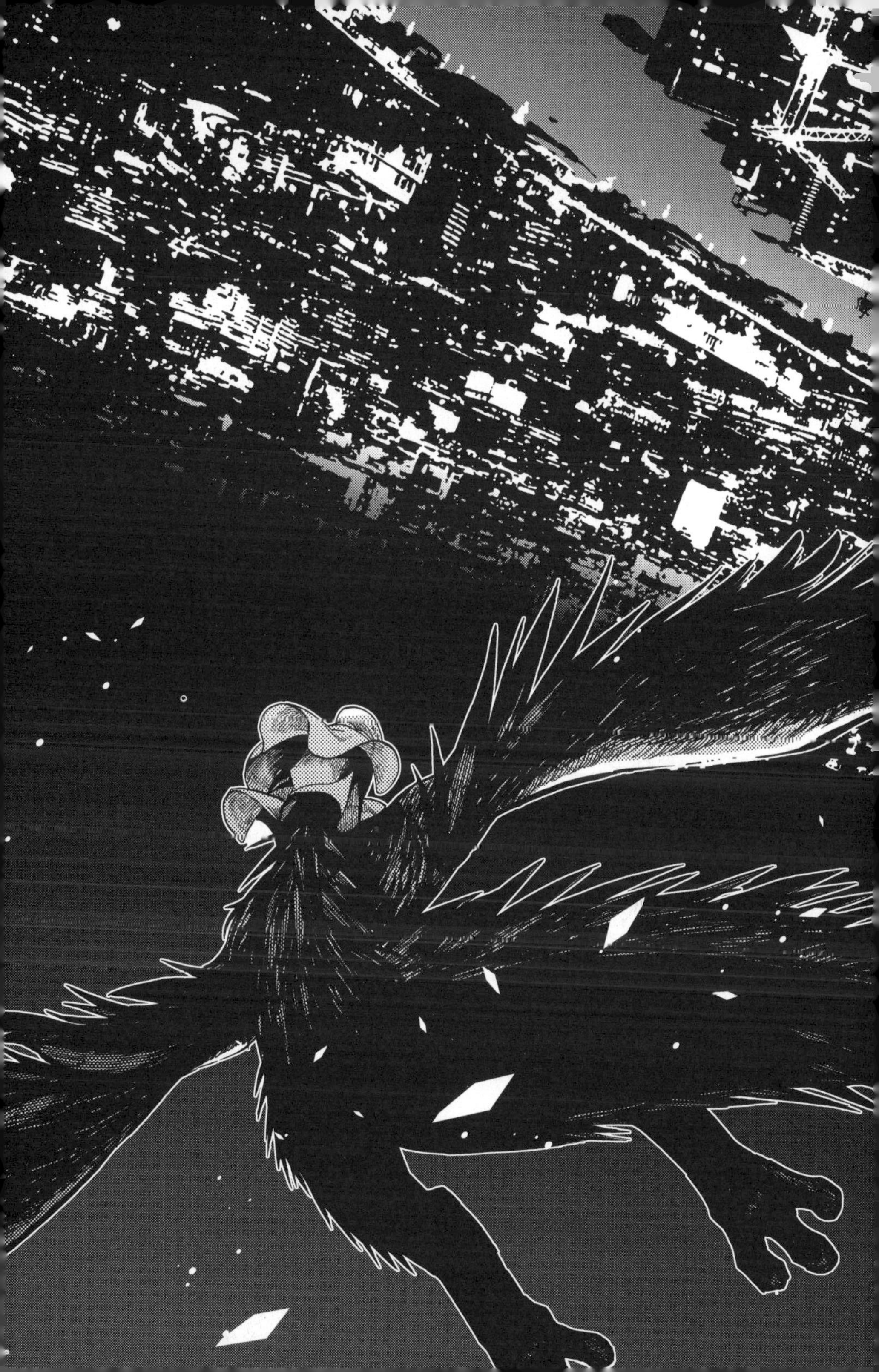

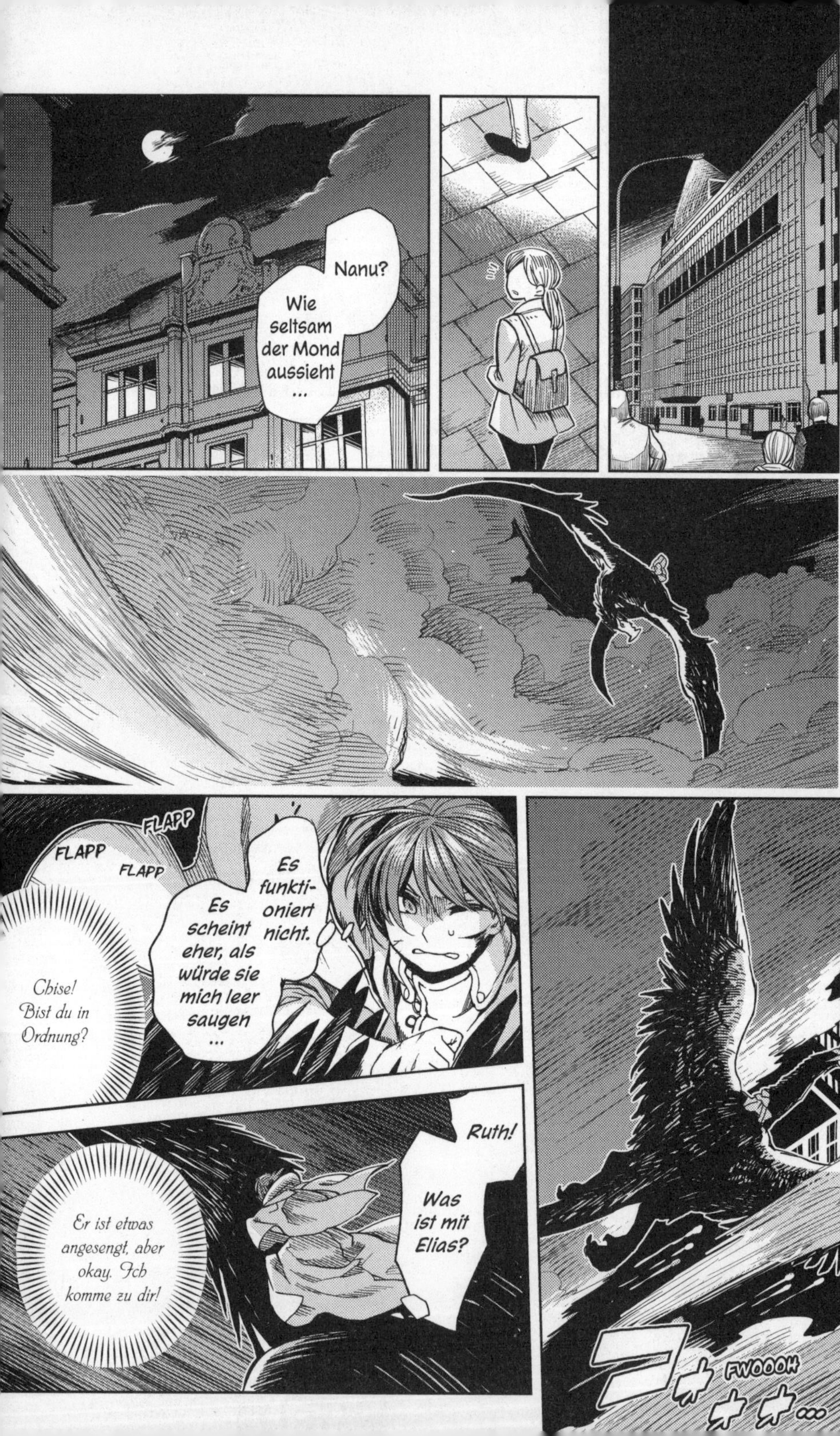
Nanu?
Wie seltsam der Mond aussieht ...
FLAPP
FLAPP
FLAPP
Es funktioniert nicht.
Es scheint eher, als würde sie mich leer saugen ...
Chise! Bist du in Ordnung?
Ruth!
Was ist mit Elias?
Er ist etwas angesengt, aber okay. Ich komme zu dir!
FWOOOH

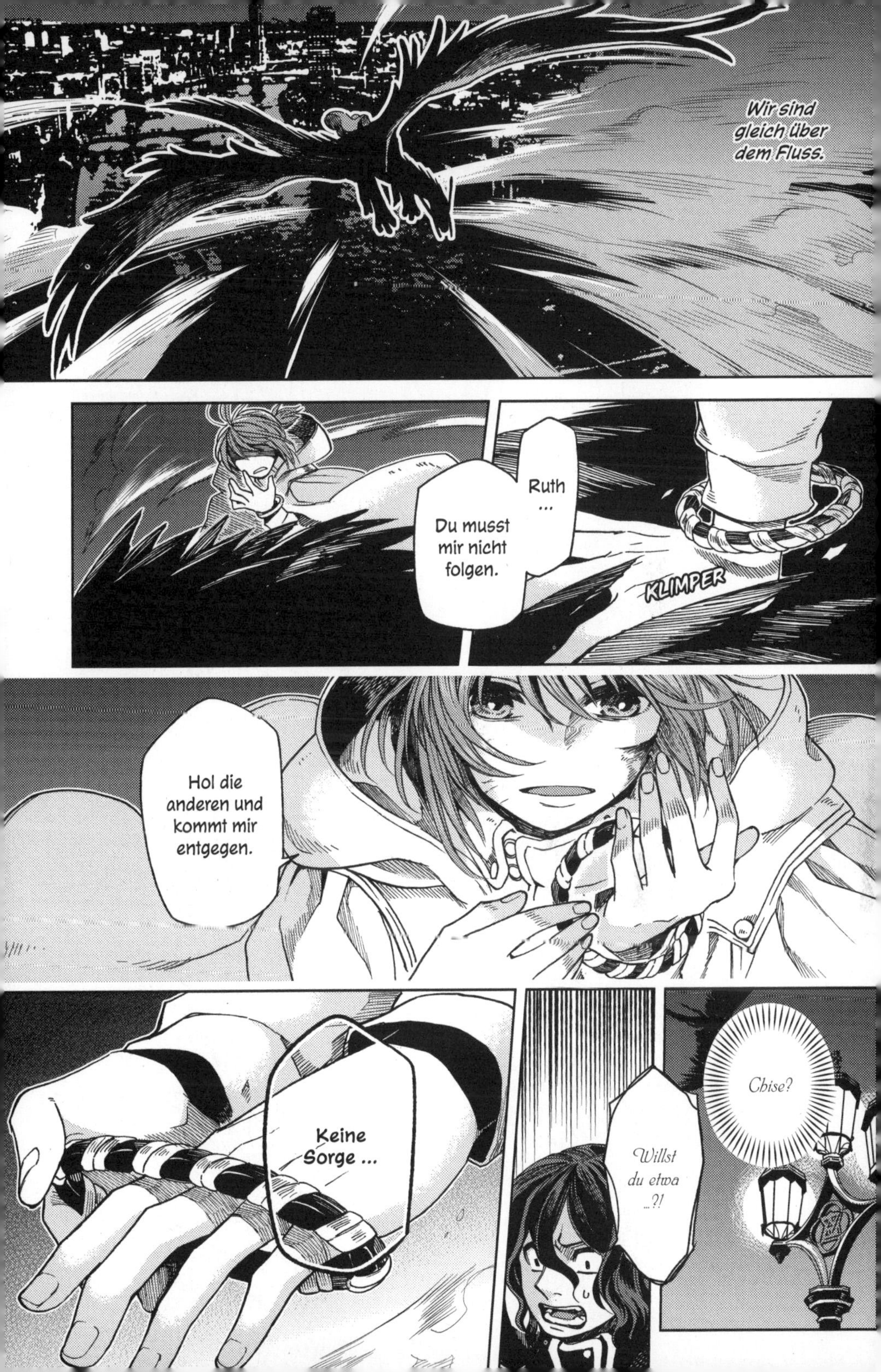

Wir sind gleich über dem Fluss.
Ruth …
Du musst mir nicht folgen.
KLIMPER
Hol die anderen und kommt mir entgegen.
Chise?
Willst du etwa …?!
Keine Sorge …

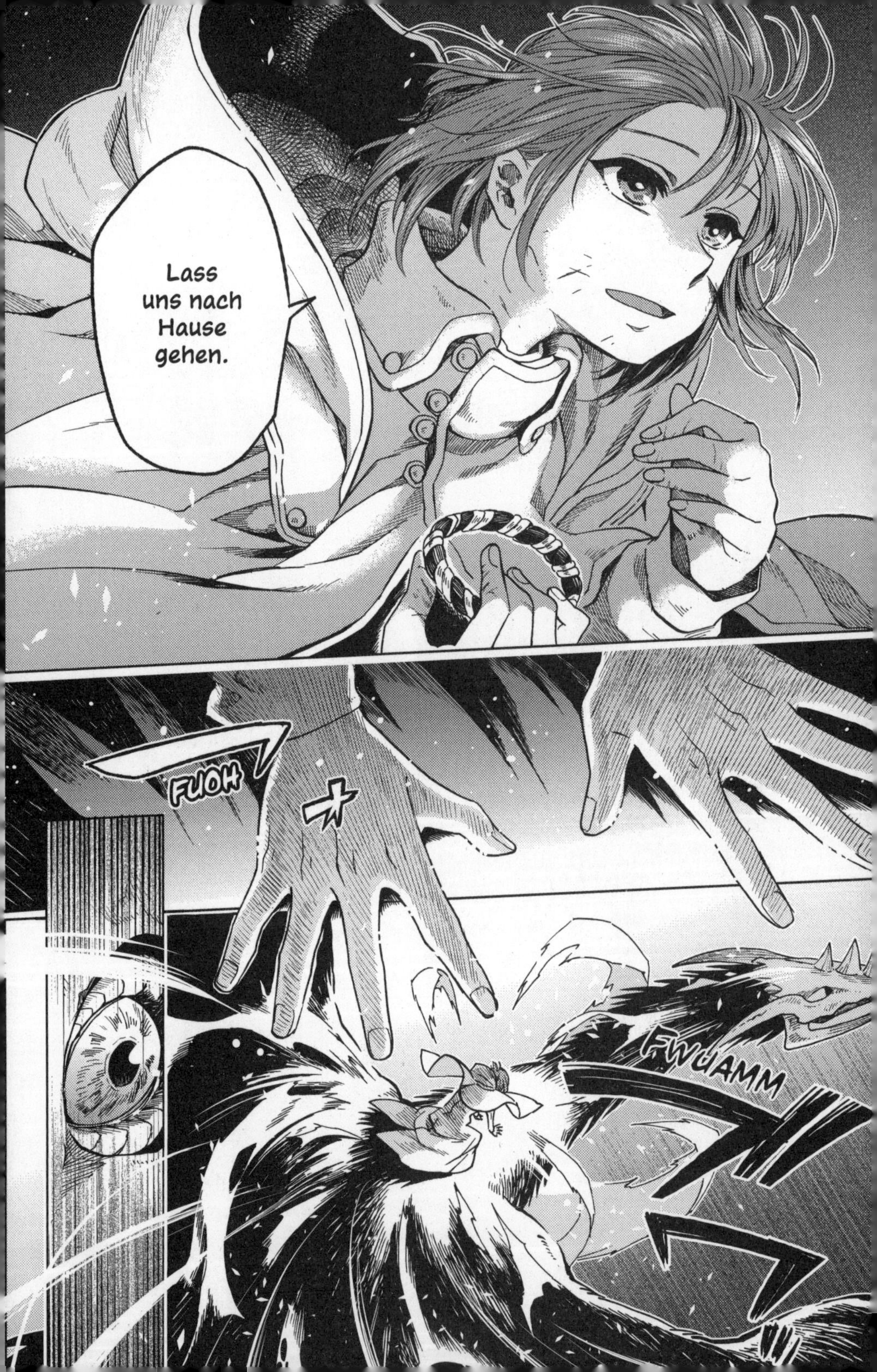

Lass uns nach Hause gehen.
FUOH
FWUAMM

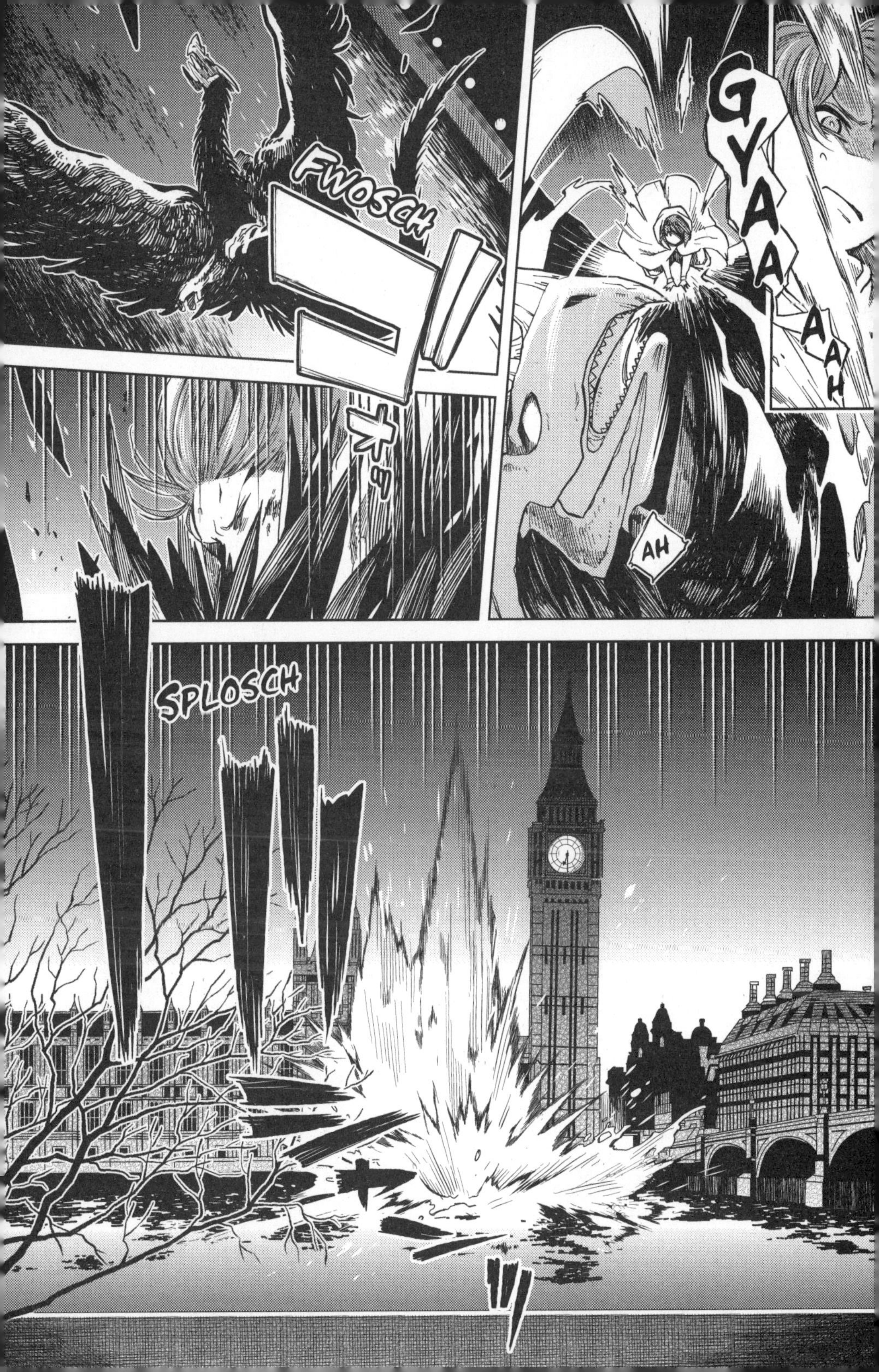
FWOSCH
GYAAAAH
AH
SPLOSCH

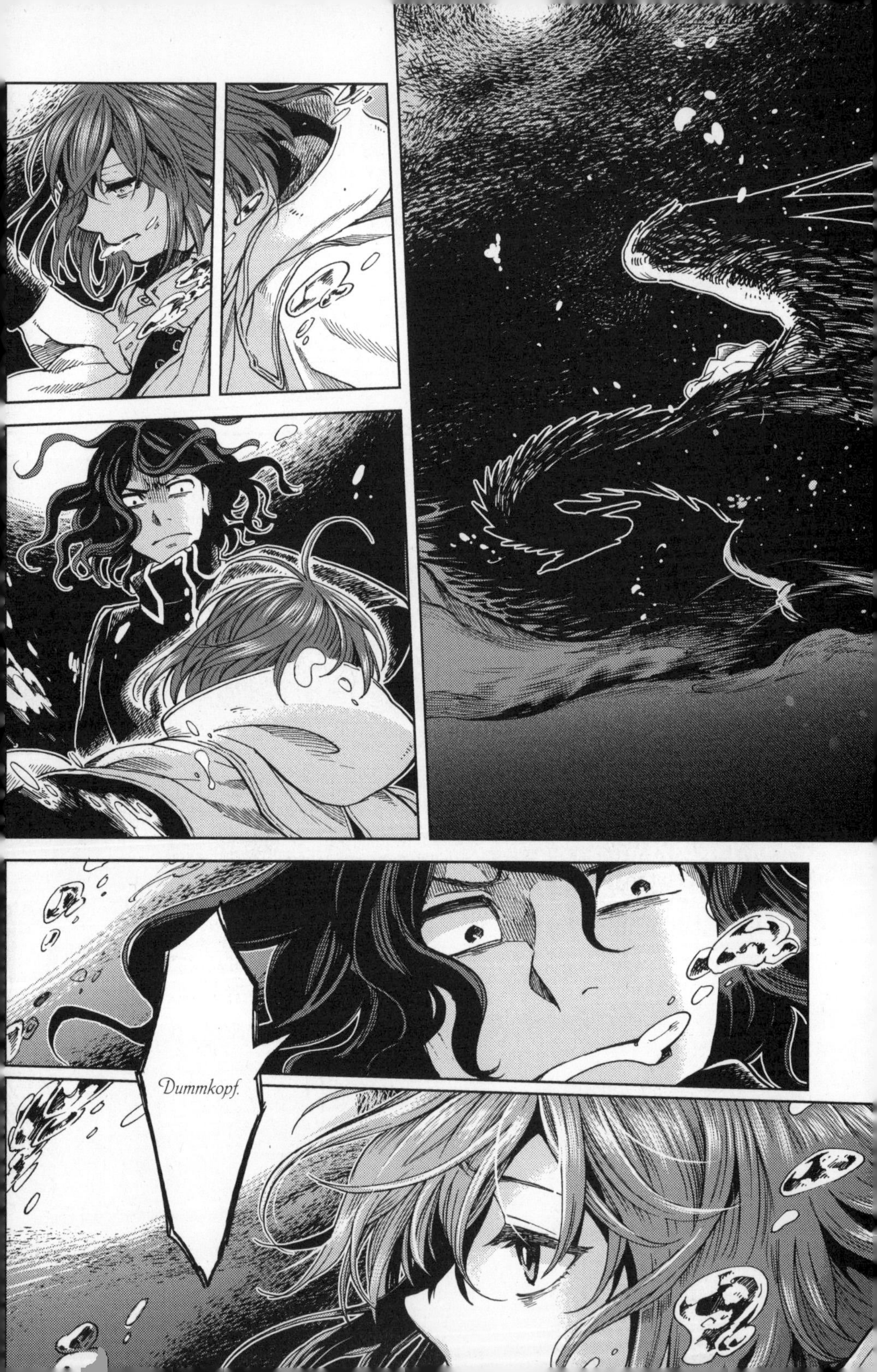
Dummkopf.

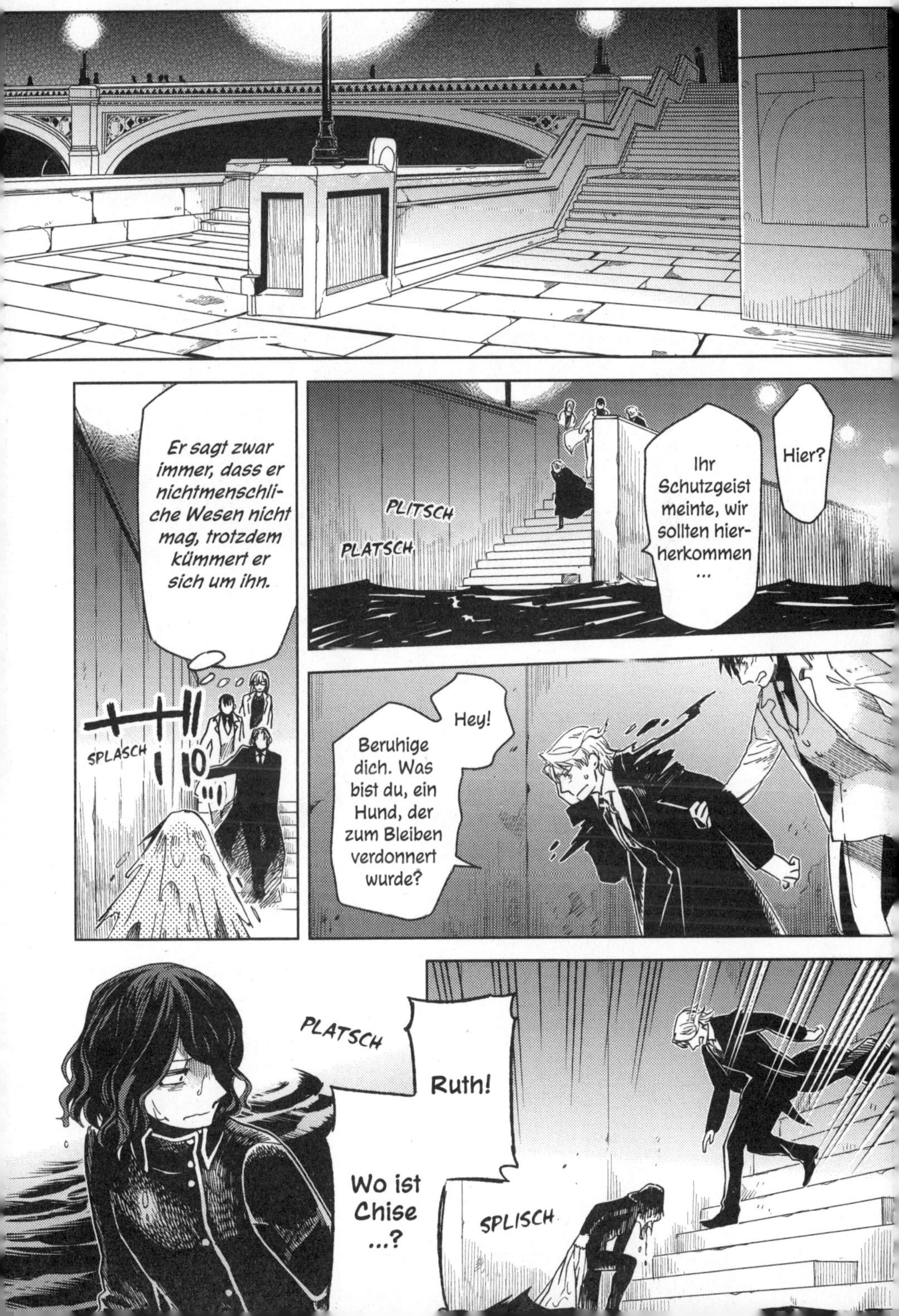
Hier?
Ihr Schutzgeist meinte, wir sollten hierherkommen ...
PLITSCH
PLATSCH
Er sagt zwar immer, dass er nichtmenschliche Wesen nicht mag, trotzdem kümmert er sich um ihn.
SPLASCH
Hey!
Beruhige dich. Was bist du, ein Hund, der zum Bleiben verdonnert wurde?
PLATSCH
Ruth!
Wo ist Chise ...?
SPLISCH

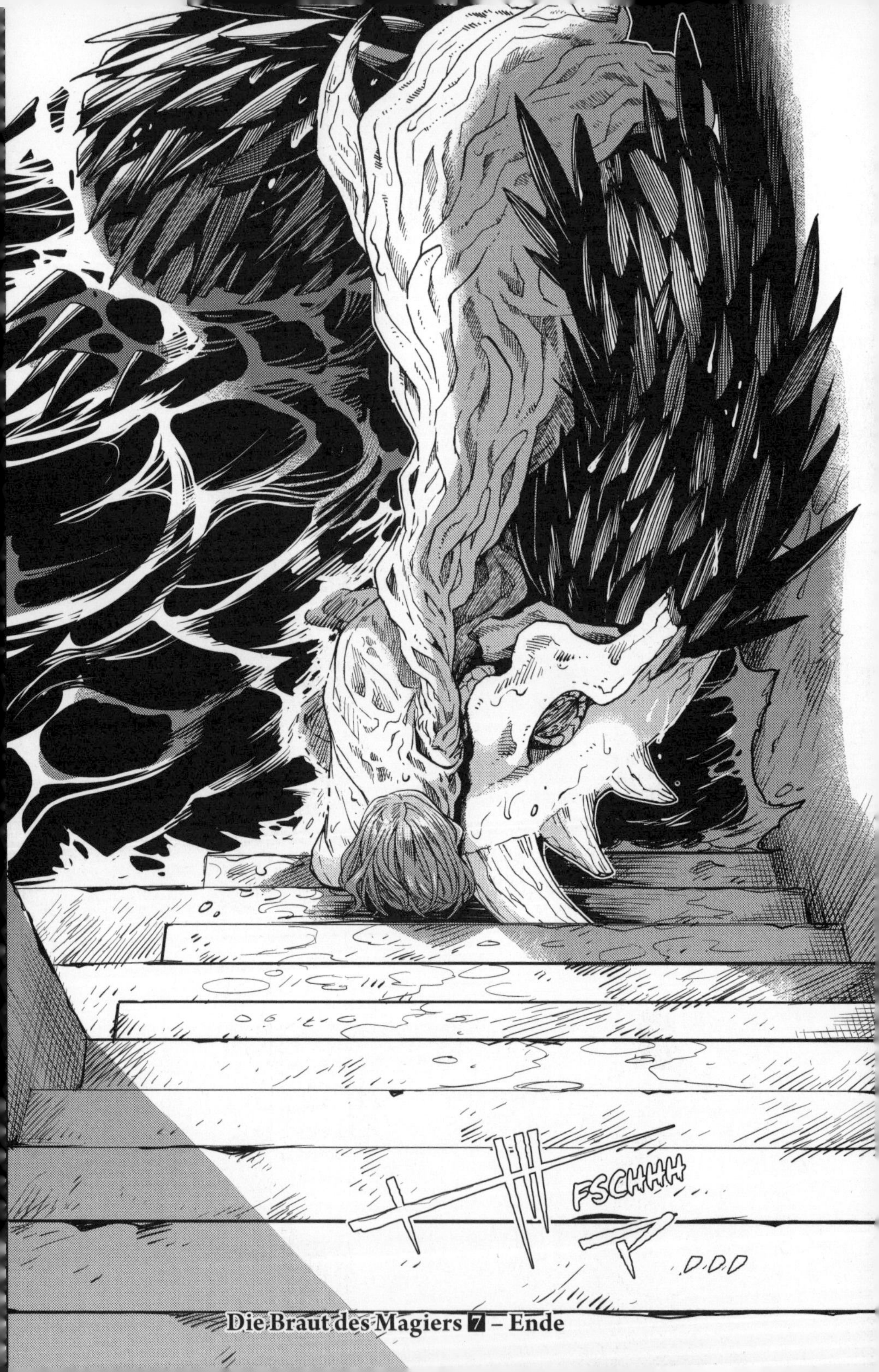


Die Braut des Magiers 7 – Ende

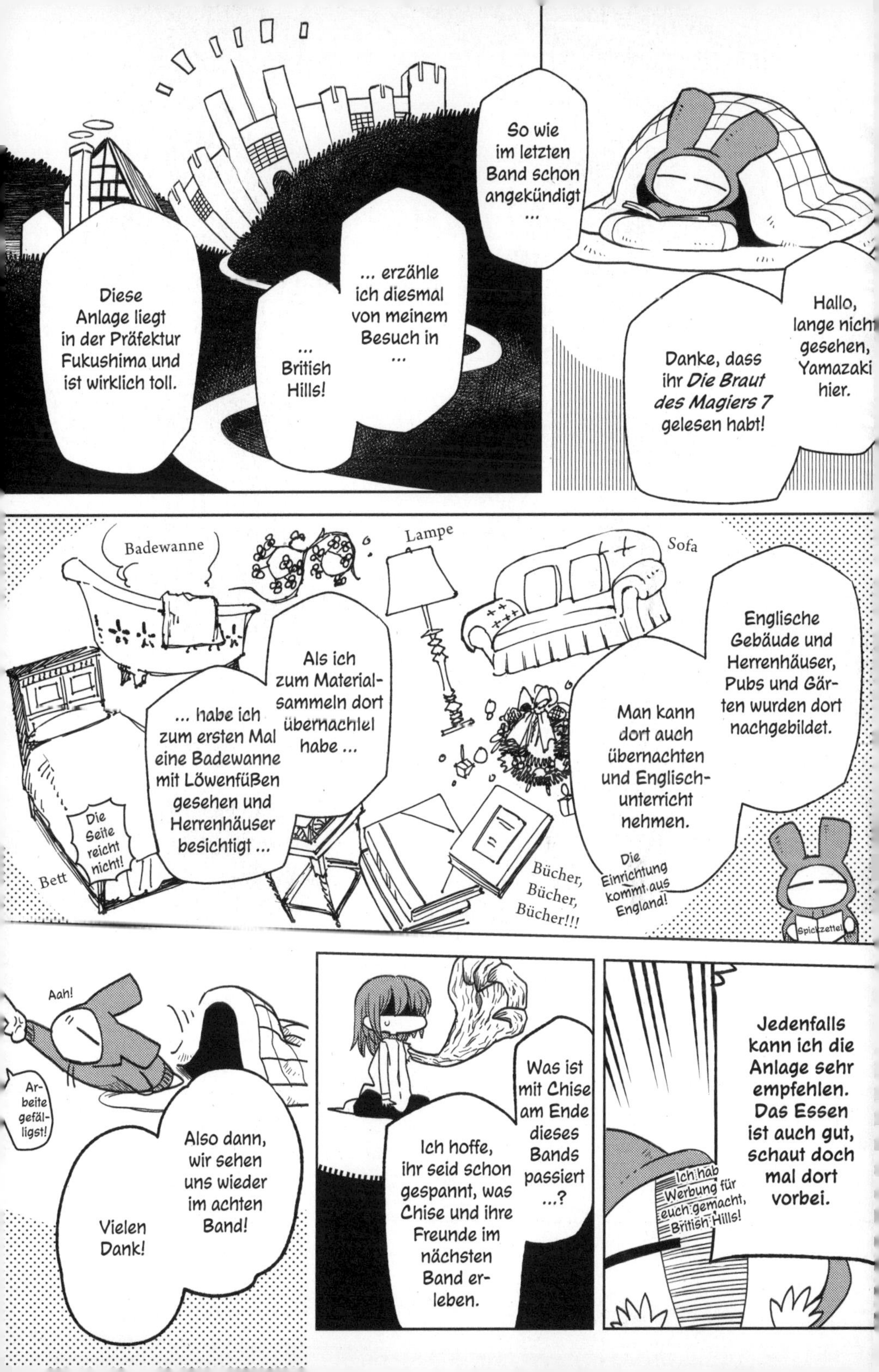

Hallo, lange nicht gesehen, Yamazaki hier.
Danke, dass ihr *Die Braut des Magiers 7* gelesen habt!
So wie im letzten Band schon angekündigt ...
... erzähle ich diesmal von meinem Besuch in ...
... British Hills!
Diese Anlage liegt in der Präfektur Fukushima und ist wirklich toll.
Englische Gebäude und Herrenhäuser, Pubs und Gärten wurden dort nachgebildet.
Man kann dort auch übernachten und Englischunterricht nehmen.
Die Einrichtung kommt aus England!
Spickzettel
Sofa
Lampe
Bücher, Bücher, Bücher!!!
Als ich zum Materialsammeln dort übernachtet habe ...
... habe ich zum ersten Mal eine Badewanne mit Löwenfüßen gesehen und Herrenhäuser besichtigt ...
Badewanne
Bett
Die Seite reicht nicht!
Jedenfalls kann ich die Anlage sehr empfehlen. Das Essen ist auch gut, schaut doch mal dort vorbei.
Ich hab Werbung für euch gemacht, British Hills!
Was ist mit Chise am Ende dieses Bands passiert ...?
Ich hoffe, ihr seid schon gespannt, was Chise und ihre Freunde im nächsten Band erleben.
Also dann, wir sehen uns wieder im achten Band!
Vielen Dank!
Aah!
Arbeite gefälligst!

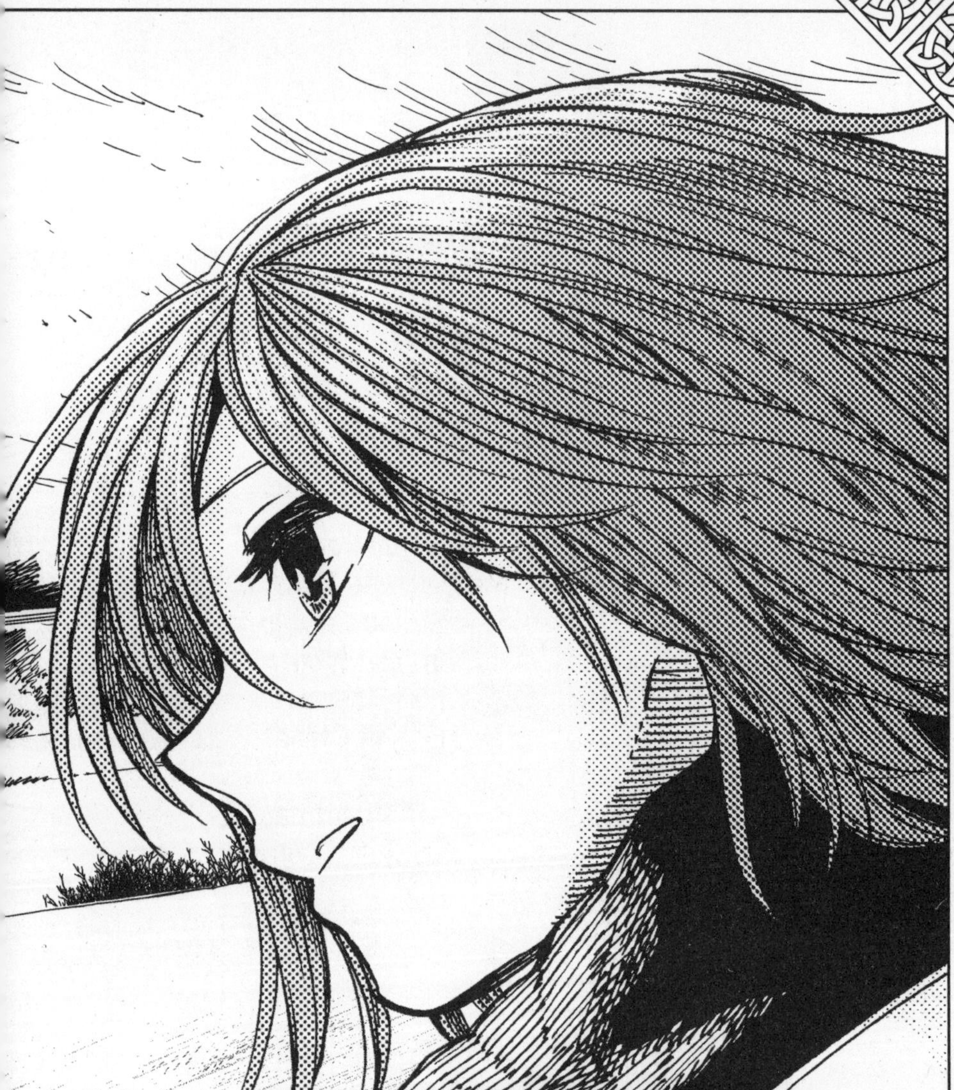

Demnächst in *Die Braut des Magiers* Band 8 ...

# Ich konfrontiere mich selbst ...

Lindel, der von dem wandernden Zauberer Cartaphilus beraubt wurde, bittet die Zauberer und Elias um Hilfe. Dank Chise können sie sich in den Auktionssaal schmuggeln, doch der Drache macht eine rasante Entwicklung durch und verfällt in Raserei ... Um das Leben des Drachen zu retten, zahlt Chise einen hohen Preis.
Als sie sich den Dingen stellt, vor denen sie immer die Augen verschlossen hat, nimmt die Geschichte eine überraschende Wendung ...

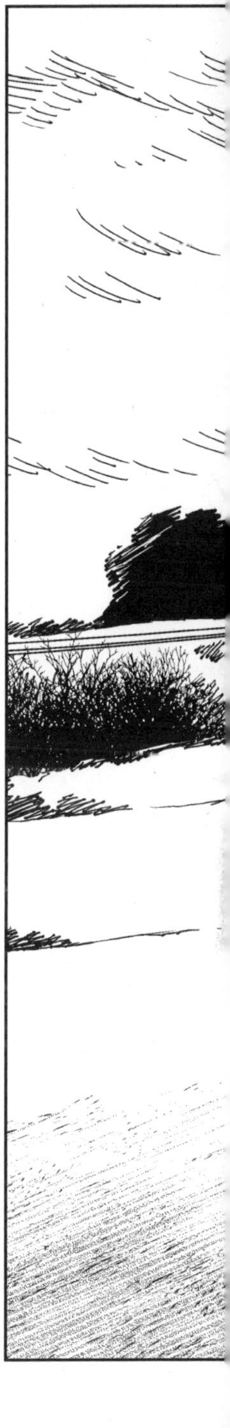

**In Japan wurden schon über 4.000.000 Exemplare der Fantasy-Geschichte über diese vollkommen andere Ehe verkauft. Band 8 erscheint bei uns im Januar 2018!**

TOKYOPOP GmbH
Hamburg

TOKYOPOP
3. Auflage, 2022
Deutsche Ausgabe/German Edition

Aus dem Japanischen von Miryll Ihrens

MAHOUTSUKAI NO YOME 7

First published in Japan in 2017 by MAG Garden Corporation
German translation rights arranged with MAG Garden Corporation through Tuttle-Mori Agency, Inc, Tokyo

Redaktion: Sabine Scholz
Lettering: Vibrant Publishing Studio
Herstellung: Martina Stellbrink, Stephanie Gieck
Druck und buchbinderische Verarbeitung:
CPI – Clausen & Bosse GmbH, Leck
Printed in Germany

MIX Papier FSC® C083411
Wir achten auf die Umwelt.
Dieses Produkt besteht aus FSC®-zertifizierten und anderen kontrollierten Materialien.



ISBN 978-3-8420-3548-5

www.tokyopop.de

# STOPP!

**Dies ist die letzte Seite des Buches!
Du willst dir doch nicht den Spaß verderben
und das Ende zuerst lesen, oder?**

Um die Geschichte unverfälscht und originalgetreu mitverfolgen zu können, musst du es wie die Japaner machen und von rechts nach links lesen. Deshalb schnell das Buch umdrehen und loslegen!

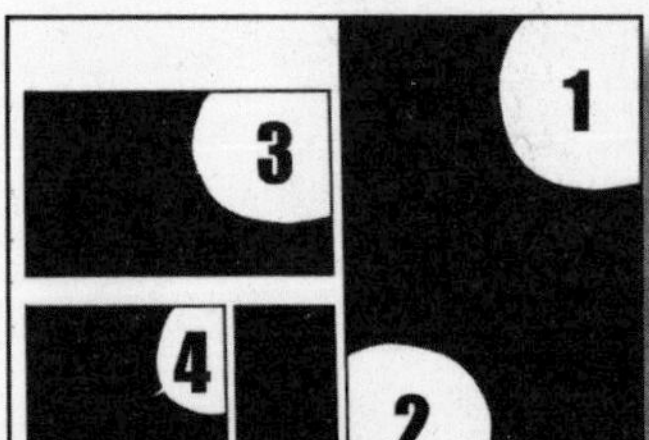


## So geht's:

Wenn dies das erste Mal sein sollte, dass du einen Manga in den Händen hältst, kann dir die Grafik helfen, dich zurechtzufinden: Fang einfach oben rechts an zu lesen und arbeite dich nach unten links vor. Viel Spaß dabei wünscht dir TOKYOPOP®!